暨南文库·新闻传播学
JINAN Series in Journalism & Communication

编 委 会

学术顾问 林如鹏 范以锦 杨兴锋

主　编 支庭荣 刘　涛

编　委（按姓氏音序排列）
　　　　　陈伟军 甘险峰 林爱珺 罗　昕 申启武
　　　　　汤景泰 王玉玮 星　亮 杨先顺 曾一果
　　　　　张晋升 赵建国 郑　亮

本书为教育部人文社会科学研究项目

"近代新闻团体研究（1905—1937）"成果

（项目号：09YJC860008）

暨南文库·新闻传播学 **1**

JINAN Series in Journalism & Communication

报刊史的底色
近代中国新闻界与社会

赵建国 著

暨南大学出版社
JINAN UNIVERSITY PRESS

中国·广州

图书在版编目（CIP）数据

报刊史的底色：近代中国新闻界与社会/赵建国著. —广州：暨南大学出版社，2020.4

（暨南文库. 新闻传播学）

ISBN 978 - 7 - 5668 - 2853 - 8

Ⅰ.①报… Ⅱ.①赵… Ⅲ.①报刊—新闻事业史—中国—近代 Ⅳ.①G219.295

中国版本图书馆 CIP 数据核字（2020）第 034763 号

报刊史的底色：近代中国新闻界与社会
BAOKANSHI DE DISE：JINDAI ZHONGGUO XINWENJIE YU SHEHUI
著　者：赵建国

出 版 人：张晋升
项目统筹：黄圣英
责任编辑：黄圣英　姜琴月
责任校对：刘舜怡　陈皓琳
责任印制：汤慧君　周一丹

出版发行：暨南大学出版社（510630）
电　　话：总编室（8620）85221601
　　　　　营销部（8620）85225284　85228291　85228292（邮购）
传　　真：（8620）85221583（办公室）　85223774（营销部）
网　　址：http://www.jnupress.com
排　　版：广州尚文数码科技有限公司
印　　刷：广州市快美印务有限公司
开　　本：787mm×1092mm　1/16
印　　张：15.5
字　　数：268 千
版　　次：2020 年 4 月第 1 版
印　　次：2020 年 4 月第 1 次
定　　价：62.00 元

（暨大版图书如有印装质量问题，请与出版社总编室联系调换）

瞭望者

J

吉聖郷

总　序

……

　　如果从口语传播追溯起，新闻传播的历史至少与人类的历史一样久远。古人"尝恨天下无书以广新闻"，这大约是中国新闻传播活动走向制度化的一次比较早的觉醒。

　　消息、传闻、故事、新闻、报道，乃至愈来愈切近的信息、传播、大数据，它们或者与人们的生活特别相关、比较相关、不那么相关、一点也不相干，或者被视为一道道桥上的风景、一缕缕窗边的闲情抑或一粒粒天际的尘埃，转眼消失在风里。微观地看，除了极少数的场景外，新闻多一点还是少一点，未必会造成实质性的差别；本质地看，人类作为社会性的动物，莫不以社会交往，包括新闻传播的存在和丰富化为前提。

　　这也恰好是新闻传播生存样态的一种写照——人人心中有，大多笔下无。它的作用机制和内在规律究竟为何，它的边界究竟如何界定，每每人见人殊。要而言之，新闻传播学界其实永远不乏至为坚定、至为执着的务求寻根问底的一群人。

　　因此人们经常欣喜于新闻传播学啼声的清脆、交流的隽永，以及辩驳诘难的偶尔露峥嵘。重要的也许不是发现本身，而是有越来越多的研究者参与其中，或披荆斩棘，或整理修葺。走的人多了，便有了豁然开朗。倘若去粗取精，总会雁过留声；倘若去伪存真，总会人过留名。

　　走的人多了，我们就要成为真正的学术共同体，不囿于门户之见，又不息于学术的竞争。走的人多了，我们也要不避于小心地求证、深邃地思考，学而不思则罔。走的人多了，我们还要努力站在前人、今人的肩膀上，站得更高一些，看得更远一些。

　　这里的"我们"，所指的首先是暨南大学的新闻传播学人。自 1946 年起，创系先贤、中国第一位新闻学博士、毕业于德国慕尼黑大学的冯列山先生，以及上海《新闻报》总经理詹文浒先生等以启山林，至今弦歌不辍。求学问道的同好相互砥砺，相互激发，始有本文库的问世。

"我们"，也是沧海之一粟。小我终究要融入大我，我们的心血结晶不仅要接受全国同一学科学术共同体的检验，还要接受来自新闻、视听、广告、舆情、公共传播、跨文化传播等领域的更多读者的批评。重要的不完全是结果，更多的是过程。在这一过程中我们特别关注以下剖面：

第一，特定经验与全球视野的结合。文库的选题有时是从一斑窥起，主要目标仍然是研究中国全豹，当然，我们也偶或关注印度豹、非洲豹和美洲豹。在全球化时代，我们的研究总体会自觉不自觉地增添一些国际元素。

第二，理论思辨与贴近现实的结合。犹太谚语云"人类一思考，上帝就发笑"，或许指的是人力有时而穷，另外一种解释是万一我们脱离现实太远，也有可能会堕入五里雾中。理论联系实际，不仅是哲学的或革命的词句，也是科学的进路。

第三，新闻传播与科学技术的结合。作为一个极具公共性的学术领域，新闻传播的工具属于拿来主义的为多。而今，更是越来越频繁地跨界，直指5G、云计算、人工智能等自然科学的地盘。虽然并非试图攻城拔寨，但是新兴媒体始终是交叉学科的前沿地带之一。

归根结底，伟大的时代是投鞭击鼓的出卷人，我们是新闻传播学某一个年级某一个班级的以勤补拙的答卷人，广大的同行们、读者们是挑剔犀利的阅卷人。我们期望更多的人加入我们，我们期望为知识的积累和进步贡献绵薄的力量，我们期望不辜负于这一前所未有的气势磅礴的新时代！

编委会

2019 年 12 月

前　言

⋯ ⋯

　　近十年来，我在诸位良师益友的教诲和指导下，逐步开拓研究领域，既重视"历史的报刊"，也关注"报刊的历史"，在以下几个方面用力颇多，以期作出相应的学术贡献，借此安身立命：一是拓展近代中国记者群体和新闻团体研究，将其视为观察近代中国社会及新闻事业的重要中介；二是梳理近代报刊的海权观念及其对南海主权的报道与维护，厘清近代报刊海权观念的形成、衍变及影响，进而整理近代报刊在海权观念指引下对南海诸岛的记载和报道，为维护南海主权提供历史性证据；三是系统收集 1949 年至 1966 年中国共产党新闻宣传工作史料，建立相关数据库，编辑出版史料汇编，推进"十七年新闻宣传"研究，以备重新书写共和国新闻史，继而拓展中国共产党新闻宣传百年史研究。

　　读书治学讲究学有所宗，中规中矩，不作门外文谈。[①] 有鉴于此，本书所收录各篇文章，大致局限在前述研究领域，力争笔不逾矩，文不越界。书名"报刊史的底色：近代中国新闻界与社会"，基本覆盖所收文字的内涵，体现了我的研究思路和价值倾向。

　　首先，"人居于历史研究的中心位置"，但在报刊史研究领域，人的研究"却始终是个薄弱环节"，已有研究大体关注新闻界名流，属于"精英和经典的"历史，局限性明显。实际上，记者是新闻事业发展的中心，尤其普通记者群体的职业状况、精神世界以及他们如何理解报刊与新闻，是报刊史的"底色和基石"，理应受到充分关注。

　　探究新闻界的结社和参与社会政治活动、维护行业公益等有组织行为，可以更好地认知其包括职业群体自认和国民意识提升两个层面的群体自觉进程，

---

　　① 桑兵：《桑兵自选集》，广州：中山大学出版社，2017 年，第 8 页。

将思想还原为历史。这不仅提供了近代中国新兴社会群体史研究的典型个案，更具有一般群体思维研究的方法借鉴意义。因为近代中国的社会群体和社会组织渐次重构，记者群体的形成、自觉、内部再分化以及成为国民有机部分的阶段性变化，展示了近代中国新兴群体的社会生长历程，具有相当的典型意义。

伴随新闻职业意识的自觉，新闻团体的规模、分布范围、功能作用、内部组织结构和成员等都发生明显变化。在充分论述新闻团体的构成、区域特点的基础上，将新闻团体与律师公会、会计师公会、医师公会等其他类型的专业团体加以对比，可以凸显新闻团体的行业性特征，对新闻职业化进程作出正确评估。各新闻团体在加强内部组织的基础之上，其活动重心是围绕着扩大行业影响、改变职业地位、提升从业者素质等方面来进行的，这些活动往往与国家的新闻政策紧密相连，政府所颁布的新闻法规与行业条例或多或少受新闻团体的影响。在相当程度上，新闻团体的职业化努力不仅促进了新闻界的协作运动，也是近代社会转型的重要动因。

新闻团体作为从业人员的集体性组织，代表新闻业界与国家及地方政权交涉、参与社会活动等，反映了专业群体的社会参与意识及其自我评价标准。各新闻团体不仅维护行业权益，推进报业发展，且强化报馆监督政府、指导社会的职能和作用，在政治与社会事务中扮演重要角色，可视为清末民初民间社会扩张的重要组成部分。新闻界的群体自觉与结社活动，牵涉到新兴职业社团与国家政权的相互制约关系，这在各类报律所引发的言论自由运动中反映特别突出。

其次，改革开放以来，中国报刊史研究进展迅猛，成就卓著，但在研究视野、立足点、治学风气和态度等诸方面均存在不足，"看似繁花似锦的背后，敞露出研究的单一和原地踏步般的茫然，这也是一个无法否认的事实"。突破传统阐释框架，采用"多样的视角和分析单元，以实现范式的变更"①，是解决"学术内卷化"、实现"书写多元化"的重要方式。中国报刊史研究自然不能再局限在《大公报》《申报》《时报》等著名大报，一些小众化报刊如《海军》《海军杂志》《海事》《海军期刊》《海军整顿》《新海军》《海校校刊》《海疆月刊》《海疆学报》《海疆季刊》等，都应纳入研究范围，以突破原有的报刊史

---

① 黄旦：《新报刊（媒介）史书写：范式的变革》，《新闻与传播研究》2015 年第 12 期，第 5 页。

书写。

在这一思路的引导下，探讨近代报刊海权观建构的历史影响，可以从"概念工具"到"思想资源"角度重新认识报刊、读者、社会与国家的多元互动。近代报刊对海权观念的引入和构建，不仅加强国人海权意识、推动海防制度转型，也为报刊自身提供行动指南和特殊的媒介环境，使报刊舆论界密切关注海岛危机，介入主权交涉。各类报刊对南海诸岛的报道与评论，既是海权意识的反映，又是后者形成过程的关键，两者互为促进，成为南海维权的重要动力，体现媒介与政治社会、国民外交的复杂关联。

展现"报刊史的底色"，务必遵从历史学的基本规则，高度重视史料，甚至倡导"史料学转向"，注重用事实说明事实，从历史本身解释历史。基于此，我尝试系统收集"十七年时期"（1949—1966）中国共产党新闻宣传工作史料，因为史料是思想利器，而且史料的价值将决定研究的价值。长期以来，中国新闻传播学亦步亦趋，或追随西方新闻传播理论，或借用社会学、政治学、心理学、法学等其他社会科学的理论，缺少自身独特的话语体系和问题意识，致使学术贡献相当有限，整个学科处于边缘位置，"新闻无学"甚嚣尘上。而造成这一尴尬境地的原因，除了新闻学缺少基本的学术积累，没有足够的理论创新的素材和内容外，最根本的原因还在于该学科史料的匮乏，且新闻传播学研究者们对史料重视程度不够，没有进行全面系统的史料整理。

没有史料就没有问题，所有研究问题都是在初步掌握一定史料，对史料有了最低限度的认识之后，通过对比联想而产生的。在史料不足的情况下，新闻传播学研究就成了无源之水，无根之木。要从根本上突破，就要提供足够的史料，在审核整理的基础上，进行学术提炼和加工，提炼出中国新闻传播特殊的思想理念和话语体系，寻找中国特色，实现整体创新。对报刊史研究而言，要特别注意的是，近代史料之多，很大程度上就多在报刊上，但报刊史料的价值还没有引起足够重视。

报刊与新闻界是社会的有机组成部分，报刊史则是历史整体的一部分，要在近代中国整体联系的脉络中，才能得到清晰呈现。这意味着，"报刊史的底色"还在于，报刊史研究需要转化为一般历史的研究，以报刊问题或媒介实践为线索脉络，而不以报刊史为范围，"由社会的变态而见常情"①。于是，在努

---

① 桑兵：《治学的门径与取法》，北京：社会科学文献出版社，2014年，第319页。

力搜寻史料，扩展史料边际之余，需要阅读各类理论书籍，激发对新闻传播理论的热情，培养有关报刊史的独特问题意识。因为史学是"人文学科中理论性最强的行业"，即便"史学只是史料学"，但报刊史料的收集、整理和分析，都离不开理论观照。正如余英时先生所言："对于良史之才，历史的证据只构成了一些'点'，他必须更进一步地根据这些'点'而张开想象的网面。"

因此，本书所选各篇论文注重史料的收集整理与长编考异，强调对历史研究的理论反思，遵循整体研究和贯通视野，试图从历史细节的考订中抽绎出带有全局性的看法，同时避免套用或随意任用理论。也就是说，在具体研究中不仅要敬畏史料，还要敬畏理论，并重史料、理论和研究方法的创新，从历史证据出发，充分发挥历史学和社会学的想象力，但反对理论先行，拒绝以后见之明、以后起的观念和价值尺度去评说和判断过去。"外国的理论和解释框架不但要懂，而且要化为自己实际的思维理路和问题意识，隐藏在具体研究的背后，而不是在前台指手画脚……融西而不见西，鉴今而不言今。"①

需要特别说明的是，本书中的少量篇目写作时间较早，此次整理成书时虽作了修改，但基本保留原貌。由于各篇目属于专题研究性质，论证过程中必要征引的史料偶尔会出现重复，某些观点和论述形成交叉。我在整理过程中已尽量删除交叉重复的内容，但依然难免留下缺陷，敬请鉴谅。

赵建国

2019 年 8 月

---

① 张太原：《学脉的延续与开新：读桑兵〈治学的门径与取法〉》，《近代史研究》2015年第 5 期，第 158 页。

第一章

近代中国新闻团体发轫辨析

　　新闻从业人员组建职业共同体，是新闻职业化的重要一环。晚清时期，随着报业发展与报人职业意识的转变，在报业发达的天津、上海、北京、广州、武汉等地，新闻团体纷纷建立，表明大多数报人的职业意识和职业认同感日益增强，向新闻职业化之路迈出了关键一步。既往研究对新闻团体关注较少，且多有谬误与矛盾之处，对于近代中国新闻团体究竟发源于何时何地这一基本问题，意见仍然存在分歧。因此，只有揭开层累曲折的历史，厘清这一问题，才能显示清末报人结社与群体活动的真实面貌，展现近代新闻职业化的历程，使相关研究建立在坚实可靠的基础之上。本章拟以报纸、杂志等史料为据，对近代新闻团体发轫略加考辨，以求教于方家。

第一节　问题与分歧

　　何为中国近代最早的新闻团体，仔细检讨各种成说，众说纷纭，莫衷一是。戈公振于 1927 年出版的《中国报学史》认为，上海日报公会"为我国报界有团体之始"①。对于其判断的依据，马光仁推测说："大概因为上海日报公会有较完善的章程、组织机构、活动方法的缘故，被戈公振称之为'我国报界有团体之始'。"② 后人多援用戈说。黄天鹏所著《中国新闻事业》在论及新闻团体时指出："各地同业组织者，最初为'上海日报公会'。"③ 项士元在 1930 年所著的《浙江新闻史》中对此说略有异议："合一省或一市一县之记者团体，当以光绪末年上海日报公会为最早，此实为我国报界有团体之始。然系以报馆为单位，不足以语广义之新闻团体。及民国十三年上海新闻记者联欢会成立，上海记者始有较大之集团。"④ 该书对报馆的联合与记者的联合有所区分，但基本上依承戈说，不否认上海日报公会是我国最早的新闻团体。20 世纪 90 年代以来，学者对戈说提出较多异议。1990 年出版的《中国大百科全书（新闻出版）》明确指出中国最早的新闻团体是《大公报》创办人英敛之于 1906 年 7 月在天津发起的"报馆俱乐部"⑤。随后，刘家林在其所著的《中国新闻通史》中也认为"天津报馆俱乐部是我国近代第一个新闻团体"⑥。不过，持这一意见的论著均未能提供经过验证的证据。

　　上海日报公会与天津报馆俱乐部孰为中国最早的新闻团体，实为分歧的焦点。厘清上海日报公会成立的时间，又为解决问题的关键。认真考察各说，上

---

　　① 戈公振：《中国报学史》，北京：生活·读书·新知三联书店，1955 年，第 297 页。

　　② 马光仁：《我国早期的新闻界团体》，中国社会科学院新闻研究所编：《新闻研究资料》（第 41 辑），北京：中国社会科学出版社，1987 年，第 63 页。

　　③ 黄天鹏：《中国新闻事业》，《民国丛书》（三编）（第 41 辑），上海：上海书店，1992 年，第 128 页。

　　④ 项士元：《浙江新闻史》（下册），杭州：之江日报社，1930 年，第 290 页。

　　⑤ 《中国大百科全书（新闻出版）》，北京：中国大百科全书出版社，1995 年，第 453 页。

　　⑥ 刘家林：《中国新闻通史》，武汉：武汉大学出版社，1995 年，第 213 页。

海日报公会究竟成立于何时，论者亦各执一词。戈公振在《中国报学史》中说："上海《神州日报》以载印度巡捕违法事，为工部局所控告，各报不平，乃起而组织上海日报公会，为之后盾。"即认为上海日报公会成立于1909年4月《神州日报》案之后，其他各地新闻团体皆在上海日报公会之后成立。"自后各地仿行，或称报界公会，或称报界联合会，或称报界同志会，名虽略异，而性质则同也。"① 胡道静于1935年出版的《上海新闻事业之史的发展》中认为："上海日报公会的组织始于1909年（宣统元年），其动机是因为《神州日报》以登载印度巡捕违法事为工部局所控告，各报不平，起而组织公会，为之后盾。当公廨审讯时，除神州日报自聘律师辩护外，日报公会亦公请律师代为申理。从此上海的报馆就有了一个公共的组织。"② 这也与戈公振的看法大致相同。1988年出版的余家宏等编的《新闻学词典》，对上海日报公会成立的时间与动机都继承前说"我国早期的新闻职业团体，1909年成立于上海"③，但没有指明具体的月份和日期。马光仁在《我国早期的新闻界团体》一文中对前说提出了不同的看法，指出上海日报公会应在《神州日报》事件之前成立，具体时间为1909年3月28日。在此前后，北京、广州、湖南等地也陆续成立了报界公会。上海日报公会成立之后不久，1909年4月22日上海即发生了公共租界印度巡捕侮辱中国女子事件，《神州日报》对此作了大量报道，工部局以《神州日报》"妨碍治安，扰乱人心"的罪名向会审公堂提出了公诉，引起了上海各华人报纸的愤愤不平，7月13日开庭审讯时，除了《神州日报》聘请了律师辩护外，上海日报公会也延请律师代为申诉。④ 此后，马光仁主编的《上海新闻史（1850—1949）》对前说加以修正，认为："（上海）日报公会最早的活动见于1905年底，但组织并不健全，直到1909年才稍有改观。"⑤ 陈伯海主编的《上海文化通史》则指明上海日报公会的活动起于1905年底，正式成立于1909年。⑥ 后两说在上海日报公会成立的时间、过程影响等细节方面虽然较前详尽，

---

① 戈公振：《中国报学史》，北京：生活·读书·新知三联书店，1955年，第297页。

② 胡道静：《上海新闻事业之史的发展》，《民国丛书》（二编）（第49辑），上海：上海书店，1991年，第31页。

③ 余家宏等：《新闻学词典》，杭州：浙江人民出版社，1988年，第186页。

④ 马光仁：《我国早期的新闻界团体》，中国社会科学院新闻研究所编：《新闻研究资料》（第41辑），北京：中国社会科学出版社，1987年，第63页。

⑤ 马光仁等：《上海新闻史（1850—1949）》，上海：复旦大学出版社，1996年，第363页。

⑥ 陈伯海等：《上海文化通史》，上海：上海文艺出版社，2001年，第463页。

但仍未提供经过考证的史料依据。在查阅《申报》《时报》《新闻报》等多种报刊时，均未见可支持其论点的直接或间接报道。

由于相关史实的纷纭委曲尚未认真梳理，近代中国新闻团体的发端仍是一桩悬案，有必要进一步发掘史料，予以深究。

第二节　首倡与响应

新闻团体的出现，与职业群体的自认密不可分。1902 年 6 月 17 日，英敛之在《大公报》创刊号刊发《〈大公报〉序》一文，声称："岁辛丑，同人拟创《大公报》于津门，至壬寅夏五而经营始成……凡我同人亦当猛自策励，坚善与人同之志，扩大公、无我之私。"[①] 表明其时已有"报界同人"之概念，业报者的"群体"观念开始萌芽。稍后，梁启超发表《敬告我同业诸君》一文，使用"报界同业"的概念，反映出从事报业者已逐渐意识到，自己有着特殊的社会地位与社会功能，有别于其他行业。该文宣称报馆拥有"监督政府与向导国民"的两大天职，为"报界同业诸君"应尽之天职，号召报界同人群策群力，"商榷一所以自效之道，以相劝勉"，以尽天职。[②] 此后，报界对自我的认识日益明确。

群体自认为新闻团体的形成提供了社会条件，但从群体自觉到新闻团体的成立，经历了一段时期的孕育。迟至 1905 年，中国报界才开始提出组建新闻团体，以联络声气，共同推进报业发展。是年 3 月 13 日，上海《时报》发表《宜创通国报馆记者同盟会说》一文，倡议组织全国性的记者同盟会，为我国倡议组建新闻团体之开端，"报界之知有团体，似自此始"[③]。

在该文中，《时报》认为报界力量薄弱，不为社会重视的缘由有二。一则报纸数量太少，发行不广，阅报人数有限。"盖我全国所有之报纸合计不过百种，百种之中稍有力者不过十种。每种之所售者，每号不过一万，合计不过十

① 英敛之：《〈大公报〉序》，《大公报》，1902 年 6 月 17 日。
② 梁启超：《敬告我同业诸君》，《新民丛报》，1902 年 10 月 2 日。
③ 戈公振：《中国报学史》，北京：生活·读书·新知三联书店，1955 年，第 280 页。

万。以视东报之每号须二十万以上，西报之每号须售百万以上者，相去奚啻天壤。"二则各报主张不同，议论不一，使本来就微弱的力量更为分散。

在《时报》看来，组建记者同盟实为改变报界人微言轻的不二法门，可祛之害有三：可同外国报纸进行斗争，"设法使之消灭，即不可消灭，亦不能使之滋长"；可与统治者相抗争，"自昔以来，政府官吏好与我报纸为敌"，记者同盟会可使记者应对自如，"得以待外人之法待之，而使之不得逞其志"；规劝、约束报馆记者，杜绝不良现象，扫除斯文败类、名教罪人的恶名。可兴之利亦有三："可得互相长益之助"，使记者之学问日进，报纸之价值亦因之日进；"可得互相扶助之力"，记者同盟会"合议而陈意见书于在上者，则事或较易也"；"可得互相交通之乐"，各记者相互交游和相识，避免互相猜忌和攻击。《时报》提议先创设记者俱乐部、记者通信部与记者研究会，先自研究，互通知识，互补见闻，进而成立全国统一的同业组织。①

《时报》的倡议犹如暮鼓晨钟，在业界产生强烈反响，一些报馆就此问题展开了积极的讨论。《申报》于 1905 年 3 月 14 日发表《赞成报馆记者同盟会之论》一文，对《时报》的主张极表同情："一商业会社之成立，则必设公所焉，以为联络之关键也；一工业会社之成立，则必设公所焉，以为交通之机关也。故夫一价之涨落，必互相奔告，不转瞬而周知矣；一艺之创造，必互相研究，不旋踵而皆能矣。使其商而绝不联络，其工而绝不交通，则其业必至互相抵排、互相倾轧，未有不涣散澌灭而绝其业于工商之界者也。此盖群学之公例，无论何等事业，无论验之于何项社会之情形，罔不如是。彼工商业者不知所谓群学，而所行独能暗合于合群之理，以维持其业于不敝。乃吾报馆之记者，日日言群学之理，而反不能实行于报界。此《时报》馆之所以心焉慨之，而创'报馆记者同盟会'之议乎？"从该文中可以看出合群的时代呼声。1904 年各地商会相继建立，在促进商业发展、提高商人社会地位等方面所取得的成效，对报界中人有较大启发，创建新闻团体亦是报人群体顺应时代潮流的表征。

《时报》对记者未能同盟的弊害则言之未详，所以《申报》侧重从这个角度揭示同盟的必要性。其一，"不交通则猜疑生、妒忌生，于是一论之出、一议之发，其实辨是非也，论曲直也，乃不以为争公理，而疑其争私见，起而附会其说，穿凿其论，以作此无理之闹，其为害于开化之理甚大……此其不可不同

---

① 《宜创通国报馆记者同盟会说》，《时报》，1905 年 3 月 13 日、16 日、17 日。

盟者一也"。其二，"文明国之竞争也，尤不欲破坏他人之业，以求独伸权利。不交通则必以共同之利，欲揽而归之于个人之利。一报馆之创设也，则恐其占人之先，思有以压之；一报馆之改良也，恐其居人之上，思有以扼之。绝不顾报馆愈多，报馆愈良之有益于开通民智……此其不可不同盟者二也"。权衡利弊之后，《申报》明确表示赞成组织记者同盟会，"同盟之议，欲厚报力者，所不可缓也"，并声言无论其他报馆是否赞成，将矢志不移地坚持组建记者同盟会，"其论则自不可易"。

而且，《申报》对《时报》的某些担忧和观点提出异议。如"竞争与同盟"问题，《时报》担忧"同盟恐有碍于竞争，竞争又恐无益于同盟"，《申报》则明确指出同盟与竞争两不相碍，"愈交通愈无私见……愈竞争则公理愈出，公德愈明，而交通愈固。故交通与竞争者，不必分为两事者也"。再如"同盟与各报主张不一"的问题，《时报》持"各报议论之不一，特倡报馆同盟会之议"的观点，《申报》对此颇不以为然，认为"《时报》之希望于各报又未免过奢"，继而提出消息的来源有异和记者的水平不同，必然导致各报主张不一，实现报界同盟只能避免各报馆"挟私见以相反抗，创私意以自表异"，而不能强求各报宗旨与见解同一化。至于如何处理记者同盟会与报馆同盟会的关系，二报分歧更为明显。《时报》以报馆之间多有竞争与疑忌为由，主张先设记者同盟会，再设报馆同盟会。《申报》则认为只有记者同盟会可能会引起诸多误会与猜忌，主张同时设立记者同盟会和报馆同盟会，以便更好地联络报界，"记者者，治报馆内部者也；经理人者，治报馆外部者也。内部与外部有息息相通之关系焉，内部虽交通，而外部或稍阻隔，则机关仍不能灵，且反恐因内部之交通而致外部之猜忌"。不过，《申报》也未能提出具体可行的方案，"《时报》记者同盟之议，本馆表同情焉。至于各报馆经理人同盟之议，亦有表同情者乎？非记者所当越俎代谋"[①]。

继上海之后，天津、武汉、北京等地报界陆续发出组建团体的呼声。1906年6月27日，《大公报》英敛之，《北洋日报》足立传一郎，《北支那每日新

---

① 《赞成报馆记者同盟会之论》，《申报》，1905年3月14日。

闻》① 木村笃，《天津日日新闻》方若、津村宣光等联合发表《告天津各报大主笔》，倡言组建天津报馆俱乐部："查东西文明之国，莫不有报馆俱乐部之设，以为集思广益之地，犹中国各帮中皆有公所，各业皆有会馆……其化党同之见，而去门户之异。相率翼赞一国文献者，未尝不造端于俱乐部。"并定于 7 月 1 日在日本租界旭街芙蓉馆开第一次会议，借此加强团结。不过，由于日本旅华记者参与其间，五位发起人中有三位是日本旅华记者，致使同盟略有中日两国报界联盟的意味，其发起宣言亦称："即就国际而言，现今一国政策不定于政府而定于舆论，不定于舆论而定于报章。国与国水乳相合，必有报馆为之先声者；国与国戎衣相见，必有报馆为之前矛者……中东两邦，兄弟之国也，现遇西力东渐之机，风潮日迫，且不计夕。两邦报馆处此际，宜如何提倡，极论以联两国之欢，而塞异种之觊觎，安可以传闻附会之辞，臆度悬揣之论，任笔雌黄，腾之报章，以启嫌隙之端哉！"② 因此，天津新闻团体创建后一度为人所诟病。

第三节　团体初建

组建新闻团体的呼声终于转变为实际的行动，只是最初所创设的并非《时报》所倡设的"记者同盟"，而是报馆同盟。1906 年 7 月 1 日，天津报界同业组织——天津报馆俱乐部在天津日本租界旭街芙蓉馆举行第一次集会，宣布正式成立，除《商报》刘伯年外，各报馆均有代表出席。③ 与会代表议定，以后每月开会一次，各报馆轮流值会，并公推《大公报》与《北支那每日新闻》负责组织第二次会议。会后，英敛之就第二次集会向各报馆发出通告："一、赴会

---

① 日本人主办的日文报刊，1903 年 8 月创刊，又名《华北每日新闻》，初为两日刊，后改日刊，丰冈保平主持，1909 年底与《北清时报》合并，1910 年 1 月改名为《天津日报》，是日本侵略中国的舆论工具。参见周佳荣：《近代日人在华报业活动》，长沙：岳麓书社，2012 年，第 25 页；方汉奇主编：《中国新闻事业编年史》，福州：福建人民出版社，1999 年，第 259 页。

② 《告天津各报大主笔》，《大公报》，1906 年 7 月 1 日。

③ 《英敛之先生日记遗稿》，沈云龙主编：《近代中国史料丛刊续编》（第 23 辑），台北：文海出版社，第 1046 页。

者于知单上加'准到'字样，无论风雨无阻，不到者亦请注明不到，以免临时徒为延候；二、赴会者每人各携茶点费小洋五角，临时交值会人；三、同业之外，有愿赞助新闻事业者，有会员之介绍，亦可列席会议发议，以取集思广益之助；四、以中历六月初九日午后一点半钟开会，至三点半止，临会者毋得迟延；五、此次借定李文忠祠为集会所；六、下次值会者，会议时公举开会日期，处所由值会人决定。"通告还要求各报馆代表各出卓见，对关于社会公益与同业公益问题，"定一妥当对付之法"，以期"为社会除殖壅弊，为同业保利益"。①

1906 年 7 月 29 日，天津报馆俱乐部召开第二次会议，《中外实报》杨荫庭，《天津日日新闻》津村宣光、方若，《津报》孙湛澂、张兆蘭，《北支那每日新闻》桥本与三、真藤弃生、木村笃，《天津商报》刘仲誉，《北方日报》李秋岩，《北洋日报》足立传一郎、田中清、小田桐勇辅，《开新报》刘公弼，《大公报》张少秋、英敛之等 9 家报馆代表出席，官报局派代表杨然青、唐莲荪、胡协仲、唐津田等四人出席会议，另有嘉宾井上孝之助与会。会众就所讨论的问题均达成共识，后摄影以作纪念，极欢而散。② 会议主持者英敛之作了较为精彩的演说，再次阐明建立报馆俱乐部的目的。他认为："国家之大患，莫患于不通，而所以通之者，端在报纸。但社会积弊，则讳莫如深，惟愿报纸歌颂功德，深恶报纸指摘弊病。"呼吁各报馆"当在大处着眼，不能畏忌权势，不能瞻徇私情，更不可逞其私愤"，应力持公理，"为国家谋治安，为人民增幸福……扶正抑邪，兴利除弊，使社会隐受其益"，以此为"吾辈开宗明义第一章 所当筹计谋求者也"，并表示"我辈今日既造此佳因，更望日后结其佳果，万不可有名无实，自始鲜终，以贻通人笑"③。由于开会通告中所提议各事一一得到与会代表的赞同，英敛之甚感欣慰。他在日记中言称：7 月 29 日之会虽为天津报馆俱乐部的第二次会议，然实则第一次议事。④

因为章程与活动方法不太明确，另有日本报馆参与其事，天津报馆俱乐部成立之初便颇招非议。"第一次集会，即有种种谣言"，纷纷藉藉。有驻京某西人认为天津报界此举"意在排外"，原因是"聚集只有中日两国，无西洋也"；

---

①《报馆俱乐部第二次开会小启》，《大公报》，1906 年 7 月 29 日。

②《纪报馆俱乐部第二次开会》，《大公报》，1906 年 7 月 30 日。

③ 英敛之：《天津报馆俱乐部第二次集会演说纪略》，《大公报》，1906 年 7 月 31 日。

④《英敛之先生日记遗稿》，沈云龙主编：《近代中国史料丛刊续编》（第 23 辑），第 1052 页。

有人认为"此会为类不伦，以俱收并蓄也"；也有人评价说"此会初次聚集，
毫无条理"。针对各种流言蜚语，英敛之给予有力回击，否认天津报馆俱乐部有
任何排外性质，"我辈之宗旨，果为无理之排外与否，个中人原自了然，即外人
亦当徐徐窥其真相，此不必辩"。对于"天津报界品类太杂"的批评，英辩称：
"夫士各有志，不能相强，各人宗旨，原不能划之使一。观摩思齐，量长较短，
亦社会因竞争而进步之要图也。"针对"中国各报时尚幼稚，组织报界团体为
时太早"的观点，英敛之批驳说："此亦不过叹中国人之不能结合团体也……
东西各开明之国，凡有一事业，无不有一团体之集合，以为进步改良之基础。
今我国报界，尚在幼稚时代，正应集群智群力，谋所以发达隆盛之机关。此我
同业之聚集，尤不得视为缓图者也。"①

　　1906 年 7 月天津报馆俱乐部成立之际，报业相对发达的上海报界由于内部
矛盾重重，各报馆意见不一，尚未建立自己的同业团体。当申、时两报提出组
建报界同盟会时，招来不少反对意见。1905 年 3 月 16 日，《警钟日报》发表论
说，表示"坚不赞成"《时报》的主张，认为各报立场、宗旨、观点不同，言
论不能统一，行动也难一致，没有可能结成举国一致的团体。②《警钟日报》看
似指出了问题的症结所在，但《申报》的看法更为合理，报界同盟主要是为了
避免各报"挟私见以相反抗，创私意以自表异"，而非强求各报主张完全一致。
从某种程度上说，《警钟日报》的态度反映出革命派报刊与商业报刊、立宪派
报刊在政治立场上的分歧，以及上海报界内部的矛盾与冲突。

　　由于各报见解不一，加之极力主张实现报界同盟的《申报》和《时报》也
顾虑重重，对如何处理同盟与竞争、记者同盟会与报馆同盟会的关系，报界言
论与行为不能一致等诸多问题，未能提出切实可行的方案，《时报》的倡议不
免流产。居于全国舆论中心地位的上海报界在 1905 年未能建立自己的团体组
织，以致丧失一次绝好的机会来加强团结，巩固自身的地位。据包天笑回忆，
1906 年前后，《时报》在馆内楼上辟出一间房，唤作"息楼"，以供聊天休息会
客之用。编辑在工作之余，常到"息楼"与来宾谈天说地，交换信息。③ 在一
定程度上，"息楼"已经具有记者俱乐部性质，但只是用来开展非正式的集会

---

　　①　《报馆俱乐部第二次开会小启》，《大公报》，1906 年 7 月 29 日。
　　②　方汉奇等编：《近代中国新闻事业史编年》（十二），中国社会科学院新闻研究所编：
《新闻研究资料》（第 20 辑），北京：中国社会科学出版社，1983 年，第 233 页。
　　③　包天笑：《钏影楼回忆录》，香港：大华出版社，1971 年，第 401 页。

活动。所以，当天津报馆俱乐部成立之时，上海报界中人对天津报界的联合极
为钦佩，"闻之不胜忭羡"，对上海报界尚未真正联合深表遗憾："上海为中国
大埠，报馆最多，发行亦早，然至今尚无一团体，以相联合。"① 据此可见，
"上海日报公会的最早活动起于1905年底"的说法不大可信。

不过，上海日报公会也并非戈公振等人所论，于1909年方才成立。据《申
报》记载，1908年10月美国舰队访华，上海各报曾以日报公会的名义致函美
舰司令："上海中国日报公会谨肃词欢迎，并祝美华友谊永永辑睦。《申报》、
《新闻报》、《中外日报》、《时报》、《神州日报》、《时事报》、《舆论日报》同
叩。"② 由此可以断定，上海日报公会在1908年10月之前已经成立。其成立的
具体时间，目前的资料尚难最后确定。但依据报刊、近人笔记等资料推定，上
海日报公会应在1906年9月之前已经成立，并得到了社会的认同。1906年9月
"报界庆祝立宪会"的倡设，即为明证。

1906年9月1日，清廷明诏宣布立宪，上海报界皆以此为"吾国旷古未有
之幸福"，立即倡导"庆祝大会"以兹纪念，《申报》《时报》《同文沪报》《中
外日报》《南方报》等报馆都参与其事。③ 9月14日，《申报》《时报》等报馆
联名刊载"特别广告"，表示将于9月16日举办"庆祝立宪会"，并恭请马相
伯、郑孝胥演讲，广邀上海官、绅、商、士出席，以"同申庆祝"。④ 各报为确
保商、学两界惠临，特于9月13日将入场券分送江苏学务总会、上海学务公
所、环球学生会、上海商务总会、南市商务分会，请各会转送学、商两界同
人。⑤ 9月16日，上述五报馆如期在上海张园联合举行"庆祝立宪会"，官、
绅、士、商、学界到者约千余人，郑孝胥、马相伯演讲预备立宪。举办者以
"报馆公会"的名义致辞答谢："今日敝公会在此开会，举行庆祝立宪典礼，承
官、绅、士、商诸君惠然偕临……敝公会与有光荣，不胜欣幸之至。"⑥ 郑孝胥
在演说中说："今日承贵公会约孝胥来观盛会，不自意边戍余生，在光绪纪元年
间，尚得与诸公为此一日之欢聚……此会乃我中国上等国民第一次之聚会。"并
对报界大加称赞，认为朝廷宣布立宪，一方面是因为其有救亡图存之思想，另

---

① 《天津报馆俱乐部第二次集会演说纪略》，《大公报》，1906年7月31日。
② 《上海各报致美舰司令官电》，《申报》，1908年10月30日。
③ 《广告》，《申报》，1906年9月4日。
④ 《特别广告》，《申报》，1906年9月14日。
⑤ 《分送入场券广告》，《申报》，1906年9月14日。
⑥ 《报界恭祝立宪会纪事》，《申报》，1906年9月17日。

一方面则得益于报馆的鼓吹，"累年以来，报馆、学生先导之功尤为特色"。①
马相伯在演说中对报界亦极为推崇，"学生发起于前，诸报馆鼓吹于后，乃有今
日之上谕。不仅为四万万同胞赞美我留学生，恭维我报馆诸君。其恭维之实，
一则以报馆之天职尊崇，二则以报馆之天职重要"，称颂报馆"终夜雨，会朝
清明，与人主平分国柄"。②郑孝胥在其日记中曾记载说，是应"报馆公会"之
请而作演说，"9 月 16 日，诣张园，应报馆公会之请，演说预备立宪，到者数
百人"③。报界的致辞、郑孝胥的演说及日记均能表明其时上海报界已经正式组
建起自己的团体组织。

尽管已有的材料还不能最后确定上海日报公会成立的具体时间，但从上述
证据确凿的相关资料中可以推断，上海日报公会大致在 1906 年 7 月 1 日天津报
馆俱乐部成立之后，1906 年 9 月"报界庆祝立宪会"成立之前已经问世，并为
世人所认可。只是此时上海日报公会的章程尚不明确，组织亦不健全。

1909 年 3 月 28 日，上海报界召开特别会议，通过《上海日报公会会章》，④
对组织的宗旨、机构、纪律、集会办法、经费以及会员的权利与义务等作出明
确规定，使其活动呈现制度化、规范化。

依据会章，上海日报公会组织机构趋于完善，公会设干事长 1 人，负责主
持会务；干事员 1 人，执行日报公会"议定各事并司账目及本会器物"；书记 1
人，掌管、收发公件和函牍；缮写 1 人，"专任抄写案件并司俱乐部书报"。干
事长由与会各报馆轮流担任，每家 1 月，"担任义务，不另开支薪水伙食，虽不
必常用住宿，惟每日必须到会一次"。干事员、书记、缮写由日报公会公聘，
"月支薪水，伙食临时公决，必须常驻日报公会"。

同时，上海日报公会在组织内部实行民主原则与程序，具体表现为：①规
定会员地位一律平等，享有同样的权利，承担同样的义务。与会各报馆必须交
纳会费、分摊常费；各报馆只有 1 个代表拥有表决权，多派的与会代表只有旁
听资格，而无表决权；干事长由在会各报馆轮流担任，而非由一家报馆独占。
②会务由全体公决，会章由与会报馆共同决定，重新修订时必须三分之二以上

---

① 《郑苏龛京卿演说稿》，《申报》，1906 年 9 月 17 日。

② 《马相伯观察演说稿》，《申报》，1906 年 9 月 18 日。

③ 中国历史博物馆编：《郑孝胥日记》（二），北京：中华书局，1993 年，第 1057 页。

④ 戈公振：《中国报学史》，北京：生活·读书·新知三联书店，1955 年，第 297 – 300
页；方汉奇主编：《中国新闻事业编年史》，福州：福建人民出版社，1999 年，第 506 页。

赞成；所聘职员负责执行决议，干事长的责任在主持会议而非领导。这种模仿民主选举和分权制衡的组织形式，成为报界向往与追求民主制思想倾向在组织上的体现。这与一些绅董名流控制下的地方自治团体或宪政团体对上要求分权，对下集权垄断，彼此又争权夺利的情形适成鲜明对照。①

报业相对特殊，各报馆宗旨有别，分散性相当明显，可能导致新闻团体的凝聚力和约束力有限。出于此考虑，上海日报公会在组织纪律方面作出了较为严格的规定，以便在坚持民主原则的同时，确保团体的有效运作。违犯会章及组织决议的报馆，将"由本会公议罚以二十元以上、一百元以下之罚金。如不受罚，除由本会共同宣布斥退外，并由各报公布犯者之无道德，由本会公拟一稿，令会内各报登诸论前一月，以声其罪"。

值得注意的是，上海日报公会具有鲜明的民间性质，无任何官方色彩。其总纲宣称"本会为独立机关"，1911 年 4 月 7 日上海日报公会在致上海商务总会的电函中再次宣告："上海报界向来特立"，对商务总会甘作"官厅拾遗补阙之机关"很不以为然。② 日报公会拒受津贴，经费由与会报馆分摊，力保经济独立，这为自由言论提供了坚实保障，此举在中国报界实属可贵。因为经济独立为言论独立的重要支撑，梁启超言称："吾侪从事报业者，其第一难关，则在经济之不易独立……凡办报者非于营业收入以外，别求不可告人之收入，则其报殆不得自存。"③

会章也显示出上海日报公会的缺陷。其一，联络范围有限。由于当时日报的势力在各类报刊中遥遥领先，公会为日报所组织，成员也仅限于此，其他类型的报刊被摒之门外。其二，会员与非会员差别很大，既不利于报业共同发展和进步，也不利于报界团结。上海日报公会会章明文规定："一公共利益，本会议设如下：（甲）本埠商情及轮船进出口访员，（乙）抄录重要各衙署公电员。以上各种，均由本会公议直延，非在会各报馆不得享此权利。二公共机关，本会会所及记者俱乐部及藏书室，非在会各报馆不得闯入。三公共交际，凡在会各报馆，对于本埠会外各报馆，所有函电新闻，概不转送。会外报馆转来函电

---

　① 桑兵：《清末新知识界的社团与活动》，北京：生活·读书·新知三联书店，1995 年，第 250 页。

　② 《上海日报公会质问上海商务总会函》，《申报》，1911 年 4 月 7 日。

　③ 梁启超：《〈时事新报〉五千号纪念辞》，《饮冰室合集》（文集 36），北京：中华书局，1989 年，第 66 页。

新闻，无论何种，亦概不照登。"其三，公会以互联情谊、共谋进步为主旨，"与各馆内部组织无涉"，会员完全以报馆为单位，注重报馆权益，而对从事报业的主体——新闻记者的权利几近忽略不计，不利于从业人员素质的提高。

除天津、上海之外，武汉、北京、广州等报业相对发达地区的报界同人也开始筹建新闻团体。据刘望龄先生考证，武汉第一个新闻团体——"汉口报界总发行所"于1906年10月由《汉江报》《汉口中西报》《汉报》《公论报》《公论新报》五家报馆联合组成，公推《汉口中西报》经理王华轩、《公论新报》主笔宦海之、《汉报》主笔郑江灏三人主持。"汉口报界总发行所"有简单明了的宗旨、任务和活动方法：以"互助"为主旨，负责联合发行，统一广告价码、催缴报费等事务，每三五日聚会一次①。为维护报界利益，1906年12月22日汉口报界总发行所统一各报广告价码，制定《登告白新章》，公布12月3日至15日经由总发行所发销武汉三镇的各报数目。《新章》规定："现在各报互助团体将告白价码改为一律，不许私自减价招徕，统由总发行所将本埠各报销数，按日刊登报端，以供众览。赐顾诸君，或迳到各馆直接，或至总发行所代取，各听其便。"② 1908年1月4日，汉口各报馆重组"报界总发行所"，由《公论新报》《汉报》《鄂报》《汉口中西报》四家报馆联合组成，假《公论新报》馆为办公场所。③

1906年前后，北京报界日见发达，报界已显现同盟意向，且有多次联合行动。京师阅报社于1906年7月29日，遍约各报馆，拟在爱国阅报社开茶会，集议报界事件。④ 在1906年9月的《中华报》案中，北京报界曾一齐攻击警厅"非法逮捕报人，摧残舆论"⑤。彭翼仲、杭辛斋二人被定罪后，北京各报馆再度联合"公禀警部"，要求将彭翼仲释放，不追究杭辛斋的责任，并允许《京

---

① 刘望龄：《黑血·金鼓——辛亥前后湖北报刊史事长编》，武汉：湖北教育出版社，1991年，第106页；湖北省报业志编纂委员会编：《湖北省报业志》，北京：新华出版社，1996年，第735页。

② 刘望龄：《黑血·金鼓——辛亥前后湖北报刊史事长编》，武汉：湖北教育出版社，1991年，第112页；湖北省报业志编纂委员会编：《湖北省报业志》，北京：新华出版社，1996年，第735、736页。

③ 刘望龄：《黑血·金鼓——辛亥前后湖北报刊史事长编》，武汉：湖北教育出版社，1991年，第134页。

④ 《报社拟开茶会》，《大公报》，1906年8月1日。

⑤ 管翼贤：《北京报纸小史》，《新闻学集成》（第6辑），《民国丛书》（四编）（第46辑），上海：上海书店，1992年。

话日报》再行出版。① 同年 10 月，清廷颁发《报章应守规则》，北京各报馆联名致函巡警部"规则九条只有大纲，而无注释，则字句出入之间，可彼可此，遵守尚难"，要求巡警部给予明确解释。② 为改良社会风俗，北京各报馆共同联络督学局，设立改良风俗会处，以演说为要义，以开通民智为宗旨，并禀知学部择地开办。③ 1907 年 3 月前后，北京报界开始着手组建团体组织，以加强联络，《大公报》报道说："北京报界日渐发达，然每不免有互相攻击之处。近开北报馆主人廷部郎拟发公启，遍约北京报界诸志士，互商联合之法，以固团体、通消息为宗旨。"④ 1908 年，北京报界公会在宾宴茶楼召开成立大会，公推朱淇为会长，《中央大同日报》康士铎为副会长。此后，遇有报界公共之事，均由报界公会代表与官厅接洽。⑤

1907 年底，广州报界公会正式成立，受到社会舆论的相当尊重，成为当时颇有影响的社会团体之一。有论者指出，广州报界公会成立于 1908 年，最初的会员仅有《安雅报》《羊城报》《时敏报》《岭海报》《七十二行商报》《广州总商会报》《国民报》《国事报》《天趣报》《天游报》等十家。⑥ 此说缺少确凿的证据，与事实真相似有差距。就实际而言，早在 1907 年，广东报界已经表现出明显的群体倾向，广东戒烟总会推举报界议员时，《羊城报》莫任衡、《民报》卢星符、《岭海报》胡湘凌、《时敏报》任孝勤、《国事报》李翁思、《安雅报》朱云表、《广州总商会报》金灌青等联名致函戒烟总会，予以婉拒，声称："弟等忝居报席，凡属公益，靡不赞成，况戒烟为救国强种大问题，益当竭力鼓吹。惟以报界中人就贵会议员，言论未免障碍。不若守我天职，对于贵会遇事尽言以报雅爱，较为自由。"⑦ 据《中国日报》记载，1907 年 12 月 23 日，广东报界同人假座总商会，公议联结团体。到会者有《广州总商会报》记者金灌青、《羊城报》欧伯明、《岭海报》袁荣初、《时敏报》朱汇泉、《安雅报》朱云表、《国民报》邓德生、《七十二行商报》罗少翱、《国事报》李翁思、《时事画报》潘达微、《时谐画报》梁慎馀、《妇孺报》陈敬叔、《援溺杂志》何衡种、《法政丛记》张伯乔，外加来宾军医区评约、轮船商会协理毕礼操等，共 28 人，公推

---

① 《报界感情》，《大公报》，1906 年 10 月 16 日。
② 《警部饬由厅丞转覆报馆文》，《大公报》，1906 年 10 月 21 日。
③ 《改良风俗》，《大公报》，1906 年 10 月 17 日。
④ 《报界团体》，《大公报》，1907 年 3 月 29 日。
⑤ 徐凌霄、徐一士：《凌霄一士随笔》，太原：山西古籍出版社，1997 年，第 641 页。
⑥ 梁群球主编：《广州报业（1827—1990）》，广州：中山大学出版社，1992 年，第 159 页。
⑦ 《报界函辞戒烟会议员》，《广州总商会报》，1907 年 9 月 18 日。

《安雅报》朱云表为主席。① 广州报界公会成立之初，报界即以团体名义致函商船公会："贵会改挂龙旗，经有成议，腊月初一为期已近，我报界同人实深仰望。如有疑难之处，请贵会速开会议，届时各同人定当亲临，共商办法，以底至善，报界同人公启。"② 12 月 16 日，商船公会邀请学、商、报界开会，共同协商西江缉捕问题，③ 报界代表与学界中人，援引各国商船多有自主之权，要求务达其目的。④

小　结

检阅各种史料，在重建史实的基础上可以推论：上海报界最早意识到报界联合的重要性，首倡组建新闻团体，而中国最早的新闻团体则应为 1906 年 7 月 1 日成立的天津报馆俱乐部。由于各报馆宗旨、立场有别，主张不能一致，天津报馆俱乐部只是一个内聚力较弱的松散组织，对俱乐部各成员缺少应有的约束力。上海日报公会于 1909 年 3 月 28 日所通过的会章，对日报公会的内容、宗旨、组织、纪律、集会办法以及会员的权利与义务都作了比较完善的规定，反映出上海报界的群体自觉相对明确，因此中国报界全国性的组织——中国报界俱进会最终由上海报界发起组成，为应有之义。

天津、上海、北京、广州、武汉等地新闻团体的相继建立，显示了同业群体的崛起及其社会地位的上升，标志着报界群体意识的初兴，表明报人职业意识和认同感日益增强，向新闻职业化方向迈出关键一步。各地新闻团体在成立后，维护报界公益，促进报界内部联系，推动报业发展与改良，积极参与社会活动，与政、商、学界建立起普遍联系，对上力求民主，对下代表民意，成为晚清一股独立的趋新势力，扮演着重要的社会角色。

（原文发表于《新闻界》2006 年第 2 期，有改动）

---

① 《报界团体会议案》，《中国日报》，1907 年 12 月 25 日。
② 《报界团体会议案》，《中国日报》，1907 年 12 月 25 日。
③ 《商船公会邀请各界开特别会议》，《中国日报》，1907 年 12 月 26 日。
④ 《商船公会二十三日会议情形》，《中国日报》，1907 年 12 月 30 日。

第二章

中国报界俱进会：清末民初报界群体意识的自觉

1910 年 9 月成立于南京的中国报界俱进会，是近代中国第一个全国性新闻团体，曾在社会、政治、文化方面扮演要角。该团体的成立标志着报界联合的规模与范围进入新阶段，可视为报界内聚力及群体意识日益强化的征兆。由于资料限制，学界对中国报界俱进会着墨甚少，语焉不详，相关史实模糊不清。[①]本章尽力搜求报刊、时人论著、回忆录等各类资料，力图细致考察中国报界俱进会的源起、产生、发展、组织与活动，在重建史实的基础上描述清末民初报界群体意识的变动趋势，进而把握报界结社活动的大致脉络和相对独立的特征，为探求近代社会转型时期新型职业社团与国家政权的互动提供一个具体的实证。

---

① 戈公振《中国报学史》（北京：生活·读书·新知三联书店，1955 年，第 280 页）对中国报界俱进会的成立大会、章程、议案及消亡作了简明扼要的介绍，但对相关问题的叙述略显简单，该书对后来中国新闻事业史的研究有着深远的影响，此后学者在论述报界团体问题时，多援用戈说，其中不免有以讹传讹之处；黄天鹏《中国新闻事业》[《民国丛书》（三编）（第 41 辑），上海：上海书店，1991 年，第 126 页]、项士元《浙江新闻史》（杭州：之江日报社，1930 年，第 289 页）、胡道静《上海新闻事业之史的发展》[《民国丛书》（二编）（第 49 辑），上海：上海书店，1990 年，第 36 页]、曾虚白《中国新闻史》（台北：三民书局，1984 年，第 674 页）、方汉奇等编《中国新闻通史》（第二卷）（北京：中国人民大学出版社，1996 年，第 370 页）、方汉奇等编《中国新闻事业编年史》（福州：福建人民出版社，1999年，第 551、585、635 页）等均对中国报界俱进会的成立、历次大会、议案有所论列，因系大概而论，未能深入，且不乏可议之处。

第一节　成立大会

　　1910 年之前成立的新闻团体，均是以报馆为会员单位的区域性同业组织，与《时报》创建全国性记者团体的初衷略微相异。在争取言论自由、维护报界利益的联合行动中，报界群体意识的自觉得到强化，各地报界逐渐意识到实现全国联合的必要性。1906 年清政府宣布"预备仿行宪政"，加快了近代报刊的发展步伐，同时极大地刺激了社团组织活动的兴盛，报界组建强有力的同业组织的愿望加剧。1909 年 11 月 3 日，《民吁日报》刊发《今日创设通信部之不可缓》，倡议全国报界联合成立通信部采访国际新闻，以打破外报垄断国际新闻的局面，再次表达了报界对全国联合的向往。上海报界同心协力，使这一崭新的趋向成为现实。

　　1910 年 9 月，借南洋劝业会开会，各地报人汇集南京，为全国报界共聚一堂提供了一个绝好的时机。《时报》与《神州日报》把握这一机遇，联名呼吁趁此机会创立中国报界俱进会，实现全国报界大联合。两报的倡导得到上海日报公会的认同与首肯，9 月 3 日，上海日报公会向各地报馆发布会议公告："中国报界俱进会定于八月初一开大会于南洋劝业会，初二、初三日开研究会。"① 9 月 4 日，在上海日报公会的主持下，中国报界俱进会按照既定日期在南京劝业会公议厅召开成立大会，公推郭定森（宝书）为大会主席。② 翌日，中国报界俱进会举行第一次讨论会，通过如下决议：组织名称定为中国报馆俱进会；以各报馆为集体会员，不以总理、主笔为会员，但承认其为代表；每年召开一次大会；中国人自办报馆才有入会报馆资格；在各地设立分会。③ 这些决议均写入《中国报界俱进会章程》，成为章程的核心内容。

　　9 月 6 日、7 日，中国报界俱进会连续召开第二、第三次讨论会，协商章程和议案。与会代表提出"陈请邮传部核减电费寄费案""议招股实商家包销报

---

① 《上海日报公会启》，《申报》，1910 年 9 月 3 日。
② 《报界俱进会大会纪事》，《申报》，1910 年 9 月 7 日。
③ 《报界俱进会大会纪事》，《申报》，1910 年 9 月 7 日。

纸案""设立各地通信社案""议设立造纸公司并议用中国纸印报案""维持劝业会案""欢迎美国游历团案议案"等6项议案，并商讨了具体的实施办法：第一项议案由在会各报馆列名呈请邮传部，待中国报界俱进会上海事务所成立后实行；第二项议案因关系各报馆独立营业问题，被公议取消；至于第三项，则决定先在北京、东三省、上海、蒙古、西藏、新疆、欧美等地设置通信社和通信员，以后再逐渐扩及；第四项议案由上海事务所负责执行；其余两项也得到与会代表一致肯定。①

第一次会议的主要成果是通过了《中国报界俱进会章程》，对组织名称、宗旨、机构、会员的权利和义务等作出明确规定。章程宣称中国报界俱进会由国人自办报馆组织而成，以"结合群力、联络声气、督促报界之进步"为宗旨。凡愿入会的报馆，必须由在会报馆介绍，经过全体干事公认，方才能成为正式会员，但"凡会外之人，有志同道合、能尽力于本会者，得公推为名誉赞助员"。会员享有的权利和承担的义务如下："除按照本会所定各类调查表式填注外，并须将经理人及编辑部各人姓名、履历，详细开列，送交本会，有更易时，并须通知……常会、临时会开会时，在会各报馆均须派代表人到会，以便取决多数，其议权每报以一人为限。但以一人而代表二报馆以上者，仍只以一权计算。非报界人，不得派为报界代表。常会、临时会开会时，在会各报馆皆有提出议案之权，惟至迟须开会之第一日交到本会。本会执行常会、临时会议决事件，所有对外之公牍函电，一律由本会各报馆全体列名，不用俱进会名义，其列名之次序，除第六条所列事件应临时酌议外，每年于常会时决定一次。"此外，与会各报馆还得承担常年会费，执行报界俱进会的决议，维护报界及报界俱进会的声誉，否则"经干事三分之一以上之报告，或二埠以上报馆之提议，得于大会时，以多数之同意，令其退会"。②与会报馆享有完全平等的权益，每家报馆仅有一张表决权，一人代表数家报馆也只有一张表决权，说明报界俱进会仍是以报馆为基本单位的团体组织，且倾向民主制的组织原则。

依据章程，俱进会在上海设立事务所，③办理会中一切事务，在南京、北京、天津、汉口、广东、东三省设立通信处。另设干事9人，其中4人驻事务

---

① 《报界俱进会开会续纪》，《申报》，1910 年 9 月 10 日。
② 《报界俱进会开会续纪》，《申报》，1910 年 9 月 10 日。
③ 1910 年 10 月，上海事务所正式组织成立，暂借小花园十二号为事务所所址。《中国报界俱进会上海事务所启事》，《申报》，1910 年 10 月 22 日。

所，5 人分驻各通信处。干事负责收发函电、管理收支账目、保存各种文件、编制各项报告、酌定全期预备会场、整理议案、执行议决事件，但干事如何产生，章程没有作出相应的规定。报界俱进会每年八月开常会一次，商议"关系全国报界共通利害问题；须用本会全体名义执行之对外事件；对于政治上、外交上言论之范围；修改章程"等议题；一旦遇有紧急重要的问题，经二埠以上报馆的提议，必须召开临时会；上海、南京、北京、天津、汉口、广东、东三省为常会的召开地点，召开临时会议的地点以上海为限；每年开会的具体日期由报界俱进会上海事务所与当年开会地点的通信处商定，在正式开会前一个月通知在会各报馆。① 对组织机构、议事程序、活动地点及方式较为详细的规定，使报界俱进会的活动基本上有章可循，呈现制度化和规范化的特征。

与此前的区域性报界团体相比，中国报界俱进会具有以下特点：

其一，鲜明的民族特色。最先成立的天津报馆俱乐部，日资报刊曾参与其事，成为重要成员。报界俱进会完全由国人自办报馆组织而成，并决定设立造纸公司，倡导用中国纸印刷报刊，显露出较强烈的民族意识。这与报界清晰认识到外资报刊和通讯社对中国社会的负面影响颇有关联，租界屡次限制华资报刊也刺激了报界的民族情感，报界俱进会的发起者《神州日报》就曾与上海公共租界工部局大起冲突。

其二，会员构成有所改变。1901 年报业恢复发展后，日报一枝独秀，影响与销量遥居各类报刊之首。据《警钟日报》的不完全统计，武汉 20 多种报刊的总销数约为 2 730 份，日报的销量远远超过其他各种报刊，如《中外日报》《申报》《新闻报》《同文沪报》《时报》《警钟日报》《汉报》的销量分别为 500、300、300、200、300、300、300 份，其他 13 份报刊合计才 530 份。② 杭州、南京与武汉大体相同，日报销数遥居榜首，独占鳌头。③ 由于日报拥有绝对优势，致使各报界团体组织多以日报馆为主要成员。上海日报公会只有日报馆才能加入，其他报馆无权参与，在会报馆与会外报馆拥有的权利相差甚远。俱进会会员虽以日报为主，但不再只限于日报，杂志亦可入会，会员与非会员的权利没有特别悬殊，扩展了联络范围，使报界联合趋于完善。

---

① 《报界俱进会开会续纪》，《申报》，1910 年 9 月 10 日。
② 《武汉报纸销数调查》，《警钟日报》，1904 年 11 月 31 日。
③ 《杭城报纸销数之调查》，《警钟日报》，1905 年 1 月 18 日；《宁垣各种报纸销数表》，《警钟日报》，1905 年 1 月 18 日。

其三，自我认同更为明晰。章程强调，影响报界全局的利害关系是报界俱进会的关注重点，所议事件必须"关系全国报界共通利害问题，须用本会全体名誉执行之事件"，"非报界人不得派为报界代表"。而官报局人员可列席天津报馆俱乐部开会议事，"同业之外有愿赞助新闻事业者，有会员之介绍，亦可列席会议，以取集思广益之助"①。上述两者的区别正好反映出报界自我意识的变化。

中国报界俱进会成立大会的召开得到全国报界的积极响应和参与。上海《时报》《神州日报》《申报》《中外日报》《舆论时事报》《天铎报》，北京《北京日报》《中国报》《帝国日报》《帝京新闻》《宪志日刊》《京津时报》《国民公报》，东三省《东三省日报》《大中公报》《微言报》《醒时白话报》《营口营商日报》《吉林自治日报》《长春吉长公报》《长春公报》《哈尔滨滨江日报》，广东《国事报》，香港《商报》，江西《江西日日官报》《自治日报》《又新日报》，汉口《中西报》，浙江《全浙公报》《浙江日报》《白话新报》，南京《江宁实业杂志》《劝业日报》，福建《福州新闻报》，四川《蜀报》《重庆广益业报》，贵州《西南日报》，芜湖《皖江日报》，汕头《中华新报》，江苏《无锡日报》等20个地区的40家报馆参加成立大会。② 未曾与会的东三省报界公会、广州报界公会和广东、香港的报馆向中国报界俱进会发出贺电，③ 广州报界公会和香港的部分报馆甚至还委请代表与会。④ 新成立的福建《建言报》等在大会结束后申请入会。⑤ 入会报馆数量众多的情形证明，全国性联合机构的成立，使报界拥有了一个全国性会集中心，在相当程度上扩展了报界的联合规模，提升了组织程度，分散性和群体趋向的模糊性大为改观。

中国报界俱进会的成立也博得社会各界的关注。如"创设造纸公司案"为江宁学务公所罗某提议，并被纳入正式的议事日程，罗氏还特别建议将报界俱进成立大会的演说词和欢迎词登诸报端，"以谂国民"。出席南洋劝业会的绅、商代表多次开会欢迎报界俱进会各代表，对报界联合极表欣赏："今年实业界之新联合与报界之新联合，皆为振古所无之大事。"⑥

---

① 《报馆俱乐部第二次开会小启》，《大公报》，1906年7月29日。
② 《报界俱进会开会续纪》，《申报》，1910年9月10日。
③ 《报界俱进会大会纪事》，《申报》，1910年9月7日。
④ 《报界俱进会开会续纪》，《申报》，1910年9月10日。
⑤ 《公电》，《申报》，1911年1月11日。
⑥ 《报界俱进会大会纪事》，《申报》，1910年9月7日。

　　第一次全国联合的实现聚集了报界的活动能量。中国报界俱进会曾多次通电声援遭遇地方官厅无理压制的报馆，捍卫言论自由权，成为报界对抗官府的前驱和重镇。1911 年 3 月，哈尔滨《东陲公报》因"注意俄国远东之政策"，被沙俄当局唆使吉林交涉使兼署西北路道郭宗熙予以查封,[①] 该报与东三省报界公会立即向中国报界俱进会请求支援。[②] 接到函电后，报界俱进会致电东三省总督及哈尔滨道，以报律为据，抗议郭宗熙的无理暴举，要求秉公核办，维护言论自由。[③] 慑于报界俱进会的声望，哈尔滨道被迫复电，力图掩人耳目："《东陲公报》主笔与经理冲突……将出版矣。"[④] 并指使《东陲公报》经理姚岫云致电报界俱进会，伪称《东陲公报》是"自请暂停发刊"，不久将继续出版。[⑤] 为正视听，报界俱进会的重要成员——《申报》连续刊载长篇通讯《〈东陲公报〉被封之悲愤录》，详尽报道该报被封的原因及经过，披露了郭宗熙"可使文人埋冤，不可使外人生气"的丑陋嘴脸与《东陲公报》经理姚岫云中饱私囊、欺世媚上的罪恶行径。[⑥] 1911 年 10 月，奉天《大中公报》刊发号外："岑春煊为革党所强行推戴，不允，遂自尽。姜桂题于前日到京，自告奋勇，愿带兵赴鄂。开封、长沙、南京均有失守之风传，安庆亦有恶耗。革党领袖为黄兴，前在安徽举事之熊成基余党亦加入。"总督赵尔巽以"淆乱政体、摇惑人心、妨害治安"为由封禁《大中公报》，拘捕经理杜葛岭与主笔沈肝若。[⑦]时值中国报界俱进会在北京召开第二次常会，与会代表为《大中公报》极感不平，遂由报界俱进会致电赵尔巽，指明《大中公报》所发号外，"语固失实"，但按现行报律，不致被封、被拘，恳请赵尔巽依报律行事，维持报刊舆论。[⑧]

　　在中国报界俱进会的示范和鼓舞下，各地报界团体内引外联，积极参与各种社会活动，时常就一些关系报业或国家利害的重大事件发表宣言、通电与评论，在政治、社会、文化方面的影响更加显著，成为一股强大的社会势力。1911 年 8 月 1 日，湖北当局查封言论激烈的《大江报》，拘捕经理詹大悲、主

① 《报界之悲声》，《大公报》，1911 年 3 月 28 日。
② 《公电》，《申报》，1911 年 3 月 17 日。
③ 《俱进会电请维持言论》，《申报》，1911 年 3 月 17 日。
④ 《哈尔滨公电》，《申报》，1911 年 3 月 20 日。
⑤ 《〈东陲公报〉经理电告停版原因》，《申报》，1911 年 3 月 23 日。
⑥ 《〈东陲公报〉被封之悲愤录》，《申报》，1911 年 4 月 3 日、4 日。
⑦ 《〈大中公报〉案已了结》，《大公报》，1911 年 10 月 29 日。
⑧ 《报界俱进会二次开会纪事》，《大公报》，1911 年 10 月 25 日。

编何海鸣。案发后，不仅革命派报刊著文指责清政府扼杀报刊舆论，一些立宪派报刊也批评政府"滥用法权"，办理过严，① 对《大江报》极表同情："以转机望于国，何得谓扰害治安？"② 唇亡齿寒，汉口报界更是急起援助《大江报》。8 月 2 日清晨，汉口各报馆联名要求地方检察厅优待詹大悲。当日晚上，各报馆再次召开全体会议，一致主张封禁《大江报》"已足蔽辜"，编辑人"应请宽免"，公呈检察厅释放詹大悲。③ 在与官府的交涉中，汉口报界意识到无团体联络同业的弊端，决意组织报界公会，以团体名义共谋抵制，并通电中国报界俱进会与全国报界，请求援助。④ 8 月 7 日，汉口报界公会召开成立大会，宣称如当局不秉公办理《大江报》案，则"一律托挂洋旗，以期抵制"。⑤ 报界的呼吁产生了广泛的社会影响，湖北咨议局曾一度支持《大江报》同人散发《通告书》，揭露事件真相，并上呈总督，要求从宽处理。⑥ 报界的群起声援对政府形成强力冲击，使之处于被动，致使政府官厅愈加忌恨报界，两者的关系日趋恶化。报界与清政府离心倾向的加剧，对清政府的命运影响极大，"至庚戌、辛亥年间，立宪之报纸，悉已一折而入于革命运动，此则清廷存亡绝续之大关键"⑦。

第二节　政局突变下的第二次常会

在力争言论自由、维护报界公益的运动中，中国报界俱进会第二次常会在北京如期召开。《中国报学史》对第二次常会记载道："宣统三年八月初一日（1911 年 9 月 22 日），开第二次常会于北京，推朱淇君为主席。除章程外，议

---

① 《汉口〈大江报〉被封三志》，《时报》，1911 年 8 月 9 日。

② 《闲评》，《大公报》，1911 年 8 月 10 日。

③ 《再志汉口〈大江报〉被封情形》，《时报》，1911 年 8 月 7 日；《汉口〈大江日报〉被封始末记》，《申报》，1911 年 8 月 7 日。

④ 《〈大江日报〉被封之警告》，《大公报》，1911 年 8 月 9 日。

⑤ 《汉口〈大江报〉被封三志》，《时报》，1911 年 8 月 9 日。

⑥ 刘望龄：《黑血·金鼓——辛亥前后湖北报刊史事长编》，武汉：湖北教育出版社，1991 年，第 241 页。

⑦ 姚公鹤：《上海报纸小史》，《东方杂志》，1917 年第 14 卷第 6 号。

决重要之案如下：一、陈请邮传部核减电费寄费案；二、设立各地通讯社案；三、联合设立造纸公司，并用中国纸印报案。"① 后来学者多以戈书为据。② 然究其实，此论与历史真相出入较大。

首先，第二次常会召开的时间是 1911 年 10 月 19 日，而非 9 月 22 日。中国报界俱进会的章程虽明文规定"每年八月开常会一次"，但直至 1911 年 10 月资政院在北京召开第二次年会，各地报人借采访之机重新聚集北京，中国报界俱进会第二次常会的举办时机方才成熟。原定开会时间为宣统三年八月二十四日，即 1911 年 10 月 15 日，③ 实际上迟延到 10 月 19 日第二次常会才召开正式的全体大会。④

其次，通过的议案有误。据《大公报》报道，第二次常会仅仅召开了两次会议，且只有第二次会议商讨和通过了三件议案："一、奉天《大中公报》被封事，议决由俱进会电致赵督，要求维持；二、因近来官吏对于报馆不肯实行遵守报律，任意摧残，拟要求政府及行政官，彼此共同实行遵守报律。定议由报界上呈请资政院议员，提议要求以后行政及报馆两方面，均须共同实行遵守，不得违犯；三、在北京组织中国报界俱进会北京事务所，选举干事，办理会务，解散旧有的北京报界公会。"⑤ 此前，报界俱进会上海事务所在上海山东路 158 号召开预备会，公推朱少屏、张虎臣、童弼臣为赴京代表，朱少屏曾准备将"设各地通信部""请减邮电费"等议案在会议上提出。⑥ 后因时间紧迫，第二次常会并没有讨论朱少屏的提案。不过，这次常会直接督促政府和议员，要求遵守报律，尊重报馆的合法权益，把报界公益落实到具体的可操作性层面。从这个意义上看，第二次常会比第一次常会更进一步，实际展示了职业群体意识的自觉及报界期望体现的力量。

受国内政治形势变化的影响，与第一次常会相比，出席第二次常会的代表数量相对较少，影响范围有限。1911 年 10 月 19 日，第二次常会在虎坊桥湖广会馆召开第一次会议，仅东三省报界代表关当世，上海《神州报》蒋繇庚，《时事新报》童熙、丁榕，《京沪时报》吴叔子，贵州《西南日报》杨寿笺、钟

① 戈公振：《中国报学史》，北京：生活·读书·新知三联书店，1955 年，第 280 页。
② 方汉奇等编：《中国新闻事业编年史》，福州：福建人民出版社，1999 年，第 585 页。
③ 《报界俱进会今日开会》，《大公报》，1911 年 10 月 15 日。
④ 《中国报界俱进会开会志盛》，《大公报》，1911 年 10 月 22 日。
⑤ 《报界俱进会二次开会纪事》，《大公报》，1911 年 10 月 25 日。
⑥ 《报界俱进会今日开会》，《大公报》，1911 年 10 月 15 日。

昌祚，广东报界代表及《北京日报》朱淇，《国光新闻》严启衡，报界俱进会
上海事务所书记吴朴，《国风日报》吴超，《帝国日报》陆咏沂，《中国报》叶
崇岵，《京津时报》陈佐清，《帝京新闻》恒钧，贵州报界代表牟琳，张家口报
界代表杨培械，南昌《自治日报》姜项民，《国民公报》徐佛苏，《政报》陈凤
华等 20 余人出席。① 10 月 21 日的第二次会议，只有陆咏沂、朱淇、叶怙苏、
关天生、蒋子才、丁榕、吴叔蕴、杨伯铿、钟山玉、牟贡三、姜项民、彭希民、
恒诗峰、徐佛苏、吴友石、陈文启、吴立妙等 17 人出席。第三次会议本定于 10
月 24 日召开，② 但由于武昌起义后的国内形势剧变，京外代表纷纷出京，会议
未能如期举行。尽管如此，第二次常会仍不失为报界联络不断加强的有力证据。

第三节　上海特别大会

　　民国元年（1912）言禁大开，报业迅速发展，"朝气甚盛，上足以监督政
府，下足以指导人民"③。报界声势飙升，势力大张，自我意识随之膨胀，组建
报界团体的高潮迭现。即使在边远的西南地区和相对封闭的湖南，报界也相继
建立起同业组织，以加强团结，便于沟通联系。1912 年 1 月，贵州报界同人宣
告成立该省第一个报界团体组织——贵州报界同盟会。④ 在四川，樊孔周联合
《四川公报》《中华国民报》《天民报》《公论日报》《进化报》《女界报》等 6
家报馆组建四川报界公会。⑤ 湖南报界为协同对抗官方的压制，改变同业势力
涣散的局面，发起湖南报界联合会。⑥ 为更好发挥团体的作用，武汉与天津的
报界同人均对原有组织进行了必要的改组与重建。1912 年 3 月 28 日，天津报界

---

① 《中国报界俱进会开会志盛》，《大公报》，1911 年 10 月 22 日。
② 《报界俱进会二次开会纪事》，《大公报》，1911 年 10 月 25 日。
③ 戈公振：《中国报纸进化之概观》，张静庐辑注：《中国现代出版史料》（丁编），北
京：中华书局，1959 年，第 12 页。
④ 《贵州报界同盟会致各省报馆书》，《申报》，1912 年 2 月 23 日。
⑤ 孙少荆：《成都报界回忆录》，杨光辉等编：《中国近代报刊发展概况》，北京：新华
出版社，1986 年，第 568 页。
⑥ 李抱一：《长沙报纸史略》，杨光辉等编：《中国近代报刊发展概况》，北京：新华出
版社，1986 年，第 508 页。

因天津报馆俱乐部已陷于停顿，重新创设天津报界联合会。[1] 同月，《大汉报》经理胡石庵联合武昌报界同人发起武汉报界联合会。由于武汉报界联合会仅限于武昌各报馆，联络的范围狭小，《强国公报》《国民新报》《共和民报》《震旦民报》《大江报》《汉口民国日报》《繁华报》7 家报馆又协同组织武汉报界联合会汉口事务所，以加强汉口各报馆的联系。[2] 各区域性团体的相继问世，使报界联络呈现扩大趋势。

在上述背景下，报界进一步联合和团结成为必要。1912 年 5 月 14 日，中国报界俱进会上海事务所向全国报界发出通告，决意召开上海特别大会，以修改章程，集议以下事项：①关于全国报界共通利害问题；②须用全体名义执行之对外事件；③对于政治上、外交上言论之范围；④天津报界联合会及武汉报界联合会提议，将中华全国报界加入万国报界联合会事。

1912 年 6 月 4 日，上海特别大会召开第一次会议，上海代表《太平洋报》朱少屏（同时代表《吉长日报》、《新吉林报》、汕头《新中华报》），《民立报》邵仲辉，《民国新闻》吕天民、陶铸、邓辉宇，《神州报》曹民父、汪瘦岑，《申报》孙起渊、唐幼常，《时事新报》徐寄顷，《民强报》王河屏（同时代表《爱国报》），《民报》何竣业、杨森若，《天铎报》邹亚云、梁重良，《大共和日报》王伯群，《时报》狄南士，《新闻报》汪汉溪，《黄报》夏廉孙、倪寄生；天津代表廖舒筹；北京代表《公民报》吴书箴；汉口代表《国民新报》金颂梼，《共和报》刘笑澄，《震旦民报》龚含章，《武昌公报》王庆扬，武昌《群报》覃啸秋，《大汉报》朱伯厘；江西代表《晨钟报》廖国仁；绍兴代表《越铎报》唐端甫；扬州代表《民声报》徐公时等 30 余人出席大会。开幕会上，大会临时主席朱少屏阐述特别大会的开会缘起：一则因为民国成立后，报馆日增月盛，报界俱进会作为全国报界的公共团体，"自应及时联络，以通声气，而促进步"；二则因为天津报界联合会与武汉报界联合会联合提议，加入万国报界联合会。朱少屏与《新闻报》汪汉溪曾向外国记者询问万国报界联合会的地点及加入手续，被告知万国报界联合会并不存在。但此事仍然引起了各地报馆的浓厚兴趣，在接到报界俱进会上海事务所的通告后，各地报馆"或函电赞同，或远道来沪，均注重加入万国同盟一事"。由此可见，迈出国门，加强与境外同业的

---

①　《报界联合会开会纪事》，《大公报》，1912 年 3 月 28 日。

②　刘望龄：《黑血·金鼓——辛亥前后湖北报刊史事长编》，武汉：湖北教育出版社，1991 年，第 310 页。

联系和交流成为其时报界的普遍愿望。

同年6月7日至9日，上海特别大会连续召开三次会议，通过多项决议案。可能出于响应民国成立的考虑，大会将中国报界俱进会改名为"中华民国报馆俱进会"。

在轰动一时的民国元年（1912）报律之争中，中国报界俱进会与新生的共和政权一度展开直接对抗。为此，报律问题成为上海特别大会的重要议题。6月4日，中国报界俱进会上海特别大会召开第一次会议，与会代表对报律问题各抒己见，分歧明显。李怀霜主张"今日政体共和，我报界应绝对不认再有报律二字，以保自由之言论，而免意外之掣肘"；汪瘦岑认为"此（报律）问题应分两层看，因法律原理一方而为限制，一方而为保护。将来如取缔报纸，自应不承认，若在保护一方面者，尚须加以研究"；龚子英则云"此事不妨由俱进会发起，由报界公拟保护的章程，要求参议院议决"。① 上述发言说明，其时报界对报律的认识大体可分为三种：绝对不认有报律；并重报律限制与保护的作用；要求临时参议院制定特别保护条件。整体来看，李怀霜颇具言论绝对自由的色彩，汪氏认识到报律具有限制与保护的双重属性，指出报律问题应从限制与保护两方面来加以研究，显得较为理性。因时间仓促，会议执行主席朱少屏提议将意见书及提案印送各报馆代表研究之后，再另行表决。

会后，报界同人各呈意见，对报律问题展开较为广泛的讨论，拒绝限制报馆言论的专律渐成多数意见，其中北京《中央新闻》报馆代表王藩的意见颇具代表性。其谓：

报律两字，实包括一切刷印品而限制之，特以报纸最为流行，故名曰报律。推其缘起，因专制时代政府，各事主秘密，执政者污秽历史，畏人宣泄，假报律二字，以为其提防之方法。虽书籍函牍，亦皆加以限制。满清无理之罗织，固彰彰在人耳目者也。其实印刷类为代表言论之利器，言论可以自由，即出版可以自由。若以宣泄政府秘密，则共和国各事，应主放任，本无秘密之可言。若谓损害个人名誉，则民法上当有名誉赔偿之规定，印刷品之限制，已寓于其中，似无需再定专律。此吾侪对于消极一方面，无论主观客观，皆可达取消报律之目的矣。至于积极一方面，藉报律以保护报馆之说，更属无须研究。盖言

① 《报界俱进会大会记事》，《申报》，1912年6月5日。

论出版既为国民自由之权利，即为报馆不受侵犯之根据。此次临时约法，规定甚明。吾侪援以保护报馆，绰有余裕。不过实力未充，致有新天津民权、中央新闻各报馆，一时受人侵犯之变象耳。今俱进会既已成立，声气联络，机关统一，即有逞淫威以摧残舆论者，亦不足虑矣。至关于报馆版权商标各问题，非讼事件中，当有登记之定例，已足资保护而谋巩固，不必拘拘需报纸之专律也。鄙意以报律与保护律均可置之勿论。至由公会拟章程一节，本属应有之事，特只能就报馆与报馆之关系，规定其权利义务，以为全体报馆限制一报馆之规约，不必由院议决，不必由官厅批准，不过各报馆自相拘束，以防我报界言论价值之坠落耳。若照龚君主张要求参议院议决施行，以又成一报律之性质，恐限制言论之弊，即因以发生。此鄙意所以不敢赞成也。抑吾尤有进者，权利与义务每对立而不能分离，吾侪拟具报律，一方享保护之权利，必一方受限制之义务。若欲□重保护而不涉及限制，不特议院不能通过，政府不得承认，恐诸君公拟时必亦难于著笔矣。画蛇添足，似不必多此无益之举也。①

　　在第二次会议上，各代表对报律再次进行相当激烈的讨论。《天铎报》代表梁重良代述李怀霜的意见，认为"共和国言论自由，无所谓报律"，主张绝对不承认报律；汪瘦岑对原有意见略作改变，也主张不承认报律，但要求参议院制定特别保护条件，以保障言论自由；广东报界代表陈新吾则表示"绝对不赞成要求保护条件"。各代表认识上的差距依然如故，但大体趋向"不承认报律"。一番热烈的辩论后，与会众人达成一致，以为"要求特别保护即是报律发生之导线"，均主张不必要求保护，亦不认"再有报律二字"，"将来如有报律颁布，研究一对付之法，合全国一致抗议，务令消灭而后止"。

　　从上述意见书和发言中可知，李怀霜等人旗帜鲜明地否认报律，理论依据主要是"共和国言论自由"和《临时约法》的相关规定。报界俱进会为赵秉钧违法逮捕《中央新闻》社职员事，电致参议院时也称："《中央新闻》社登载署名刷印来稿，竟被逮捕，并及眷属。赵秉钧以行政官，擅用军队，侵害法权，破坏共和大局莫此为甚。贵院代表国民，理宜弹劾，以保言论自由，而重民国约法。"② 而各地官员仍用清季报律取缔报纸，引起报界警觉，则是报界极力反

---

　　① 《北京中央新闻报馆代表王藩意见书》，《申报》，1912 年 6 月 8 日。

　　② 《全国报界俱进会大会第二日记事》，《申报》，1912 年 6 月 8 日。

对报律的重要原因。报界俱进会就此曾多次致电袁世凯，请其通饬全国，声明取消晚清报律，切实保障言论自由。此外，民国元年（1912）报业的社会影响剧增，报界自信和声势飙升，各类报界团体极力反对报律，相继取得实效，也是具体刺激因素之一。

《民国暂行报律》风波发生之际，报界依然承认报律存在的必要性。在关于"不认有报律案"的讨论中，相当一部分报界代表并重报馆的权利与义务，承认言论自由应受到相关法律的制约，不失理性。但经过多数表决后，报界俱进会完全否认报律，表明不得制定限制报业发展的专门法律成为报界的普遍要求，绝对自由色彩渐浓。此举显然脱离现实的社会政治环境，在一定程度上反映出当时报界思想上的幼稚和对新闻自由理解的偏差，接二连三的报案即可作为印证。不过，自此之后，袁世凯及其继任者在运用法律手段钳制言论自由时依然有所顾忌，与此颇有关联。

"自办造纸厂案"是上海特别大会为挽回利权、推动报业发展的主要议题。自办造纸厂是中国报界由来已久的愿望，中国报界俱进会在1910年9月的成立大会上就曾通过"设立造纸公司并议用中国纸印报案"，但一直未能如愿。在民国元年（1912）报业繁荣的黄金时代，民族工业滞碍报业发展的现象更为突出，成为报界不容忽视的事实。基于此，朱少屏力陈自办造纸厂的必要，指出中国报馆每年进口纸张就花费银两319万，"漏卮之巨，思之寒心"。龚含章与廖舒筹对提案极表赞赏，建议"不防先筹五十万，设厂试办"。大会最后决定先在报界俱进会上海事务所附设"自办造纸厂筹办处"，然后由全国报馆共同发起募股，待招股略有头绪之后再公议举办方法。① "自办造纸厂案"把报业的发展与民族经济紧密地联系在一起，成为维持国货运动的组成部分，体现了报界民族意识和爱国热情的高涨。

为使推动报业进步的意愿切实可行，上海特别大会还讨论通过了"设立新闻学校案""设立通信社案""设立广告社案""组织记者俱乐部案"。设立通信社可使各报馆以较低的价格获取精确新闻，"以供读者用"；组织记者俱乐部可"联络感情，交换知识……提起友善爱亲之心，彼此免无谓之攻击"，增进报人的学识和技艺。② 朱少屏、王寿、廖舒筹、何文彬四人联合提议的"设立

---

① 《报界俱进会第三日大会记事》，《申报》，1912年6月9日。
② 《中华民国报馆俱进会第四日大会记事》，《申报》，1912年6月10日。

新闻学校案"，主张由中华民国报馆俱进会设立一所新闻学校，培养专门人才，意义更为深远。创设新闻学校的原委，一是因为民国元年（1912）报业"日来异常发达"，对从业人员的需求剧增，而中国向来没有专门的新闻教育，以致"新闻无学"，从业人员素养有限，无法满足报业进一步发展的需要；二是在报业发展过程中，报人已经认识到中国报业与欧美报业之间的巨大差距，这种差距在一定程度上源于欧美国家有着较为完善的新闻教育，"各国大学，均有新闻一科，若访员、若编辑、若广告、若发行，各有专门学"。为此，要促进中国报业的发展，必须从新闻教育着手，"我报界欲与欧西媲（应为"媲"之误）美，非设此项学堂不可"。"设立新闻学校案"是中国报界第一次明确提出发展新闻教育的观点，"为我国知有报业教育之始"，代表了中国近代新闻教育和新闻专业主义思想的萌生，国人开始认识到新闻有学，办报有学，接受报业教育者"远过于未受专门训练者"。①

　　除了致力推动报业发展、维护报人权益外，上海特别大会还将相当多的精力与心血倾注于报界的沟通联系，大声疾呼"亟宜联合全国成一大团，为一致的进行……凡此对内对外，我报界均应互相商榷，确定方针，以发挥共和之精神，制造健全的舆论"②。为团结同业起见，报界俱进会上海事务所发布会议通告时，除通函京津、武汉、广东、东三省原有的通信处及在会各报馆外，特通告全国报界，希望新报馆将开设地点与经理、编辑人姓名报告俱进会，以便随时加入，并请会外报馆也派代表与会。特别大会对新报馆的加入表示"异常欢迎"③，上海《民立报》《太平洋报》《民国新闻》《民强报》《爱国报》《民报》《大共和报》《黄报》，北京《公民报》《天民报》《中央新闻》，扬州《民声报》，南昌《晨钟报》《民报》《商务日报》《豫章日报》，武昌《武昌公报》《震旦民报》《国民新报》，吉林《吉长日报》《新吉林报》，绍兴《越铎日报》，广州《震旦报》《平民报》等积极申请入会。④ 报界俱进会的全国性特征更加突出。

　　上海特别大会的主旨和各项议案，均出于报界的共同愿望与要求。但民国元年（1912）报业与各政治派别联系尤为紧密，"大率作机关者多数，而卓然

---

① 戈公振：《中国报学史》，北京：生活·读书·新知三联书店，1955年，第256-259页。
② 《通告全国报界》，《申报》，1912年5月14日。
③ 《全国报界俱进会大会第二日记事》，《申报》，1912年6月8日。
④ 戈公振：《中国报学史》，北京：生活·读书·新知三联书店，1955年，第282页。

独立者实寥寥"，"合乎新闻纸之资格寥若晨星"。① 政见分歧致使报界加强联络的种种努力化为乌有，各议案最终归于纸上谈兵，流于形式，无法真正实施。原定于 1912 年 9 月 15 日召开的第三次常会，未能如期举行，无形中宣告了中国报界俱进会的瓦解。戈公振曾言中国报界俱进会"以经费无出，不三年而瓦解"，虽道出部分历史真相，但也不尽如实。中国报界俱进会的瓦解，实为报界分化所致，"经费无出"只是要因之一。

小　结

　　中国报界俱进会的源起、成立与发展历程显示，报界群体意识自觉经历了由完全自发到逐步自觉和高涨的渐进过程。在这一进程中，通过群体的行为选择和团体活动，报界群体意识自觉得以充分展示：报界清楚地认识到只有联合起来，合群合力，消除涣散不群之弊端，才能有效推进报业发展，于是他们以群体名义和团体形式致力于联络同人，维护报界公益，并突破地域限制，实现全国性聚合联结，范围不断拓展；新闻团体的组织成员构成发生明显变化，由最初的中国人自办报馆（主要是日报）日渐发展到国内的所有报馆、杂志社、通讯社，不仅体现出报人群体身份认同的突变性特征，也代表着报界的扩展趋向。

　　不过，中国报界俱进会"不三年而瓦解"，意味着报界群体意识的自觉具有不稳定性特征，从一个侧面反映出清末民初的报业从业人员并不是一个同质性极强的职业群体，似乎也构不成一个静态的类别，由于其组成和运行变化不定，所以很难被视为一个有较强内聚力的社会阶层。虽然从事相同的社会职业，拥有基本相似的职业理念，但报人群体内部依然存在较为明显的差异性，无法避免内部的冲突与纷争，联合相对松散。此类状况部分取决于近代报业典型的行业性特征：其一，当时中国的多数报馆仅为地域性机构，发行只限于本地，甚至限于特定的读者群，如何超越地域性、形成较为彻底的共识对他们而言确

---

① 《北京近来之十大发达》，《大公报》，1913 年 10 月 29 日。

实是一大难题；其二，报界力量相对弱小，报业变动极大，能长期坚持的报馆并不多见，许多报馆只是昙花一现，存在的时间相当有限；其三，中国近代报业与政治关系极为密切，相当一部分报纸为各政治派别的"党报"和"机关报"，被视为政治斗争的有力武器，致力于宣传各政治派别的纲领和主张。许多报馆不仅是强有力的言论机关，而且是政治活动的联络中心，各政治派别重要的活动据点，甚至被誉为"革命军之总枢纽"。各报馆尽管存在相当多的共同利益，但分歧严重是客观事实，其联合受到政治势力较量的制约和社会发展大趋势的左右。此外，由于中国经济、社会、文化发展不足，以及报馆的经营模式未加改变，许多报馆经济未能独立，对外界的依赖性较强，缺少必要的经济与组织上的自主能力。

报界群体意识自觉和中国报界俱进会为维护报界权益、保障言论自由所作出的种种努力，表明与其他社会团体相比，报界结社有着相异的发展趋向。一般而言，以绅商或士绅为主体的社会团体，与政府保持既相互依存又明争暗斗的关系。① 而新闻团体与以绅商为主体的社团不同，其从组建之日起即具备民间性质，少有官方色彩，对上监督政府，对下指导民众，表现出与政府的疏离趋向，二者之间的冲突与制衡远甚于合作与依赖。

晚清大量民间报刊等传播媒介的涌现，使社会力量的诉求拥有了制度性、常规性的渠道，为讨论社会、政治问题提供了充分的空间与场所，在社会生活中发挥着相当重要的作用，产生了广泛影响。报人利用他们所能掌握与控制的资源——近代报刊，在清末即以"第四种族"或"中等社会"自居，积极与政、商、学各界及境外同业建立起广泛联系，成为清末民间社会一个不容忽视的重要组成部分，甚至成为聚合民众的核心。报界团体的组建扩张了报人的社会影响力，报界监督政府、向导民众的信心倍增。近代报刊与报人浓厚的批判色彩，使清末传媒与官府在一系列重大问题上发生尖锐冲突和论战，形成全面对抗，从而使得报界团体从诞生之日起即具有明显对抗官府的意向，由此引起政府各级官吏的忌恨。以中国报界俱进会为中心的报界与清政府之间的强烈对抗，成为瓦解清政府的重要契机，以至有辛亥"国体丕变"，"报馆鼓吹之功最高"② 的评语。民国元年（1912），在中国报界俱进会的引领下，报界积极主动

---

① 桑兵：《清末新知识界的社会与活动》，北京：生活·读书·新知三联书店，1995 年，第 289 页。

② 梁启超：《鄙人对于言论界之过去及将来》，《庸言》第 1 卷第 1 号，1912 年 12 月 1 日。

地寻求自我定位，力图在政治、社会生活中发挥重要作用。受此影响，各报馆以言论自由为宗旨，直言讽谏，朝气极盛，极力贯彻实施其监督和向导的天职，令新生的共和政权难以应对，反映了民国元年（1912）民间社会力量的膨胀，同时也产生了官方与传媒的关系如何协调适度的问题。这无疑说明，疏离趋向显著的报界团体，以社会警钟自誉，对内实行民主，对外要求言论自由，积极参与政治、社会活动，在清末成为颠覆清政府的重要因素，在民初亦为民间社会制约国家的主要力量之一。

这一事例提示，近代新型职业社团与国家政权的互动关系还有待进一步研究，不同社会群体或职业团体与国家政权之间必然呈现多重复杂的联系，甚至同一职业团体在不同的历史时期与国家政权之间也有着不一样的合作或抗衡，单一的理论模式和视角极有可能简化复杂的历史。

（原文发表于《新闻大学》2007年第4期，有改动）

第三章

维权抗争：清末民初的新闻团体与新闻统制建设

近代以降，历届政府均制定新闻法规，控制和约束新闻业，以形成有利于自己的社会舆论，借此巩固统治。多年来，学者对此进行了仔细的研究，但已有研究或侧重政府的角度分析，或着意考察各类新闻法规的相关条文，却很少涉及新闻团体在新闻统制建设中的地位与作用。因此，本章拟就清末民初的各类新闻团体在新闻统制建设中的举措及成效略作分析，进而透视新闻团体与政府错综复杂的关系，以期抛砖引玉。

第一节　参与修订

为维系统治，约束日益失控的社会舆论，清政府相继颁发《大清印刷物件专律》《报章应守规则九条》《大清报律》。由于清政府所颁报律与报界"寓保护于限制"的初衷大相径庭，引起报界的共同抵制，被迫一再修订。1909 年 10 月，民政部拉开报律重新修订的序幕。1910 年 3 月，民政部将修正理由交宪政馆审核修正。经宪政馆所修改的报律，严厉苛刻，无理取缔之处比比皆是。因此，报界群起而攻之，以维护言论自由权。北京报界公会一马当先，自觉参与修正，并抵制报律，展现了新闻团体的先驱作用。

1910 年 10 月 15 日，北京报界公会及其成员——《京津时报》《中国报》《国民公报》《北京日报》《帝国日报》《帝京新闻》《宪志日刊》等 7 家报馆，联合推举代表，起草《北京报界公会上资政院陈请书》，以宪政馆新定报律第 11 条、第 26 条实为"破坏报馆之利器"，要求资政院"强硬议驳"，并分呈民政部及内外总厅，请求修改。[①] 陈请书开宗明义，指责报律修正案"制限太严，非斟酌删除，碍难遵守"，对最让报界不能接受的第 11 条、第 12 条、第 26 条及其修正理由提出强烈抗议：由于中国未能收回治外法权，扩大禁载事项的范围，只能限制中国自办报馆，使之丧失报馆应有的作用，更加不能与外国报馆竞争，从而严重危害民族报业。除要求重新修订部分内容，放宽限制外，北京报界公会还认为报律修正案以日本《新闻条例》为蓝本，实为根本性的错误，全面否定了其合法性。[②] 为坚决抵制，北京报界公会发起倡议："如第 11 条、26 条不能删除，第 12 条与 27 条不能改正，将联合全国报馆一律休业。"部分会员甚至主张"全体挂洋旗以图抵制"。[③] 时隔不久，报界公会代表朱淇（北京资格最老的报人之一，报界公会会长[④]）又上书资政院，要求重新修订报律。朱

---

① 《资政院开院后种种》，《申报》，1910 年 10 月 23 日。
② 《北京报界公会上资政院陈请书》，《大公报》，1910 年 10 月 30 日。
③ 《京师近事》，《申报》，1910 年 10 月 24 日。
④ 朱德裳：《三十年闻见录》，长沙：岳麓书社，1985 年，第 89 页。

氏认为主要问题在于报律"措词界限尚未明晰"，并对第 11 条、第 12 条、第 14 条逐一点评，提出相当具体的修正意见。如对第 11 条，朱淇提议应改为"凡属个人阴私，上无损于国家，下无害于社会，报纸即不得攻讦"，同时规定"有屡次怙恶不悛者，不在此例"。① 这些主张与北京报界公会大体一致，只是着眼点略有不同，再度旗帜鲜明地表达了报界的不满。

请愿活动声势浩大，引起了资政院与宪政馆的高度重视。10 月 22 日，资政院将"北京报界公会陈请修正报律条文"案纳入正式的议事日程。11 月 17 日，资政院开始讨论报律修正案，宪政馆特派员顾鳌就北京报界公会批评最多的第 11 条、第 12 条详加解释，但遭到议员的反驳。议员易宗夔依据北京报界公会的意见，对报律第 11 条、第 12 条、第 26 条等严加驳斥，明确指出：政府以为秘密，而外国报纸早已传遍，政务保守秘密实难办到；保护个人名誉只需规定于新刑律，不得规定于报律；损害他人名誉的规定对报馆限制太严，宜采用《大清报律》第 15 条"发行人或编辑人，不得受人贿属，颠倒是非，发行人或编辑人亦不得挟嫌诬蔑，损人名誉"②。议员陈树楷根据朱淇的建议，侧重指责第 11 条"损害他人名誉之语，不论有无事实，报纸不得登载"，认为理应删除"不论有无事实"，也主张援用《大清报律》第 15 条，否则报馆只有封闭了事。③ 从上述发言可以看出，北京报界公会的建议大体得到议员的认同。此外，民政部尚书善耆也意识到北京报界公会所反对各条，均由宪政馆添入或修正，表示不愿代人受过，蒙受压制舆论的恶名，遂将民政部所订的报律修正案原稿，在资政院公布于众，把引发纠葛的责任推向宪政馆。④

在报界、资政院及民政部的压力下，宪政馆只好作出相应的让步，以便平息纷争。反对意见最为激烈的第 11 条，宪政馆特派员将其修正为："损害他人名誉之语，报纸不得登载；除摘发阴私外，若专为公益起见并无恶意者不在不得登载之限。"⑤ 其实特派员并无修正权利，由于资政院的疏忽，其修正意见竟然得到了议员的认同。但在 11 月 25 日再议报律时，资政院意识到自己的错误，便否定了特派员所提出的修正案，最后通过了议员于邦荣、邵义、汪荣宝等的

---

① 《北京报界公会代表上资政院请愿书》，《申报》，1910 年 10 月 28 日。
② 《资政院旁听录》，《申报》，1910 年 11 月 25 日。
③ 《资政院旁听录》，《申报》，1910 年 11 月 27 日。
④ 《肃邸拟请宣布报律原稿》，《大公报》，1910 年 10 月 26 日。
⑤ 《资政院旁听录》，《申报》，1910 年 11 月 27 日。

共同提议："损害他人名誉之语，报馆不得登载，其专为公益者，不在此限。"①后因军机大臣的反对，资政院依据北京报界公会的陈请对报律修正案作出的修订只得到清政府的部分认可。虽然在资政院议案基础上最后成形的《钦定报律》与《大清报律》大同小异，但对报馆的限制还是较前略为宽松。北京报界公会一再抵制之功，不可抹杀。

围绕报律展开的斗争，不仅冲击了清政府的权威，而且加剧了报界的离心倾向。加之吏治败坏，恶风横行，报律实行起来不免走样，致使报界与政府的关系日趋恶化。报界最终成为清政府统治崩溃的加速器，"至庚戌、辛亥年间，立宪之报纸，悉已一折而入于革命运动，此则清廷存亡绝续之大关键"②。

第二节　暂行报律之争

1912 年 3 月 4 日，南京临时政府内务部公布《中华民国暂行报律》，并致电中国报界俱进会上海事务所，要求全国报馆一体遵守。③ 该报律大致包括注册、如实报道、更正等三项内容，④可以说相当简略，且不乏合理之处。民国元年（1912）报业发展迅速，注册当在情理之中，如实报道也是报馆义务所在，禁止散布破坏共和政体的言论则与共和初成的政治形势相吻合，限制舆论的动机并不明显。不过，由内务部出面制定报律，确实有违分权原则，结果授人以柄，引发了一场声势浩大、轰动一时的暂行报律之争，对南京临时政府与报界都产生了较为深远的影响。

3 月 6 日，中国报界俱进会上海事务所与其所属《申报》《新闻报》《时报》《神州日报》《时事新报》《民立报》《天铎报》《启民爱国报》《民报》《大共和报》《民声报》等上海报馆联名致电孙中山，并通电全国报界，誓言拒

①　《资政院旁听录》，《申报》，1910 年 12 月 5 日。
②　姚公鹤：《上海报纸小史》，《东方杂志》，1917 年 7 月 15 日。
③　《上海报界上孙大总统电》，《申报》，1912 年 3 月 6 日。
④　《内务部颁布暂行报律电文》，《临时政府公报》，1912 年 3 月 6 日。

绝承认《中华民国暂行报律》。① 这是报界对《中华民国暂行报律》作出的第一反应，矛头直指南京临时政府内务部，"以明内务部无知妄作之罪"。反应之强烈，措辞之严厉，可谓空前。前清时期，报界抵制报律一向不遗余力，但态度也未如此强硬。不过，报界在通电中主要反对立法程序和动机，对注册和禁止损害个人名誉两项未曾表示异议，说明此类规定基本上得到认可。

翌日，上海《申报》《大共和报》《新闻报》《民立报》《时报》等各大报纸联同刊载章炳麟的评论文章——《却还内务部所定报律议》。在该文中，章炳麟首先宣称"民主国本无报律"，否定了新闻立法的必要："观美法诸国，对于杂志新闻，只以条件从事，无所谓报律者。亡清诸吏，自知秕政宏多，遭人指摘，汲汲施行报律，以为壅遏舆论之阶。"进而质问内务部："今民国初成，杀人行劫诸事，皆未继续前清法令。声明有效，而独皇皇指定报律，岂欲蹈恶政府之覆辙乎？"随后，章对报律立法程序的合理性提出反对意见，认为内务部无权制定报律，"立法之权，职在国会。今纵国会未成，未有编定法律者。而暂时格令，亦当由参议院定之。内务部所司何事，当所自知，辄敢擅定报律，以侵立法大权，己则违法，何以使人遵守？"② 这无疑是一篇向南京临时政府公开宣战论辩的檄文，报界俱进会与各报馆的锋芒所向，直指南京临时政府，形成报界与南京临时政府的交互较量和激烈对抗。

报界一致反对的压力，促使南京临时政府作出让步。3 月 9 日，孙中山宣布取消《中华民国暂行报律》。这一举措反映了其从善如流、尊重社会舆论的可贵精神，却意味着南京临时政府放弃对报界进行必要的管理与约束，威信大打折扣，这显然不利于新生政权的巩固。《申报》评论道："今中国居然共和矣，政府成立不百日，如外债、报律冲突之暗潮，已环生迭起而不可遏卒之。外债不成立，报律仍取消，而政府终归于屈服。我甚惜政府诸公，何必多此一番手续也。"③ 对南京临时政府讥讽、不屑一顾的态度溢于言表。

《中华民国暂行报律》被明令取消，是报界俱进会引领报界抵制报律的显著成绩，其咄咄逼人的气势，使新生的共和政权疲于应付，以致束手无策，明显处于劣势。之后，上海日报公会、湖南报界联合会、武汉报界联合会等新闻团体曾多次就报律问题与地方政府进行交涉，说明不得滥用法律限制言论自由、

---

① 《上海报界上孙大总统电》，《申报》，1912 年 3 月 6 日。
② 《却还内务部所定报律议》，《申报》，1912 年 3 月 7 日。
③ 《清谈》，《申报》，1912 年 3 月 10 日。

钳制报业发展成为报界共识，以至中国报界俱进会上海特别大会特意通过"不承认有报律案"①。然而，完全否定报律存在的必要，显然脱离现实的社会政治环境，在一定程度上反映出当时报界思想上的幼稚和对新闻自由理解上的偏差，接二连三的报案即可印证。

第三节　抵制《报纸条例》

当统治地位得到巩固与加强后，袁世凯于1914年4月2日颁布《报纸条例》，力图加强对报业的全面管制。为了生存的需要和维护残缺不全的言论自由权，北京报界同志会背水一战，率先与政府多方交涉，屡起冲突。

在《报纸条例》颁布的当天，北京报界同志会即召开报界会议，商议对策。此次报界会议上，各报馆的意见未能达成一致，与会报人提出四种不同建议：一，挂洋旗，雇用一日本人充主笔或将报馆全盘卖给外国人；二，同盟罢工，各报一律停版，所有主笔到外国报馆就职；三，设法向大总统、法制局、内务部请愿；四，到天津租界印刷、发行或迁往上海、香港发表自由言论。但各报馆反对袁世凯政府过度压制报界的态度却相当一致，甚至袁世凯政府的机关报——《亚细亚报》对《报纸条例》也表示不满。②

此后，北京报界同志会连日召开多次讨论会，研究对待报律问题。经过多次协商，该会决定向总统及政府各部门呈递请愿书，要求对《报纸条例》的相关内容作出修订。随即展开的请愿活动，拉开了北京报界同志会与袁世凯政府交涉的序幕。一向分歧严重的北京报界，也以北京报界同志会为中心再度联合起来，协同维护硕果仅存的言论自由空间。

4月10日，北京报界同志会分别呈请总统、国务总理及内务部，要求对新颁报律"明发教令，详加解释，明定范围"。在呈请书中，报界同志会逐一批驳了《报纸条例》第10条第4项、第6项、第8项与第30条，认为上述各条

---

① 《全国报界俱进会大会第二日记事》，《申报》，1912年6月8日。
② 《对于新颁报律之北京报界观》，《申报》，1914年4月7日。

一则将使报纸没有任何议论行政的余地，监督政府成一纸空文；二则将使全国报纸无新闻可记，导致"奸人败类均可肆行无忌"；三则补缴保押费的规定将"禁绝我全体同业之生存"。为此，报界同志会强烈要求保押费必须暂缓执行，并修订前述各条。报界同志会特别提醒袁世凯政府，中国还未收回领事裁判权，外报不受报律约束，若"不将新条例稍为变通，去其太甚"，中国舆论必将为外报所控制。① 北京报界同志会所呈各项均有理、有据、有节，一针见血地指出《报纸条例》的要害和弊端，使袁世凯政府不得不作出回应。

在接到北京报界同志会的呈请书后，袁世凯政府公开承认"新报律稍失繁苛，处罚亦失于严"，但拒绝对《报纸条例》作出任何修改。② 4 月 12 日，北京警厅正式发布通告，宣布实行新报律，强令北京各报馆如数补缴保押费。③ 北京警厅的告示，意味着修改报律已无可能。但报界同志会没有就此罢休，只是退而求其次，再三请求对《报纸条例》的部分内容作出合理的解释，避免动辄得咎。

4 月 13 日，北京报界同志会代表李庆芳、康士铎、乌泽声三人面谒内务总长，要求内务部对报界同志会前所呈请的各项内容作出解释，暂缓征收保押费。为缓解报界的愤怒，警政司长陈时利向报界同志会代表传达了朱启钤的意见，作出让步姿态，同意缓征保押费，并对《报纸条例》的部分内容作了解释。④ 不过，保押费向由警厅征收，报律由警厅具体执行，其态度至关重要。4 月 16 日，报界同志会代表李庆芳、康士铎、乌泽声前往京师警察厅谒见警察总监吴炳湘，要求暂缓征收保押费。随后，报界三代表又前往法制局，要求法制局对《报纸条例》加以限制性的解释。⑤

报界同志会三位代表连日奔赴内务部、警察厅、法制局陈说意见，加之各国在华报馆也强烈要求修正《报纸条例》，袁世凯不得不做些表面文章，指令内务部对《报纸条例》妥加修正。⑥ 接到指令后，内务部派警政司司长陈时利会同法制局张振、方枢与警察厅陈德华、张允臻在国务院讨论修正、解释报律

---

① 《北京报界公呈大总统、国务总理、内务部文》，《北京日报》，1914 年 4 月 11 日。
② 《官中之新报律之理由说》，《申报》，1914 年 4 月 15 日。
③ 《文告中之报纸与律师》，《申报》，1914 年 4 月 16 日。
④ 《北京报界对于新颁报律之进行》，《申报》，1914 年 4 月 18 日。
⑤ 《京报界连日对待报律之谈话情形》，《时报》，1914 年 4 月 18 日。
⑥ 《报纸条例有交内务部修正消息》，《盛京时报》，1914 年 4 月 17 日。

事宜与对付报馆的办法。①《北京日报》探得风声："此等条例必难从宽，而修改更属无望。"②《盛京时报》据情理推测："大约将来结果，保押费可以缓交数星期，至修改《报纸条例》一说，恐难达到目的。"③ 果不出所料，袁世凯政府同意修正报律只为作秀，全无真心实意。内务部、法制局、大理院相互推诿，使报律的修正与解释终成画饼，最后不了了之。④ 北京报界同志会虽奋起抗议报律，却有心无力，处于绝对的被动与弱势地位，只能消极对抗，成效相当有限。

由于袁世凯政府毫无诚意，北京报界同志会只好作罢，不再恳求政府作出任何解释。而保押费直接关系报馆的生死存亡，因此报界同志会始终采取抵制态度。4月27日，报界同志会代表致函内务部，再三恳求缓期缴纳保押费，"法令所在，原不敢再四渎陈，惟庆芳等受同业之委托，念报界之困苦，不能不具情上达"⑤。此事表明，其时报界的声势大减，与民国元年（1912）不可同日而语，无力与袁世凯政府直接对抗，陷入进退维谷的境地，唯有委曲求全。

内务部、法制局与大理院对解释报律极其消极，态度暧昧，陆军部却十分积极地解释报律，出乎报界的意料。为限制报馆登载军事消息，陆军部对《报纸条例》中的"军事秘密范围"作出详细解释，制定13项禁载内容，然而这一举措不仅不能减轻报界所遭受的压力，反而更为严重地侵害了言论自由权，完全违背北京报界同志会要求解释报律的初衷，于是在北京报界重新掀起一场轩然大波。本已偃旗息鼓的北京报界同志会被迫与军、政当局展开新一轮的交涉，又一次形成对垒态势。

7月3日，北京报界同志会再次上呈请愿书，要求陆军部重新解释，并郑重声明：报界一向只受警厅管理，没有义务遵守陆军部的命令。随后，北京报界同志会所属的20余家报馆又联名上书大总统，要求袁世凯"饬京师警察厅专管，以免纷歧"，痛斥陆军部摧残舆论达于极端，"与我大总统维持报业之深心及各国创设舆论机关之精义大为径庭"。⑥ 由于陆军部原本就是迎合袁世凯的旨

---

① 《派员讨论报纸条例》，《大公报》，1914年4月20日。
② 《报纸条例恐难修改》，《北京日报》，1914年4月24日。
③ 《报纸条例修改之无望》，《盛京时报》，1914年4月23日。
④ 《北京报界对于报纸条例之新谈片》，《时报》，1914年4月28日。
⑤ 《报界代表致朱总长函》，《北京日报》，1914年4月25日。
⑥ 中国第二历史档案馆：《中华民国史档案资料汇编》（第3辑）（文化），南京：江苏古籍出版社，1991年，第310页。

意行事，北京报界同志会的请愿似泥牛入海，除表达愤慨之外，没有取得任何实际意义。

由于报界的声势急剧消减，北京报界同志会在与政府的交涉中往往力不从心，未能争取到应有的权利，但其为报界公益多方努力，为保护仅存的言论自由，不惧与政府处于明显的对抗态势，因而其依然在中国新闻自由史上写下了光彩夺目的一页，可歌可泣。

小　结

综上所述，伴随报业发展，新闻团体的影响力日益提升，成为各类政治派别不可忽视的社会力量。各新闻团体踊跃参与新闻法的制定、修改和解释，而且历届政府在一定程度上均能采纳其意见与建议，南京临时政府甚至取消已经公开颁布的报律。可见，新闻团体在新闻统制建设过程中，发挥了重要作用，是不能被漠视的积极因素。但是，政府与新闻界立场差异显著：新闻团体希望以报律来规范政府行为，避免政府官员任意封禁报馆；可惜新闻法律往往沦为政府控制新闻界、维系统治的工具，政府没有真正具备与新闻界沟通的诚意，不能充分考虑和吸取新闻团体的见解。因此，双方必然存在不少矛盾冲突，难以达成共识，这在法律的具体操作实践中表现尤为突出。在控制与反控制中，新闻团体与政府形成全面对抗，难以调和。政权软弱时，报界可以获得相对的自由，拥有巨大的发展空间，甚或公然挑战政府，各新闻团体在民国元年（1912）的表现即为显例。反之亦然，政府越强大，报刊就弱小，一旦政治势力过于强大，报界的生存空间就会受到挤压。这种状况致使报律在权力博弈中徘徊不前，经常宽严失度，成为难以突破的困境，制约着近代新闻统制建设的进程。

在新闻统制建设过程中，新闻团体与政府这种天然对抗，使之与以绅商为主体的社会团体显然有别，表现出与政府的离异趋向，二者之间的冲突与制衡远甚于合作与依赖。离异趋向显著的新闻团体，以社会警钟自誉，对内实行民主，对外要求言论自由，积极参与政治、社会活动，在清末成为颠覆清政府的重要因素，在民初亦为民间社会制约国家的主要力量之一。在考察新型职业社团与国家政权的关系时，报界作为一种相对特殊和有独立性的新兴职业群体，理应受到重视，以多维的理论模式和视角介入，才能再现复杂的历史。

（原文发表于《广西社会科学》2010年第5期，有改动）

第四章

媒体外交：清末民初的新闻界与国民外交

19 世纪末 20 世纪初，国民外交运动勃兴，国人通过新闻舆论、团体集会、游行示威、宣传演讲等多种方式参与外交，或影响政府的外交决策和对外交涉，或通过民间交往改善邦交，借此挽救民族危机，改变不平等的中外关系，形成一股规模宏大的民众运动潮流。在这一运动中，新闻界不仅充任民众的耳目喉舌，表达其外交意愿，而且以国民代表自居，监督政府，向导民众，时常扮演领导角色，地位作用极为显著。遗憾的是，既有研究多集中在工商学界、民间外交团体以及报刊评论，很少关注新闻界以独立姿态参与国民外交的组织行为。为此，本章拟以《申报》《盛京时报》《民国日报》等报刊史料为依据，探讨清末民初新闻界的国民外交活动，这不仅可以推动近代国民外交研究，还有助于深入了解新兴报人群体的复杂面相。

第一节　国民外交之始

以国民为主体的民间交流，是国民外交的重要组成部分。[①] 1910 年 11 月，美国太平洋沿岸商会代表团访华，即被《民立报》视为开"国民外交之纪元"[②]。这一说法得到后世较为广泛的认可，不少学人反复引用，以此作为国民外交史上的重要界碑。不过，揆诸史实，即可发现，以国民代表自居的中国新闻界和域外同业展开了更多更为密切的交往，以增进国民情谊。

从起源上来看，外报直接刺激近代民族报业的兴起。中国新闻界受域外的影响甚深，彼此联系可谓与生俱来、密不可分。缘于地域优势，日本新闻界成为最主要的交流对象。1909 年 4 月，日本《大和新闻》《东京每日新闻》《京都新闻》《东京二六新闻》《东京日日新闻》《国民新闻》《东京朝日新闻》《中央新闻》等新闻机构组织记者代表团，来华游历考察。[③] 5 月 4 日，日本记者团抵达奉天，《盛京时报》与国人自办的《东三省日报》设宴欢迎，两国记者交谈甚欢，增进了彼此间的了解。[④] 时隔不久，为"联络和亲，疏通意思"起见，《北京日报》主笔朱淇发起中日记者联合会。[⑤] 随后，中日新闻界的合作交流渐趋频繁。1910 年 3 月，《盛京时报》与《东三省日报》联合发起赴日观光团，游东考察报业和社会情形，引起强烈反响，被称赞为组织观光团出洋游历之滥觞。[⑥]

礼尚往来。南洋劝业会开幕前夕，日本新闻界再度派代表团访华。1910 年 6 月 2 日，日本驻上海总领事有吉明设宴招待记者团，邀请上海各报馆主笔出

---

① 陈耀东：《国民外交常识》，上海：新月书店，1928 年，第 244 - 245 页；顾莹惠：《论 20 世纪初的中国国民外交》，《武汉大学学报》（人文科学版）2002 年第 4 期，第 409 - 416 页。

② 《国民外交之纪元》，《民立报》，1910 年 11 月 15 日。

③ 《日本各报记者将来》，《盛京时报》，1909 年 4 月 27 日。

④ 《欢迎东报记者团纪事》，《盛京时报》，1909 年 5 月 7 日。

⑤ 《沟通中日新闻记者之隔膜》，《盛京时报》，1910 年 1 月 21 日。

⑥ 《东京专电》，《盛京时报》，1910 年 4 月 15 日。

席。翌日，上海报界同人设宴回请。中日记者握手联欢，都主张趁此机会，联合组织通讯社，增进两国报界情谊，加强联系，消除误会，"共扶大局"。①

两国新闻界相聚一堂，"上以融政府之意见，下以通两国之感情"，关系两国国民交际前途，实为"国民交际之始"，"有裨益于两国之邦交及东亚和平之大局"，赢得极高的评价。②《申报》就此断言："虽然国际新闻界交通之妙用，固不仅此往来酬酢，藉尽交际之欢诚已也。报纸为世界舆论之代表，其天职在主持世界公理……不可为国界所拘，致蹈于言论偏私之弊。记者经此盛会，深愿吾两国新闻界自今而后，勉副此责任，以维持世界公理而保障东亚之和平。则吾两国记者团之名誉，足以与日星河岳而常昭。"③

在接待访华记者之余，中国新闻界还积极联络国外实业界，各地新闻团体表现尤其踊跃。1910年5月底，日本实业团抵达北京。北京报界公会设宴欢迎，《北京日报》朱淇、《帝国日报》陆鸿逵、《中国报》黎宗狱、《帝京新闻》康士铎等7家报馆代表出席。朱淇代表北京报界公会致欢迎词："鄙人朱淇代表报界同人得欢迎贵宾诸位，实感为无上之荣誉，谨陈一言以表欢迎之微意。我等同人亦系实业家，故欢迎实业家之贵团；敝报界是中国国民，故欢迎大日本国民之贵团。"日本驻华公使对报界公会此举大为赞赏，声称北京各报馆欢迎日本实业团"实率国民之先"。④ 同年8月，比利时商会驻上海代表函请上海日报公会，鼓动中国商人前往该国参加博览会，并邀请日报公会派两位代表协助办理相关事宜，得到公会的热情回应。⑤次月，第一个全国性新闻团体——中国报界俱进会宣告成立，随即在上海设宴招待美国实业团。⑥

由于近代民族报业起步甚晚，尚处于幼稚时代，虽中国新闻界与境外同业的交流不失为国民外交活动的新动向，但影响规模相当有限，不可高估。不过，这一局面在之后被迅速突破。武昌起义后，报业迅猛发展，新闻界声势飙升，

---

① 《中日报界第二次大会志详》，《申报》，1910年6月4日；《中日报界之联络》，《申报》，1910年6月11日。

② 《中日报界交欢记》，《申报》，1910年6月3日；《中日报界第二次大会志详》，《申报》，1910年6月4日。

③ 《时评》，《申报》，1910年6月4日。

④ 《北京报界欢迎日本实业团之盛会》，《盛京时报》，1910年6月1日、2日。

⑤ 《华比商会代表致日报公会函》，《申报》，1909年8月2日。

⑥ 《中国报馆俱进会欢迎美国实业团记》，《申报》，1910年9月19日。

"朝气甚盛，上足以监督政府，下足以指导人民"①。北京报界就曾联合上书，公然斥责袁世凯的对外政策，"今外蒙独立，俄人已有承认明文，戎马之足渐临边塞。公既不能先事预防于前，又不能折动樽俎于后。人民怨痛，天下寒心"②。

第二节　组建联络机构

民国初期，中国新闻界的对外交往日益活跃，开始与各国驻华记者联合创设合作组织，如北京中日记者俱乐部、东三省中日记者大会、中法新闻记者联合会、中外记者联合会和万国报界俱乐部等。③ 其中，中日记者的合作与交流多从政治层面着手，力求减少两国误会，尤具国民外交的意味。

1912年10月26日，总统府秘书长梁士诒召开中日记者招待会，日本记者龟井陆郎、奈良一雄、丰岛舍松、神田正雄、鹭泽与三四、井上孝之助、内藤顺太郎、金田一良、石桥贞男，中国记者黄为基、李肇甫、朱淇、丁佛言、蓝公武、薛子奇等应邀出席，另有汪荣宝、林少泉、熊畅九、林覃平等多名政要陪座。神田正雄与汪荣宝意气相投，联合提议创立中日记者俱乐部，认为此举"顺应京师报界之发达，固为不可或缺之要务"，这一看法得到与会者的一致赞同。④ 此后，组建中日记者俱乐部便提上议事日程。

两国记者之所以发起中日记者俱乐部，消除误会和促进邦交是最重要的动机。1912年11月24日，参议院议员张伯烈、刘成禺在中华饭店召开中日记者招待会，《顺天时报》龟井陆郎在发言中指明中日两国报界存在不少误会，他说："两国亲交，新闻实为代表，而最近中国新闻之态度，实有为日本人所不愉快者。"并一一指出中国报纸报道失误之处。中国记者黄远生对此加以反驳，认为不仅中国报纸曾报道失误，日本报纸亦在所难免，"新闻纸之不甚合吾人理

---

① 戈公振：《中国报纸进化之概观》，张静庐辑注：《中国现代出版史料》（丁编），北京：中华书局，1959年，第12页。
② 《北京报界质问大总统书》，《申报》，1912年11月20日。
③ 赵建国：《民国初期记者群体的对外交往》，《江汉论坛》2006年第8期，第42 – 48页。
④ 《总统府秘书长招待中日报界纪盛》，《盛京时报》，1912年11月1日。

想，则中日两国报纸皆有之"。出于上述考虑，黄远生希望中日两国报界都顺应时代潮流，促进两国国民外交。刘成禺也认为报馆言论与邦交关系密切，对中日记者联合极抱厚望，希望"从事斯业者，用意于国家大局"。张伯烈同样明确表示赞赏与理解，并特意强调"两国志士联络之必要以及今日国交之迫切"。①

在共同的愿望与政界的支持鼓动下，2 月 23 日，中日记者俱乐部召开正式的成立大会，并通过"承认中华民国决议案"。② 该组织"专系研究时事问题，且敦睦中日邦交"，组织活动侧重于联络中日政要，政治色彩颇为浓厚。与此同时，中日政要多次出席记者俱乐部的会议，以表重视。1914 年 1 月 16 日，北京中日记者俱乐部在六国饭店召开恳亲会，总统府秘书长梁士诒、日本驻华公使山座圆次郎、中国驻日大使陆润生等亲临会场。③

在北京中日记者俱乐部的推动示范下，吉林省中日新闻记者为"求远东言论界有相得益彰之势"，联合发起东三省中日记者大会，以"中日互相扶持，日加亲善"为宗旨。④ 1913 年 1 月 19 日，东三省中日记者大会在长春召开第一次正式大会，28 家报馆、通讯社的 51 名中日记者出席会议，成为东三省新闻界的空前盛会。⑤ 中日记者会集一堂，多方交流，增进了解，"有非寻常之联合，足以比例之"。⑥ 记者大会倡导"组织报界公会，以便联络"，得到东三省新闻界的热烈响应。会议结束后，大连中日记者和通讯员协同组织了中日新闻记者团。⑦ 铁岭中日新闻记者会也宣告成立，借资联络，互换见识，推动报业发展。⑧

东三省中日记者大会的召开为两国新闻界进一步加强联络树立了一个成功的范例。继第一次大会之后，东三省中日记者大会于 1913 年 9 月 22 日在大连召开第二次大会，140 多名中日记者出席，仅大连记者团就有 45 人，"诚为鲜有之盛举"⑨。1914 年 10 月 17 日，第三次会议在沈阳召开，来自大连、营口、

①《参议员招待中东记者之盛会》，《申报》，1912 年 11 月 30 日。

②《中日记者俱乐部大会记》，《申报》，1913 年 3 月 1 日。

③《中日记者恳亲会志盛》，《盛京时报》，1914 年 1 月 21 日。

④《东三省中日记者大会趣旨书》，《盛京时报》，1912 年 12 月 25 日。

⑤《东三省中日记者预备会纪事》，《盛京时报》，1913 年 1 月 23 日。

⑥《论吉林中日记者大会事》，《盛京时报》，1913 年 1 月 22 日。

⑦《组织新闻记者团》，《盛京时报》，1913 年 2 月 5 日。

⑧《中日新闻会》，《盛京时报》，1913 年 9 月 9 日；《中日新闻记者志盛》，《盛京时报》，1913 年 9 月 17 日。

⑨《记者大会之日程及顺序》，《盛京时报》，1913 年 9 月 24 日。

辽阳、奉天、新民、铁岭、开原、长春、吉林、安东和其他地方的中日记者共计80余人出席。① 与会者人数众多，说明东三省中日记者大会得到中日新闻界的认可和推崇，影响日益扩大。

值得注意的是，东三省中日记者大会也不是单纯的同业合作组织，三次会议均以"中日提携之必要"为演说主题和关注中心，体现出鲜明的政治诉求。《中日记者大会决议文》则将改善中日关系作为会议主旨："本记者大会为维持亚东（应为"东亚"之误）和平计，以疏通旅居中日国民意思，以便使国际关系益致亲善一事为当务之急，将来务须互相提携，藉以鼓吹此项宗旨。"② 时论也一度将东三省中日记者大会视为国民外交的典型范例。《盛京时报》曾评论说："今之中日两国，其情乃复从同，舍彼此提携，互相联络，更无可以致东亚之和平者。各报记者，类皆烛变于几先者，故特为此，以厚两国之国交，而因以徐谋进行之术焉耳。当轴者之应付国际交涉，类以舆论为转移。自后中日两国记者，抱此主义，而发挥光大之，因以造成最有力之舆论，则中日两国之国交，乃直如胶漆之固。"③ 在这里，报界联合与邦交问题极为自然地联系在了一起。

第三节　抵制"二十一条"

1915年中日交涉期间，国民参与外交的热情陡然高涨，以空前的团结为政府提供了支持和后盾。其中，新闻界表现突出，其以少有的坚定，展示出较强烈的仇日情绪。在反日活动勃兴最早的广东，新闻团体起到了明显的领导作用。④

日本对华提出"二十一条"要求后，中国舆论顿时沸腾，各地报刊纷纷发

---

① 《中日记者大会开会详志》，《盛京时报》，1914年10月18日；《边讯杂志》，《申报》，1914年10月26日。

② 《中日记者大会决议文》，《盛京时报》，1913年1月21日。

③ 《论吉林中日记者大会事》，《盛京时报》，1913年1月22日。

④ 罗志田：《乱世潜流：民族主义与民国政治》，上海：上海古籍出版社，2001年，第62页。

表反日言论，北京新闻界对此反应尤其激烈。1915 年 2 月 16 日，北京新闻记者俱乐部认为在中日交涉之际报界理应表明自身的政治立场，遂召开会议，共同议定规约 5 项："1. 以稳健态度引发人民爱国、自卫之心；2. 以正确之言论督责外交当局之进步；3. 关于外交进行有妨碍者，应守秘密；4. 他国报纸有欺凌我国人民及污蔑我国体者，应予以相当之驳斥；5. 对外言论宜光明正大，不为挑拨讥诮之语。"① 不过，仍有不少报馆在报道中突破"稳健"。4 月 29 日，《北京日报》发表评论，极力主张对日作战，言论甚为激烈："此次日本再提出要求，既欲用武力解决矣。然照日本要求之第五项，是中国全国之权，兵权、财政权、警察权皆归日人掌握。若签允此约，是将中国全国拱手而送与日本也。中国处此地位，战亦亡，不战亦亡，均之亡也，不如战而亡，犹有丈夫气也。我之力不足以敌日本，战则我必危，但日本亦危……彼此皆危险，不过我之危险甚于日本耳。何况日本不能以短时期而全吞我国，战则或尚有一线之希望。终胜于不开一炮、不放一枪而亡，其国为万世所耻笑。"② 《北京日报》的主张颇能反映出当时新闻界的普遍看法，具有一定的代表性。

继北京新闻界之后，广州报界公会因外患危迫，毅然担当起反日运动的领导角色。3 月 2 日，广州报界公会召开会议，讨论对外事宜，徐勤、林粲予两人担任主持，通过报界公会主席梁质奄提出的 5 项议案："以稳健之言论为一致之进行，采用北京报界规约五项；录集国民关于外交之见闻，普告国人；定期旧历正月十五日在报界公会开会，征集各界救亡意见；提倡振兴土货，以表示国民之爱国心；致电政府，请拒绝日人要索。"会后，广州报界公会致电北京政府，请求拒绝日人无理要索，改变秘密外交，公布和谈条件，以共筹对付。③ 议案及电文均蕴含浓厚的民族情绪，体现了新闻界捍卫国家主权的决心和中国民众的意愿。3 月 8 日，为征集各界救亡意见，以纾国难，广州报界公会再次召开同业大会，进步党、公民党、商团、广州总商会、九善堂、商船公会、海味行、火烛保险公司、自治研究社、各学堂等其他社会团体也应邀出席，此为日本提出要求后国内第一次较大的集会。④ 因警察厅事先指令不准讨论外交问

① 《各方面对于中日交涉之近情》，《申报》，1915 年 2 月 17 日。
② 《答复前交涉之内幕》，《申报》，1915 年 5 月 3 日。
③ 《粤报界对外之大会议》，《申报》，1915 年 3 月 3 日。
④ 罗志田：《乱世潜流：民族主义与民国政治》，上海：上海古籍出版社，2001 年，第 66 页。

题，报界公会迫于无奈，取消原定议题——"会议外交后盾问题"，改为春茗会，声明不谈国事。但报界代表梁太仓对此甚为不满，称"本会春茗实为最悲惨之事"，引起与会者的共鸣。进步党人徐勉起而发言，力主"报界不言国事，尚有何言？"进而提倡国货，倡议"短衣缩食"，呼吁国民同心协力，"合全国以为政府后盾"。代表关楚璞主张"宜请政府以最简单手续召集国民会议，解决今日外交问题，万不能任令暗中断送"。也有人提议组织国民银行为政府金钱后盾。① 各代表专言国事，会议达到预定目标，增强了报界公会关注中日交涉的信心。此后，广东各报纸更为踊跃地发表有关中日交涉的评论文章，洋洋洒洒，振奋人心。

在报纸的鼓动下，广东的反日风潮日渐高涨，"粤人爱国之信函，或倡国货，或捐经费，或陈限制之法，或申请愿之意，连篇累牍，发表于报纸"，致使日本领事提出抗议，强压广东地方官府予以限制。② 为此，龙济光责成警厅传令广州各报馆，禁止登载秘密的军事、外交和行政公文，"若不凛遵，即勒交访员，尽法惩办，万一不能交出访员，定拘主笔严究"。3 月 27 日，警厅声势汹汹，传讯报馆主笔。但各主笔均"婉词附之"，拒不前往，以示对抗。③

在随后的储金活动中，广州报界公会还扮演了组织者的角色，进而在爱国救亡运动中起到主导作用。1915 年 4 月，上海商会在反日的浪潮声中发起"中华救国储金团"，倡议"人人爱国，人人输金"。储金救国的号召得到报界的大力支持，广州报界公会积极响应，率先提出筹办救国储金广东事务分所，倡导绅、商、学各界共同组建，并通电号召北京及各省同乡官商和外洋粤侨协力举办。④ 在其鼓动下，广州商务总会、粤省商团、粤商维持公安会、广东地方自治研究社、十善堂院、教育总会、八属学会、公民党、进步党、律师公会、青年会、商船公会、出口洋装商会、丝业研究社等社会团体纷纷参与此事。4 月 27 日，广州报界公会邀请各社会团体集会，筹建救国储金事务广东分所，到者数十人，公推朱学潮、李雍思为主席，决定暂借商业研究所为事务所会址，并议定各团体担任干事员的数额：广州商务总会 20 人、粤省商团 20 人、粤商维持公安会 10 人、广东地方自治研究社 10 人、十善堂院每堂 5 人、教育总会 5

---

① 《广东报界公会请各团体春茗会纪》，《申报》，1915 年 3 月 9 日。
② 《中日交涉之粤中观》，《申报》，1915 年 3 月 25 日。
③ 《交涉声中之粤省观》，《申报》，1915 年 4 月 4 日。
④ 《广东救国储金之动议》，《申报》，1915 年 4 月 28 日。

人、八属学会 5 人、公民党 10 人、进步党 10 人、律师公会 2 人、青年会 3 人、商船公会 2 人、出口洋装商会 2 人、丝业研究社 2 人。① 广州报界公会热情洋溢地投身储金救国，助长了广东的民气，推动了救国运动的继续高涨。

第四节　外争国权

"一战"结束后，要求外交公开的呼声持续高涨，以国民外交协会为代表的反映国民外交意愿的社团相继成立，有力推动国民外交进入发展的黄金时代。在这一趋势的影响下，新闻界更加积极地参与外交，全国报界联合会的创建和活动即是最好的例证。

1919 年 2 月，广州报界公会致电上海日报公会，倡议协同组建全国报界联合会。电函称："欧战结束，南北息兵。世界与国内和平问题，关系国家存亡，人民利害。全国新闻界应不分畛域，泯除党见，研究正谊，一致主张。外为和会专使之后盾，内作南北代表之指导。准兹前提，特由本会同业共同决议，结合全国报界，开联合会于沪上，并由各报推定代表赴沪，协商组织事宜。除通电全国报界外，谨电奉闻。至斯会开于上海，拟公推贵公会就近主持一切，事关报界全体，尚望预为筹备。"②

从电文中不难看出：广州报界公会发起全国报界联合会的主旨在于"谋全国舆论之一致，为对外之一种表示，对于国内和平主张与报界以后联合之方法，不分南北、党派，共同讨论，以多数意思为标准，盖征求真正舆论之一种联络机会"③。该主旨表明广州报界公会密切关注国内外政治势力的变化，希望以新闻舆论的力量促使外交上的成功和国内和平的实现。

1919 年 4 月 15 日，全国报界联合会召开成立大会，将"谋世界及国家社会之和平的进步，得征集全国言论界多数之共同意见，以定舆论趋向"作为其宗

---

① 《广东救国储金事务所发起》，《申报》，1915 年 5 月 6 日。

② 《发起全国报界联合会》，《民国日报》，1919 年 2 月 17 日；《粤省报界保持东亚安宁之主张》，《晨报》，1919 年 4 月 17 日。

③ 《粤报界招宴各报代表纪》，《申报》，1919 年 4 月 13 日。

旨之一，体现了强烈的政治和社会关怀，巴黎和会就是其关注重心。4 月 29 日，全国报界联合会发表对外宣言，声称："据 4 月 11 日中国政府所发表中国派赴巴黎和会代表在巴黎对于中日两国外交上经过情形之宣布，本会认为足以代表国民共同之心理，凡我国民均应一致赞助，期达目的。经于 4 月 15 日开会议决，根据前项宣布之主张，诉之世界正谊之同情，为全体国民之后盾。如有违反吾国国民之公意、希图破坏者，本会誓竭全力与国人一致抗拒之。"① 全国报界联合会"外为和会专使之后盾"的成立目标借此得以落实。巴黎和会上中国代表之所以敢据理力争，与新闻界的支持和鼓励密切相关。

而在全国报界联合会开会议事期间，由于山东问题交涉失败，规模空前的五四运动爆发，引起报界的强烈反响，舆论导向为之大变。以全国报界联合会为中心的新闻界不仅刊登消息、发表评论，还积极投入反帝爱国运动。5 月 8 日，北京报界致电巴黎和会，表达了对巴黎和会的失望和维护国家主权的坚定决心，呼吁国际新闻界不得漠视中国人民收回利权的愿望："北京中国报界于昨日特开会议，以中国要求将胶州及德国以前所有租界悉数交还中国一事，英法美诸国应表同情，设或不，则将来野心政治家尤得其妄为涂（应为"荼"之误）毒东亚人民。今山东一隅，旦夕不保，虽妇孺皆明大势，无不痛心疾首也……中国报界因此特诉诸全球及世界同业新闻家，切勿膜（应为"漠"之误）然视此为等闲之事，愿予以公言协助中国，如昔日之鼓吹欧洲以脱离强权之羁绊也。设无别法解决，则拟仿 25 年前辽东半岛之赎回办法，施诸山东。而我国民无论贫富，皆当牺牲一切以求恢复吾土也。"②

在全国报界联合会的引领下，各地新闻界均竭力报道和声援"五四"爱国运动，使之赢得了最大范围内的同情与支持。当北京示威学生被逮捕的消息传到上海后，上海日报公会致电北京政府，要求立刻释放被捕学生，以慰人心，顺舆情："北京学生行为虽激，然实出于爱国热诚。顷闻有主解散学校，处学生死刑之说，风声所播，舆情愤激，须知压抑愈重，反动愈烈。际此国家存亡所关，全恃民气激昂，为政府后盾，请勿漠视舆论，致激巨变，望立开释被捕学生，以慰人心。"③ 报界的支持助长了学生运动的声威，学生运动规模剧增，且

① 《全国报界联合会对外宣言》，《申报》，1919 年 4 月 29 日。
② 《报界致英美法议和代表电》，《晨报》，1919 年 5 月 8 日；《北京报界致巴黎和会电》，《申报》，1919 年 5 月 10 日。
③ 《日报公会致北京电》，《民国日报》，1919 年 5 月 7 日。

迅速扩散，席卷全国。

除维护国权主权和声援学生运动之外，新闻界还一致要求惩黜卖国贼，以谢国人。5 月 11 日，全国报界联合会向全国各地报馆发出《报界联合会主张讨贼电》，呼吁新闻界联合一致，促使北京政府惩治曹汝霖、章宗祥、陆宗舆、徐树铮等人，"以保国权，以彰公道"①。该通电转达了新闻界与民众的共同呼声，得到各地报馆的普遍响应，形成巨大的舆论压力。6 月 15 日，上海日报公会再次致电北京政府，警告说："风潮所荡，必致全国辍业。人心既去，岂武力所能压制？大局危殆，非立释学生，惩办曹、陆、章不足以挽回人心而保国家。"②

为直接打击日本帝国主义，全国报界联合会在 5 月 15 日发出通告，倡导各地报馆在山东问题未圆满解决之前，拒登日商广告，"以表示我同业爱国之热诚"③。在其号召下，上海《申报》《新闻报》《民国日报》《时事新报》《时报》《神州日报》《中华新报》等 7 家大报联合行动，于 5 月 15 日宣布拒登日商广告，"敝报等公决，自五月十五日起，不收日商广告并日本船期、汇市商情等"。上海报界及全国报界联合会的这一决定，维持了 14 年之久，显示了报界一致对外的爱国立场。直到 1933 年中日订立《塘沽协定》后，日商广告才重新出现在中国报纸上。④

尽管各报的政治倾向并不一致，但出于对国难的忧患，报界在全国报界联合会的号召下结成统一阵线，协同致力爱国运动。因为新闻界的投入和赞助，五四运动对北洋政府造成更大的威胁，促使北京政府最终未在《凡尔赛和约》上签字，并撤销曹汝霖、章宗祥、陆宗舆等人的职务。

巴黎和会结束后，山东问题久悬未决，中日矛盾日益突出，上升为中外矛盾中最主要的一方面，成为国人对外交事务的关注中心。1920 年 6 月，全国报界联合会发布《全国报界普告日人书》，对日本占据青岛极表愤慨，"不意幸灾乐祸，乘火窃发者，不出自他国，竟在我同文同洲之邦，唇齿相残，曷胜遗憾"，强烈要求日本归还青岛，"为排除中日误会计，为共维持东亚安宁计，唯有抛弃旧式的大陆政策，从事新式的世界思想。而其着手处，则以不利人之土

---

① 《报界联合会主张讨贼电》，《民国日报》，1919 年 5 月 13 日。

② 《专电》，《申报》，1919 年 6 月 6 日。

③ 《各界对外表示之进行》，《申报》，1919 年 5 月 16 日；《全国报界联合会通告》，《民国日报》，1919 年 5 月 16 日。

④ 方汉奇主编：《中国新闻事业编年史》，福州：福建人民出版社，1999 年，第 878 页。

地，明示天下，即日还我青岛始"。宣称"泰山可移，青岛不可失"，表达了国人坚决维护领土主权的决心与意志。①

为借助国际势力，督促日本早日归还青岛，全国报界联合会分别致电英、美、法、俄、意、荷、葡、西、墨、秘、那、瑞、比等各国驻华公使，要求各国主持公道和正义，"以免世界第二战祸，而保人类公共之安全"。电文特意指出，青岛问题不仅关系中国一国之存亡，而且关系西方列强的共同利害，"青岛一土，动关世界全局，德国得之，则德国可为西方之日本；日本得之，则日本又足为东亚之德国，而世界第二次大战之导线伏焉"②。

出于进一步争取国际社会支持的考虑，全国报界联合会又发布《报界联合会对外宣言》，解释中国拒签《凡尔赛和约》的苦衷，希望各国谅解中国"不承认德约关于山东三款"，并表露了中国国民的心迹："1919 年巴黎和会所议决之对德和约中，关于处置山东问题三款，我国认为与正义、人道及东洋和平之旨大相冲突。我国代表根据全国真正民意，拒绝签押，此事至今未得各国之谅解，我国国民深为痛苦。推我国国民，为贯彻我国代表在巴黎和会之主张起见，对于德约中山东三款无论如何决不承认。经于 6 月 2 日，由本会议决，以全国舆论一致之诚意，希望世界各友邦尊重我国人之主权，对于德约中山东三款，采用我国代表提出之巴黎和会之主张，加以适当之修正，以维持正义人道之本旨及保全东亚永久之平和。"③

中国拒签《凡尔赛和约》，曾得到了一部分西方舆论的同情，美国国会议员对美国政府签订《凡尔赛和约》进行了猛烈抨击，而山东问题则成为重要的一点。④ 美国国会议员的态度对中国人民不失为一种道义上的声援，全国报界联合会特意致电美国参议员，以表谢意："去岁对德和约，关于敝国山东三款，远既与贵国门户均势之主张相妨，近复与贵国民族自决之提倡不合。敝国舆论，惟有拒签，列强坐视，实为遗憾。贵国代表执言巴黎，争之不获，敝国人士，拜赐已多。嗣复蒙贵院大伸公道，对于和会此判，一再会议，主张否认。具见君子之国，尊重国际人格，拥护人类自由，求之全球，一时无两，感谢正谊，

---

① 《全国报界普告日人书》，《民国日报》，1920 年 6 月 10 日。
② 《全国报界致北京使团电》，《民国日报》，1920 年 6 月 10 日。
③ 《报界联合会对外宣言》，《民国日报》，1920 年 6 月 11 日。
④ 李新、李宗一主编：《中华民国史》（二卷）（第二册），北京：中华书局，1987 年，第 476 页。

夫何可忘。尚望始终坚持，代表美国侠义之精神，贯彻到底。俾此三款终获废除，则遐迩戴福，万物昭苏……岂惟敝国，世界和平，实利赖之。"①

1921 年，英日第三次同盟即将期满，需要续订。由于中国深受英日同盟之害，国人对此次续盟极为关注。全国报界联合会顺应民意，多次发布通电和宣言，反对英日续盟危害中国利益。5 月 19 日，全国报界联合会讨论通过"一致反对英日续盟处分中国问题案"，决定向国内外公开发布英日续盟不能涉及"中国领土问题"的理由，要求各报作最紧急的宣传，吸引中外人士的注意力，呼吁社会各界作外交后援，共同维护民族利益。同时分别致电英、日两国驻京公使及其政府、议会和舆论界，以"促其觉悟"。② 6 月 8 日，报界联合会连续发表《全国报界对英日续盟之表示》及《致两国电》，明确表示反对英日续盟"侵犯中国国际人格之尊严与国家独立之绝对的权利"，认为英日续盟将给中国带来灾难性的后果，"日本对华政策将有恃无恐，其积极之侵略政策，势将实施于吾国"，强烈要求英日两国"尊重国际法上主权及独立权之绝对的权利，将盟约中所关于侮蔑中华民国国家之尊严之字句删除"③。该宣言对中、日、英三国国际关系的认识比较到位，能确切代表中国报人敏锐的政治触觉、不凡的洞察力和强烈的爱国热情，表达了新闻界的共同愿望和国民的心志。

全国报界联合会多次表明外交立场，引起国内外广泛关注。为缓解中国新闻界的反日情绪，日本新闻界委托八田厚志，邀请全国报界联合会组建视察团，赴日旅行。④ 然而，受日本对华外交政策的影响，日本新闻界的努力未能收效。《密勒氏评论报》曾一针见血："自中国倡排日之运动后，日本报界屡屡设法欲博中国新闻家之好感，如派学生来华，解释所谓误会，又继以日本新闻家之访问，然皆未见成功。"⑤

1921 年 4 月，第三次远东新闻记者大会在东京召开，不少中国记者应邀出席。⑥ 由于远东新闻记者大会完全由日方包办，全国报界联合会对此诘责与会的中国记者："公等不惮辛劳，参与远东新闻记者大会，岂为远东局势而有所商榷耶？抑为世界问题有所计画耶？惟同人不能不怀疑者，此种大会已开两次矣，

① 《全国报界谢美参院电》，《民国日报》，1920 年 6 月 10 日。
② 《昨日全国报界第二次常会》，《晨报》，1921 年 5 月 20 日。
③ 《全国报界对英日续盟之表示》，《晨报》，1921 年 6 月 9 日。
④ 《报界联合会开会记》，《民国日报》，1920 年 6 月 7 日。
⑤ 《世界新闻大会与中国》，《民国日报》，1921 年 4 月 3 日。
⑥ 《东亚新闻大会开幕》，《民国日报》，1921 年 4 月 10 日。

会名冠以远东字样，何以地点皆在日本，川资招待悉由日本任之，我国独无作东道主之机会？沪上报界因此裹足，公等竟络绎前往，宁不抱羞。今者亡羊补牢，尚幸未晚。若专事游览风景，虽虚此一行，或可告无罪于国人。万一感其虚伪之礼貌，入其危险之圈套……其将为众矢之的矣。"①

全国报界联合会的公告不啻当头棒喝，给与会的中国记者敲起了警钟，使之改变一味颂扬的常态，对日方多有抨击，言辞激烈，"不免令人起中日间愈生隔阂之感"。日本政、报两界为之肃然起敬，"国务院总裁小川平吉以下日本政府方面之来宾，于我国记者演说时均现极沈（沉）静之态度，且大加喝彩，日本记者尤为感动"。《盛京时报》据此推断："将来日本报纸可以稍变其态度，日本政府之对华政策或亦渐变其假面的外交。"②

小　结

清季，国民外交兴起，拒俄运动、抵制美货运动、收回利权运动相继展开，商人和商会在其中起着举足轻重的作用，是主要领导者。新闻界处于从属地位，侧重宣传员，扮演舆论工具，很少独立发表见解。民国初期，伴随群体意识的自觉，报人群体艰难曲折地走完从孕育到成形的历程，开始以独立姿态登上历史舞台，在国民外交运动中发挥少见的重要作用与影响，推动国民外交运动不断走向成熟，进入发展的"黄金时代"。

在民间交流方面，新闻界以促进邦交为使命，主动向国际舆论界争取话语权，创建北京中日记者俱乐部、东三省中日记者大会和万国报界俱乐部等国际性合作组织，使中外记者的沟通联系有章可循，扩展民众参与外交的范围，提升对外交流合作的自主性，也为日后组建全国性的国民外交机构奠定组织基础。并且，新闻界积极介入国民外交运动，很快引起国际社会的高度重视。日本新闻界多次邀请中国记者赴日考察，以化解误会，"发挥提携之精神，而开一国民

---

① 《为赴日记者进忠告》，《民国日报》，1921年4月6日。
② 《我国赴日记者演说之影响》，《盛京时报》，1921年4月17日。

握手之新世元"①。世界报界大会会长、美国密苏里大学新闻学院院长威廉博士访华，并邀请中国新闻界出席第二届世界报界大会。在报界大会上，中国新闻代表团发表《中国记者对于世界记者之谨告》《中国报界对于世界报界之意见》《外交公开为太平洋报界之目的及希望》等多篇演讲，传递真相，减少隔膜，修正中国国际形象，为此赢得一致好评，激起国外同行来华考察的热情。②1921 年后，各国旅华记者络绎不绝，进一步提升了中外民间交往的层次与内涵。概言之，在拓展中外交流渠道、建立联系网络方面，新闻界功不可没，理应特别关注。

在民族危难之际，全国报界联合会、广州报界公会、北京新闻记者俱乐部等新闻团体成为国民外交的重要策源地和新的发起中心。中日交涉期间，北京新闻记者俱乐部引发"人民爱国自卫之心"，广州报界公会起到明显的领导作用。五四运动前后，新闻界的全国性组织——全国报界联合会活跃于政治外交大舞台，多次发表对外宣言，督促日本归还青岛，解决山东问题，致电各国驻华公使，要求主持公道。他们传承士人以天下为己任的精神及其对国是的当下关怀，针砭时弊，登高一呼，全民景从，影响非凡。商人、教员、学生等群体纷纷以新闻界号召为准绳，以新闻界声援为凭据，使国民外交运动在"五四"期间达到空前的高度，成为一股强大的时代潮流，"国民外交四字，几成今日之习惯名词"③。国人追求国家独立、民族平等的意愿得到充分表达。

值得注意的是，新闻界对国民外交的倡导呼吁，激发了民众的爱国热情，引导他们以国民资格外争国权，内惩国贼，增强了国家观念和国民意识。在国民外交运动中，新闻界除独立表达自身诉求之外，还多以国民代表自居，反映民众的呼声，且与其他社会群体日益凝聚结合，共同维护民族利益，最后融为国民的重要组成部分，加速了四民社会向国民国家的转变。

（原文发表于《学术月刊》2010 年第 12 期，有改动）

---

① 《感念离京之记者团》，《盛京时报》，1918 年 4 月 28 日。
② 《檀香山通信》，《申报》，1921 年 11 月 26 日。
③ 《国民外交》，《申报》，1926 年 1 月 30 日。

第五章

东三省中日记者大会：民初中日新闻界的交流与对抗

　　1913 年至 1914 年东三省中日记者大会的举办，是东北新闻史上的重大事件，不仅开创该地区新闻界对外交流的全新局面，而且在中日新闻交流史上留下浓墨重彩的一页，具有显著的国民外交色彩和强烈的象征意义，并可视为民初中日关系转变的缩影。由于资料限制，多数新闻史和中日关系史研究成果几乎忽略这一事件，只有以《东北新闻史》为代表的部分著作偶尔涉及，但大多语焉不详。伴随着研究的日渐深入，横向开拓、纵向挖掘将是中日新闻交流史研究的主要趋向。基于这一思路，本章在广泛收集各类报刊资料的基础上，认真梳理东三省中日记者大会的来龙去脉，既为认知近代中外新闻交流的复杂面相提供典型案例，又可丰富中日关系史的研究。

第一节　组织渊源

中国近代报刊是西学东渐的产物，外国人在华办报活动直接刺激了民族报业兴起，使得中外新闻界联系紧密。甲午战后，中日关系发生重大转变，大批日本人进入中国城乡各地，创办大众传播业，其带来的影响超过欧美列强。而且，日本是中国知识分子和一般官绅学习西方近代思想的中介。于是，日本新闻界成为中国报人群体对外交流的主要对象。

日俄战争后，日本在中国东北的势力迅速扩张。与之相对应，从1907年起，在这一地区由日本人创办的报刊增长较快，新闻从业人员数量逐渐增多，他们开始主动联系中国记者，以便宣传主张。现有资料显示，中日两国新闻界起初只是分散的、私人性质的交流。1908年，吉林《公民日报》主笔顾冰一与《大阪朝日新闻》通讯员儿玉多一来往密切，甚至"朝夕相见"，据称这是"吉林两国记者第一次之接近"①。1909年后，东北地区中日新闻界的合作渐成规模。该年5月，日本《大和新闻》《每日新闻》《京都新闻》《二六新闻》《日日新闻》《国民新闻》《朝日新闻》《中央新闻》等新闻机构，组织人数颇多的代表团来华游历考察。日本记者团抵达奉天后，《盛京时报》与《东三省日报》设宴欢迎，多名中日记者出席，双方交谈甚欢②。

1910年3月，《盛京时报》与《东三省日报》联合中日记者组建赴日观光团，考察报业和社会情形，引起强烈反响，被赞为"组织观光团出洋游历之滥觞"③。观光团尚未出发，东京东洋协会、东亚同文会、酿造麦酒股份公司、三井洋行及各银行就发电欢迎④。抵达日本后，观光团受到热情接待，东京各报馆与通讯社联合设宴欢迎，《盛京时报》中西正树、《朝日新闻》池边、《时事

---

① 《东三省中日记者大会开会词》，《盛京时报》，1913年1月23日。
② 《欢迎东报记者团纪事》，《盛京时报》，1909年5月7日。
③ 《东京专电》，《盛京时报》，1910年4月15日。
④ 《游东考查政学农工商等界观光团广告》，《盛京时报》，1910年3月31日。

新报》石川、《国民新闻》德富等 30 余名日本记者与会①。

由于清季的民族报业尚处幼稚时代，中国新闻界与境外同业的交流规模有限。武昌起义后，报业发展迅猛，新闻界地位飙升，职业自主性极大提升，日益重视对外交往。民国元年（1912），天津报界联合会与武汉报界联合会曾联合致电全国同业，提议加入万国报界联合会，引起各地报馆的共同关注，"或函电赞同，或远道来沪，均注重加入万国同盟一事"②。

民初报业快速发展的同时，激烈的党争也导致新闻界分歧严重，所刊消息多带党派偏见，不能客观公正反映事实，致使外报尤其是日本在华传媒的影响急剧上升，"中国内战给日本的通讯社和报纸一种机会，把持国内新闻凡十余年之久"，"当时中国各日报对于本国的种种新闻，大都还是依赖日本的东方通讯社和电报通讯社"③。

在这样的背景下，中国新闻界进一步强化与日本记者的联系，并着手创立常设性机构，"夫中日记者之大会，一见之于北京，再见之于吉林"④。1912 年10 月，中日两国记者在北京联合发起中日记者俱乐部，目的是消除误会，促进邦交。尽管北京中日记者俱乐部"专系研究时事问题，且敦睦中日邦交"⑤，客观上却增进了两国新闻界的交流，拓展了中国记者的国际视野。"向来报界必推上海、京津，上海有报界公会，京津亦有报界公会，而东三省踵行之……最近京津又有中日记者联合会，由内国眼光放为世界眼光，范围尤广矣。"⑥

受时代趋势和京津新闻界的影响，活跃在东北地区的中日记者彼此结盟的意愿更加强烈。1912 年 11 月，《吉长日报》《新吉林报》与日本记者儿玉多一主办的《吉林时报》，协同组织吉林省中日记者恳话会，"是为吉林中日记者第二次之接近"。该组织范围过于狭隘，势力薄弱，影响不大，三家报馆遂呼吁组建东三省中日记者大会，"凡中日各记者一律通告，不数日，函电交驰，得荷赞成，于是有本日第一次中日记者大会之举……是为中日记者第三次之接近"⑦。

这无疑表明，吉林省中日记者恳话会是东三省中日记者大会的组织渊源。

---

① 《东京专电》，《盛京时报》，1910 年 4 月 27 日。

② 《报界俱进会大会记事》，《申报》，1912 年 6 月 5 日。

③ 赵恒敏：《外人在华新闻事业》，上海：中国太平洋国际学会编发，1932 年，第 16 页。

④ 《论吉林中日记者大会事》，《盛京时报》，1913 年 1 月 22 日。

⑤ 《中日记者俱乐部之进行》，《盛京时报》，1912 年 11 月 10 日。

⑥ 《东三省中日记者大会开会词》，《盛京时报》，1913 年 1 月 23 日。

⑦ 《东三省中日记者大会开会词》，《盛京时报》，1913 年 1 月 23 日。

对此，《东三省中日记者大会趣旨书》有非常明晰的表述："政治有国界，报纸无用乎拘拘领土之有形范围。就无形之精神界，以活动联络沟通，相互勖励，是报纸之天职。新闻记者不可无会合，会合之不可不扩大范围，各国之所谓新闻团者皆由此道也。东三省为远东最要地，中国为之主，而日本又有唇齿之谊，商民之侨业其间者，奚啻万数，出版报纸亦以十数，与中国报纸正伯仲。两国记者时以个人友谊相接合，然曾未正式集会。吉垣同业曩两次开恳话会，意见融洽，颇形进步，第范围太狭，同人憾焉。今兹东三省中日记者大会之发起，盖所以扩大范围，求于远东言论界有相得益彰之势也。"①

第二节　第一次中日记者大会

1913 年 1 月 19 日，东三省中日记者大会在长春召开第一次正式大会，28 家报馆和通讯社的 51 名中日记者出席，成为东三省新闻界的空前盛会②，并赢得一致赞誉："吉垣本僻处东陲，交通不便，深以不得与诸君相见之机为歉。幸日前在吉长间铁路开通，此次乃有在吉开中日记者大会之举……切盼诸君务须利用此机，力图融洽中日两国民之感情，共赖亚东（应为"东亚"之误）和平之庆。"③

与会代表中，日本方面在人数上占据优势，共 11 家报社和通讯社的 29 名记者参加，有确切记录的是：《长春日报》箱田琢磨，《盛京时报》"北满支社"齐藤松三，《满洲报》铃木谦吉，《泰东日报》金子雪斋、金学纯、小川连平，《辽东新报》末永纯一郎、角田宏显、小松利宗、平岗与平治、三明谅夫、柏原孝久、大泽重三、末广荣次，《满洲日日新闻》村田诚治、田原祯次郎、伊藤武一郎、守屋秀也、西村已之助、皆川秀孝、伊原幸之助、田中作、篠崎嘉郎、酒井邦之辅，《京城日报》奉天支局原口闻一，《大阪每日新闻》大连特派员加茂贞次郎，奉天内外通讯社合田愿。中方代表主要有营口《民舌报》胡文

---

① 《东三省中日记者大会趣旨书》，《盛京时报》，1912 年 12 月 25 日。
② 《东三省中日记者预备会纪事》，《盛京时报》，1913 年 1 月 23 日。
③ 《各报代表晋谒陈都督》，《盛京时报》，1913 年 1 月 21 日。

晋、郑爽夷，《东三省公报》与《亚洲报》代表陶秉章，长春《一声雷晨报》
江瀛，哈尔滨《新东陲报》尹捷卿，黑龙江《公言报》任福谦，《黑龙江实业
报》姚明德，《泰东日报》金学纯，北京《民视报》通讯员黄健六，上海《时
事新报》奉天通讯员刘弌杨等，共计17家报社的22名记者①。代表类型显示，
第一次中日记者大会局限在东三省，几乎没有外地新闻从业者参与。而且，报
社记者是主体，来自通讯社的记者数量极少，说明其时无论中国还是日本通讯
社，在东三省的影响均相对较小，报纸是主要的大众传播媒介。

就会议规模而言，东三省中日记者大会可谓空前。早在1910年1月，《北
京日报》主笔朱淇为"联络和亲，疏通意思"起见，曾发起中日记者联合会②，
但未见到具体活动，很有可能消于无形。北京中日记者俱乐部在发起筹备时，
大约只有30名中日记者出席③。而在东北，中日记者会集一堂，多方交流，有
利于增进了解，减少隔阂。"前以国籍之异，双方论点，或以背道而驰，致挑起
国际间之恶感，滋人民之误会，而今后则无虑此。此固中日两国明达，昔所祷
祀所求，而不能必得者，今则如愿以偿，而复芥带之偶存已。"④

这种沟通交流对促进中国报业发展不无进步意义，尤其对东三省新闻界影
响深远，"有非寻常之联合，足以比例之者"⑤。其一，双方形成共识，一致认
为，中日唇齿相依，相互盘错，中日记者应该担当舆论引导的职责，从大局出
发，从事客观真实的报道。陶秉章在会上发言说："新闻记者之责任，在监督政
府，指导国民。两国政府苟有不洽，两国记者应联合为一致之疏通；两国国民
苟有意见，两国记者应联合为一致之解释，维持东亚将破之大局，鼓吹和平无
量之幸福。立论求不偏不倚，宗旨应纯洁无私，勿贪小利，勿作骄态。此则秉
章沥血披肝，愿与我最亲爱、最尊敬之日本记者，指天以共守者也。"⑥此番言
论，能激励双方记者遵循新闻专业主义原则，树立正确的新闻观。

其二，记者大会倡导"中日报社各组报界公会，以便联络"⑦，受到东三省

<hr>

① 《中日新闻记者参与大会》，《盛京时报》，1913年1月17日；《本埠新闻记者起程赴
会》，《盛京时报》，1913年1月18日；《记者大会代表抵吉》，《盛京时报》，1913年1月19日。
② 《沟通中日新闻记者之隔膜》，《盛京时报》，1910年1月21日。
③ 《中日记者俱乐部纪事》，《盛京时报》，1912年11月30日。
④ 《论吉林中日记者大会事》，《盛京时报》，1913年1月22日。
⑤ 《论吉林中日记者大会事》，《盛京时报》，1913年1月22日。
⑥ 《吉林省中日记者大会纪事》（续），《盛京时报》，1913年1月26日。
⑦ 《东三省中日记者预备会纪事》，《盛京时报》，1913年1月23日。

新闻界的热烈赞扬。会议结束后，大连中日各报记者及各报社通讯员开始协议组织新闻团体，借以融洽感情，并定于 2 月 2 日邀集同志开会，商议章程及推举正副团长①。铁岭报界由丁化东发起，也拟创建中日新闻会，借资联络，互换见识，推动报业发展②。9 月 14 日，铁岭中日记者正式成立中日新闻记者会，多名中日政要出席③。

需要注意的是，中日记者在进行职业交流的同时，难免发生观念的冲突与对抗。部分日方代表及与会嘉宾在发言中袒护和美化侵略政策，甚而声称日本旨在保护中国："亚洲自应归亚洲人保护，第二次开会能改为亚细亚记者大会，而去中日两字，不更进一步乎。亚洲大半被欧人占去，所幸东半由中日保之……以东三省论，俄侵害之，而日本拒之，是殆亚人保亚之意欤，日本对中谅无如欧对亚之恶心。"④ 此类主张引起中方代表的警惕，陶秉章在发言中指出，东三省是中国不可分割的一部分："满洲者，支那之满洲，论其势，为东亚和平之保障；论其地，为民国完全统一之领土。世界新闻家亦既共认之矣，无烦词赘也。"为批驳日方记者，陶氏进一步强调，中国是独立国家，并非日本的保护国，"日本与民国在东亚皆有独立之资格，有自主之能力，利害相同，祸福相同。凡东亚有事之日，即日本与民国祸福利害攸分之日。如日本设或有事，直接影响于民国者固不少；民国苟有变动，间接影响于日本者亦必多"⑤。

虽然东三省记者大会由中日新闻界自行发起，但它不只是新闻界的交际往来，而涉及更广泛的政治、文化交流，关注重心在中日邦交。在开幕大会上，演说主题集中在"中日提携之必要"，部分忽视报业发展问题。会议最后通过的《中日记者大会决议文》，以改善中日关系为唯一宗旨与目的，完全不提新闻职业的共同进步："本记者大会为维持亚东（应为"东亚"之误）和平计，以疏通旅居中日国民意思，以便使国际关系益致亲善一事，认为当务之急，将来务须互相提携，借以鼓吹此项宗旨。"⑥

由于和政治问题关系密切，中日记者大会得到两国政、商、学界的广泛赞助。吉林省都督的特派代表黄元蔚、教育会孙树棠、商会沈崇祺、农会佟庆山、

---

① 《组织新闻记者团》，《盛京时报》，1913 年 2 月 5 日。

② 《中日新闻会》，《盛京时报》，1913 年 9 月 9 日。

③ 《中日新闻记者志盛》，《盛京时报》，1913 年 9 月 17 日。

④ 《吉林省中日记者大会纪事》，《盛京时报》，1913 年 1 月 25 日。

⑤ 《吉林省中日记者大会纪事》（续），《盛京时报》，1913 年 1 月 26 日。

⑥ 《中日记者大会决议文》，《盛京时报》，1913 年 1 月 21 日。

工会倪永绶、府议事杨作舟、劝学所刘文田及日本林久领事等80余人亲临会场；未曾与会的各社会团体多发出贺电，敬祝其成立①。吉林省都督府、交涉司署和日本领事馆以"中日记者大会实为前此未有之盛举"，专门设宴招待与会记者②。

从某种意义上说，东三省中日记者大会可视为两国国民外交的一个典型范例，代表着东三省中日记者促进邦交的共同愿望。《盛京时报》评论说："今之中日两国，其情乃复从同，舍彼此提携，互相联络，更无可以致东亚之和平者。各报记者，类皆烛变于几先者，故特为此，以厚两国之国交，而因以徐谋进行之术焉耳。当轴者之应付国际交涉，类以舆论为转移。自后中日两国记者，抱此主义，而发挥光大之，因以造成最有力之舆论，则中日两国之国交，乃直如胶漆之固。"③ 在这里，报界联合与邦交问题极为自然地联系在了一起。

第三节　第二次中日记者大会

第一次中日记者大会由中日新闻界共同举办，双方大体对等，同时涉及职业和政治，此举不仅有利于密切"报界交际"，促进"文明报务"，也能推动邦交，这对中日报界都是极大的鼓舞。但在第二次记者会上，日本在华报馆和新闻从业人员垄断会务，设置议程，占据绝对优势，而中方代表明显被动，要么随声附和，要么勉强应对，处境堪忧，暴露出中日记者民间结盟的局限。

依据第一次大会的决议，于1913年8月在大连召开的第二次大会，由中日记者联合成立的大连新闻记者联合会负责筹备工作。在筹备过程中，大连报界同人颇费心思，以吸引各地报馆代表赴会：一是考虑到8月尚属暑季，将会议改期，展缓到气候宜人的9月；二是派遣《满洲日日新闻》水野应佐和《辽东新报》柏原孝久分赴各地报馆，逐一邀请赴会，以联"同业之公谊"；三是发

---

① 《吉林中日记者大会正式会纪事》，《盛京时报》，1913年1月23日；《东三省中日记者大会详志》，《申报》，1913年1月28日。
② 《中日记者宴会录志》，《盛京时报》，1913年1月25日。
③ 《论吉林中日记者大会事》，《盛京时报》，1913年1月22日。

布《东三省中日记者第二次大会开会之传单》，吁请各地报界继承初志，"抵掌以谈言论之神圣，开诚以伸同业之真谊"；四是决定由《满洲日日新闻》《辽东新报》《泰东日报》三家日本报社联合承担与会代表的交通与住宿费用，"奉送火车票……旅馆预备中东两种，以便自由择宿，均不取费"①。

精心准备和细致安排很快便收获硕果，各地记者纷纷响应，《满洲日日新闻》《盛京时报》《大阪每日新闻》《大阪朝日新闻》《长春日报》《辽东新报》《满洲新报》《京城日报》《报知新闻》《奉天日日新闻》《辽阳时报》《安东新报》《时事新报》《芝罘日报》《远东新报》《吉林时报》《泰东日报》《春雷日报》《远东报》《大中华公报》《东三省公报》《醒时报》《亚洲日报》《大中华报》《亚洲报》《鸭江新报》《营商日报》《民舌报》《进化日报》《钟声报》《吉长日报》《新吉林报》《教育杂志》《警察杂志》等报刊及内外通讯社的约80人报名参加大会。② 从报名情况看，第二次大会代表的地域范围更为广泛，不仅有外地记者加入，也有一些小城市和县域的小报社派遣代表与会，如安东县、西丰县、阿什和、开原、辽阳、营口、芝罘、海城、公主岭、四平街、熊岳城等。

1913 年 9 月 22 日，东三省中日记者大会第二次大会在大连召开，各地新闻记者踊跃参与，达 140 人之多。其中包括 27 家中国报社的 54 名记者、7 家日本报社和通讯社的 26 名记者、6 名外地记者，仅大连记者团即有 45 人，"诚为鲜有之盛举"③。在参会人数方面，虽然中国记者占据优势，却并不意味着中日记者大会对中方更有吸引力，也不能说明中国记者在积极主动拓展中日报界之间的交流合作。如此判断的理由在于，第一次会议由中日记者联合发起，但第二次会议完全由日本报社负责筹备，承担住宿和交通费用，特别是《泰东日报》全权处理"所有关于本会往来通信"④。在这种情况下，中国记者明显底气不足，只好放弃相关利权。李硕夫和王精一等人居然主张会议不需要副议长，"正议长亦无须分中国人、日本人"，联手推举日本记者、《泰东日报》社长金子雪斋担任正议长，负责主持会议⑤。于是，日方完全按照自己的思路，随意设置议程。比如，与会代表的参观活动，就刻意凸显《泰东日报》《满洲日日新闻》

①《东三省中日记者二次大会预志》，《盛京时报》，1913 年 8 月 29 日。
②《记者大会之已报名出席者》，《盛京时报》，1913 年 9 月 18 日。
③《记者大会之日程及顺序》，《盛京时报》，1913 年 9 月 24 日。
④《东三省中日记者二次大会预志》，《盛京时报》，1913 年 8 月 29 日。
⑤《第二次中日记者大会志盛》，《盛京时报》，1913 年 9 月 26 日。

和《辽东新报》三家日本报社；日资企业和银行同样成为活动中心，对中国官方与商界的回应不够重视，甚至有意回避。①

需要注意的是，日本新闻记者牢牢把握主动权，宣传有力，致使第二次大会在日本国内、驻华各级机构和旅华日本人中引起极大关注，祝电和出席嘉宾均以日方代表为主②。中国社会各界则相形见绌，反应迟钝。在会议开幕之前，中方仅有民政署长邀请中村满铁总裁立花、海关长樽琦、海务局长安川、三井洋行总办井上、正金银行总办长滨、实业会长石本町内、大连公议会长刘志恒、小岗公议会长杜寿山等中日要员，筹备迎接各地记者。③在开幕式上，中方祝词来自奉天都督兼民政长张作霖、奉天交涉员于冲汉和少数商界代表，数量非常有限。

在日本记者的掌控和有意引导下，第二次大会通过了偏向日方利益的《中日记者会议案》，明白宣示："本会之宗旨无他，因观东亚之时局日非，欲实行贯彻和平之希望，非两国言论同为统一之活动不可。"在此基础上，中日记者一致贯彻如下方针："1. 励行大亚细亚主义；2. 反对分争领土之暴论；3. 促进实业之进行；4. 融合两国之误解；5. 主张两国经济之同盟。"④

稍加分析即可发现，这一议案和方针忽略新闻职业议题，完全聚焦中日关系，既主张鲜明又有失公允：消除误解，目的在于培植中国人的亲日情绪，改善日本在华形象；统一言论与大亚细亚主义，旨在掩饰其一贯的大陆政策；"促进实业和经济同盟"，即便算作一个亮点和新突破，但也集中反映来华日商扩大中日贸易的要求；唯有反对分争领土，有可能侧重表达中方诉求，部分说明其时中国报人对国际纠纷逐渐敏感。

显而易见，第二次中日记者大会赋予中日新闻界，特别是日本在华传媒和报人的重大政治责任，即消除误解，推进中日和平共处，同时为经济发展提供帮助，全面发挥大众传媒的社会政治功能。为此，新闻界俨然成为公共交往的关键节点，社会进步的中流砥柱，国民外交的倍增器，正可谓："维持言论兮端赖群贤，化除意见兮义正词严，风声远播兮东亚先锋，邦交巩固兮亿万斯年。"⑤

①《记者大会之日程及顺序》，《盛京时报》，1913 年 9 月 24 日。
②《中日新闻记者大会祝词一览》，《盛京时报》，1913 年 9 月 27 日。
③《官民欢迎记者之预备》，《盛京时报》，1913 年 9 月 20 日。
④《中日记者会议案之报告》，《盛京时报》，1913 年 9 月 27 日。
⑤《于交涉员祝词》，《盛京时报》，1913 年 9 月 27 日。

第四节　第三次中日记者大会

一年之内连续召开两次中日记者大会，表明该会被寄予厚望，"将来灌输我文明，裨益我商务，维持我国际和平者，端赖此会之力"①。为继续改善邦交，沟通国民情感，在日本记者主导下，报界于1914年继续召开第三次中日记者大会。

按照原定计划，1914年5月召开第三次中日记者大会，嗣因"日本遭大丧之变"，改期9月。不料第一次世界大战爆发，"报界多故"，只好再次延期②。1914年10月17日，在日方《盛京时报》的主持下，第三次中日记者大会在沈阳召开，来自大连、营口、辽阳、奉天、新民、铁岭、开原、长春、吉林、安东等地的中日记者共计80余人出席③。

由于再三拖延，第三次记者大会的参会人数与第二次相比有所减少。其中，大连24人（《泰东日报》《满洲日日新闻》《辽东新报》《满洲新报》），旅顺1人（《满洲日日新闻》），营口6人（《营商日报》《满洲日日新闻》《醒时报》《盛京时报》），辽阳2人（《辽阳新报》《东三省公报》），奉天21人（《盛京时报》《东三省公报》《奉天日日新闻》《醒时报》《大阪每日新闻》《满洲日日新闻》《大中华公报》《朝鲜新闻》《安东新报》及内外通讯社、满洲通讯社），铁岭5人（《铁岭时报》《远东新报》《泰东日报》《东三省公报》《醒时报》），开原4人（《盛京时报》《泰东日报》《醒时报》），西丰2人（《泰东日报》《盛京时报》），长春3人（《长春日报》《满洲日日新闻》《泰东日报》），吉林4人（《吉长日报》《吉林时报》《远东新报》），抚顺1人（《满洲日日新闻》），安东10人（《安东新报》《大阪朝日新闻》《大阪每日新闻》《满洲日日新闻》《泰东日报》《吉长日报》《盛京时报》《鸭江新报》）④。

众多新闻从业者的欣然出席，说明东三省中日记者大会得到同行较为普遍的认可和推崇。《盛京时报》曾刊发评论说："东三省中日两国记者……有新闻

---

① 《小岗子公议会祝词》，《盛京时报》，1913年9月27日。
② 《第三次中日记者大会之确期》，《盛京时报》，1914年10月4日。
③ 《边讯杂志》，《申报》，1914年10月26日。
④ 《第三次东三省中日记者大会出席名表》，《盛京时报》，1914年10月16日。

记者团之发起。不特谋两国国际间之融洽，亦所以谋东亚之和平，法至良，意至善也。今者已开第三次大会，起视两国国民的意思，虽不能胥弭于平，然双方误解之点，已渐见其芟除，不至复激起其恶感，未始非中日记者平日疏通之力。吾用是为中日记者大会庆，且深有望于中日记者焉。"①

依照惯例，第三次中日记者大会由主办地记者团推荐会长，并负责接洽应酬，主持会议，安排议程。因为《盛京时报》声名显赫，其社长中岛真雄理所当然成为会长。他在开幕致辞中力陈两国记者交换感情之必要："不意世界之变局，更有出诸君吾人意外者。欧洲之战乱，波及于东洋，日本对于独逸而有宣战之举，以山东之一角为两雄之战场，诚为吾人理想所不及料。当此时局之日迫，吾中日两国之亲善，较前尤为密切，而会员诸君对于两国指导劝告之责，愈形切迫。何幸今日适逢开会之盛，诸君正堪利用此机会，交换意见，疏通感情，以尽唇齿轮车之实，此则鄙人所馨香切祷者也。"② 于是，中岛真雄对议程安排略作修正，安排会员"一同少息饮茶，互相谈话，以联情谊"，只派出少数代表人物，如《泰东日报》金子平吉、《安东新报》南部重造、《晓钟报》白晓峰、《营口新闻》王精一等晋谒两国政要。

尽管如此，中日政要一如既往，极力颂扬记者大会。奉天都督张作霖、吉林巡按使孟宪彝、特派交涉员祝瀛员等发电祝贺，恭维记者大会是人民之幸，邦交之福："今中日两国记者，为道义之集合，即于我两国之国交、社交，受无限福利。发起以来，春秋两度，由一而再而三，精神上之浃洽，宁可以道理计。"③ 相比之下，日本政界更加关注记者大会。日本驻奉天总领事落合亲自出席，并致辞，表彰记者大会有利于邦交："两国人民之交际，比去年益加亲睦……中日记者大会于两国之亲睦，尤有伟力，鄙人望此会之永远继续，日见成功也。"尤为重要的是，日本立宪政友会和内阁总理大臣大隈重信、外务大臣加藤高明、日本驻华公使日置益、关东都督男爵中村觉、日本贵族院议长公爵德川家达、满铁总裁男爵中村雄氏郎等一批地位显赫的政要，均发电祝贺。"本日盛会，集两国之操觚者于一堂，互披胸襟，交换所见，此后关于善邻睦谊之所贡献者，实非浅鲜。"④

因为"一战"的背景，加之日方刻意安排，中日关系和邦交实则成为第三

---

① 《欢迎中日记者大会》，《盛京时报》，1914 年 10 月 17 日。
② 《中日记者大会本会议纪事》，《盛京时报》，1914 年 10 月 20 日。
③ 《吉林孟巡按使祝词》，《盛京时报》，1914 年 10 月 18 日。
④ 《中日记者大会本会议纪事》，《盛京时报》，1914 年 10 月 20 日。

次记者大会的唯一议题。日本代表以新闻交流为旗号，重在充当政府代言人，为侵略性外交政策辩护，并美化日本的侵略行为，这在一系列言论中得到印证。中岛真雄反复言说，记者大会要促进两国之亲善，共同抵制外寇。《泰东日报》社长金子平吉报告"中日关系之根本问题"，亦力主"中日亲善"①。《满洲日日新闻》田原大南的演说"胶州湾问题"，殊有意味，甚至歪曲事实，辩解日本出兵胶州湾是替中国"出师"，维护东亚和平："德邦为吾中日共同之敌，而破坏东洋之和平者也。吾国此次之征讨，亦不外欲颠覆独逸军事之策源地，而铲除东洋之祸。原吾国对于山东，别无何等野心，征之我帝国最后之通牒及宣战之诏敕，固已无疑义……不意中国人士……每不直于我军征德之举，殊堪诧异，此实未解我国出师之主旨者也。"②　而且，在日本记者的主导下，大会最终决议案的基调与前两次并无任何区别，"中日记者大会鉴于时局之大势，深虑保持东亚之和平，一因中日两国之提携，故本会员遵按此趣旨，竭力唤起舆论，以期达其目的"③。该议案和日方言论，显然不能契合时事发展。

在时事的刺激下，日方代表美化侵略的言论引发中国新闻界的强烈不满，不少中国记者起而抗议，力争国家民族利益。《东三省公报》总理王晋阳宣读"记者对于时局之需要及此后之责任"，《营口新闻》主笔王精一演讲"记者有负亚东（应为"东亚"之误）和平之责"，慷慨陈词，使人警醒④。另外，吉林巡按使孟宪彝对日方动机亦有比较清醒的认知，他在祝词中强调说，中日记者要协力推进两国互惠互利，彼此尊重主权和民族利益，"民情和洽，邦谊敦笃，主权则互为尊重，实利则互为保护，有谦让无纷争……此则国交之有赖于报纸者二"⑤。

这说明，日方的信誓旦旦，在中国人眼中都是谎言与欺骗，中日新闻界之间的友好氛围日渐稀薄。在1915年中日"二十一条"交涉期间，新闻界表现突出，以少有的坚定展示出较强烈的仇日情绪。在反日活动勃兴最早的广东，广州新闻记者公会起到明显的领导作用。⑥ 北京新闻记者俱乐部主张，中国新闻界要以稳健态度，"引发人民爱国、自卫之心……他国报纸有欺凌我国人民及污

---

① 《边讯杂志》，《申报》，1914 年 10 月 26 日。
② 《中日记者大会本会议纪事》（续），《盛京时报》，1914 年 10 月 21 日。
③ 《中日记者大会本会议纪事》（续），《盛京时报》，1914 年 10 月 21 日。
④ 《中日记者大会本会议纪事》（续），《盛京时报》，1914 年 10 月 21 日。
⑤ 《吉林孟巡按使祝词》，《盛京时报》，1914 年 10 月 18 日。
⑥ 罗志田：《乱世潜流：民族主义与民国政治》，上海：上海古籍出版社，2001 年，第 62 页。

蔑我国体者，应予以相当之驳斥"①。《北京日报》则刊发评论文章，极力主张对日作战，言论激烈："此次日本再提出要求，既欲用武力解决矣……中国处此地位，战亦亡，不战亦亡，均之亡也，不如战而亡，犹有丈夫气也。我之力不足以敌日本，战则我必危，但日本亦危……战则或尚有一线之希望。"②

受此影响，中日记者大会势必难以为继，只能戛然而止。至此，一段中日新闻界互相提携的历程，终归谢幕，甚至成为激烈对抗的起点。这既是中日新闻界的遗憾，也是日本对华进逼的必然结果。其中的教训，值得后人认真反省。

小　结

1913 年至 1914 年的东三省中日记者大会，无论参与人数还是规模影响，都超越以往，并胜于同一时期的北京中日记者俱乐部。而在其消亡之后，中日新闻界交流虽说没有完全中断，但双方始终未能在中国境内构建类似的常设性机构。因此，东三省中日记者大会在新闻职业领域具有相当特殊的作用，其将中日两国新闻交流带入短暂的"蜜月期"，使之从零散发展到有组织进行，让联系网络得到扩大，交往方式显著改变。这有利于提升中国新闻界对外交流的层次与内涵，增强其对外传播的自信，促使其开始积极主动争取国际话语权。比如，中国新闻界在 1915 年曾派出规模可观的代表团前赴美国旧金山，参加世界报界大会。③ 在与国外同业的交往互动中，中国记者取鉴异域，扩充识力，不断改善专业素养，提高职业地位，发展新闻事业，获得社会认同。"一般社会之对于记者之言论丰采，亦常致其钦慕之忱，而表示绝对赞成之意。"④

不过，东三省中日记者大会不是简单的新闻交流，其带有浓厚的政治意味，是民初国民外交的绝佳样本。中日记者跨越职业界限，与两国政要不谋而合，主张通过媒体宣传，引导社会舆论，减少误会，促进邦交。这与中美新闻界的互动交往存在极大差异，因为来华美国新闻家关注的是如何推动新闻职业发展、

①《各方面对于中日交涉之近情》，《申报》，1915 年 2 月 17 日。
②《答复前交涉之内幕》，《申报》，1915 年 5 月 3 日。
③《万国报界公会开会纪》，《申报》，1915 年 8 月 19 日。
④《论吉林中日记者大会事》，《盛京时报》，1913 年 1 月 22 日。

推广新闻教育与职业道德规范，主要局限在新闻行业①。但在中日记者大会上，日方代表先是极力鼓吹"亚细亚主义"，一味提倡"中日亲善"，后来直接替侵略行径辩护，力图使之合理化，表明日本在华传媒几乎清一色想扮演国家正统代言人的角色，奉行政府的对外方针②。

日本记者的歪曲言论，是赤裸裸的涂脂抹粉，成为日本侵略的烟幕弹。它引起中国新闻界的强烈对抗，导致记者大会在 1914 年之后就消于无形，活动完全停止，而恰好此时中日关系也明显恶化。这多少表明，中日记者大会的立与废，与民初中日关系的变化轨迹高度契合。"自中国倡排日之运动后，日本报界屡屡设法欲博中国新闻家之好感，如派学生来华，解释所谓误会，又继以日本新闻家之访问，然皆未见成功。"③ 表面上往来密切的中日记者，却没有真正亲近，反而日益疏远，不信任感逐年增加。

对日本高度警惕的中国新闻界成为民族主义的策源地、反日运动的中心及引领者。例如，1919 年 5 月，《申报》《新闻报》《民国日报》《时事新报》《时报》《神州日报》《中华新报》等大报联合宣布拒登日商广告，这一决定维持 14 年之久，直到 1933 年中日订立《塘沽协定》后，日商广告才重新出现在中国报纸上④。1921 年 4 月，多名中国记者应邀出席第三次远东新闻记者大会，激烈抨击日本对华政策。日本政报两界为之肃然起敬，"日本政府方面之来宾，于我国记者演说时均现极沈（沉）静之态度，且大加喝彩，日本记者尤为感动"。据此，《盛京时报》推断说："将来日本报纸可以稍变其态度，日本政府之对华政策或亦渐变其假面之外交。"⑤ 这类事例进一步佐证，中日新闻界的交往互动绝不是纯粹的职业行为，而是对中日关系发展有着直接作用，在很大程度上反映两国关系的演变趋势。

[原文发表于《安徽大学学报》（哲学社会科学版）2016 年第 4 期，有改动]

---

　① 马光仁：《中美新闻界友好交往的先驱：简介美国新闻家威廉博士五次访华》，《新闻大学》2005 年秋季刊，第 33 页。

　② 桑兵：《交流与对抗：近代中日关系史论》，桂林：广西师范大学出版社，2015 年，第 149 - 150 页。

　③ 《世界新闻大会与中国》，《民国日报》，1921 年 4 月 3 日。

　④ 方汉奇主编：《中国新闻事业编年史》，福州：福建人民出版社，1999 年，第 878 页。

　⑤ 《我国赴日记者演说之影响》，《盛京时报》，1921 年 4 月 17 日。

第六章

参与世界报界大会：民国新闻界走向世界的盛举

晚清时期，伴随报业发展，新闻界职业意识日益自觉，开始主动联络域外同行。进入民国后，中外新闻交流规模逐渐扩大，而中美新闻界的互访尤为频繁。中国新闻界在 1915 年和 1921 年，两次委派代表，漂洋过海，远赴美国，出席世界报界大会。这是中国报人走向世界的盛举，对加强中美关系，促进中外新闻交流，推动新闻事业发展，均有积极意义。为此，仔细检阅中外史料，厘清渊源脉络，阐明此类活动的成效与影响，实有相当重要的学术价值和现实意义。

第一节　世界报界大会始末

1915 年 7 月，世界报界大会在旧金山宣告成立，创始人是近世新闻学之先驱、密苏里大学新闻学院首任院长威廉博士。其执着努力和世界性影响，是美国在奉行孤立主义政策期间，还能够成为报界大会创始国的重要原因。[①]

威廉在《蓬佛尔新闻报》开始其新闻事业，且终生抱定新闻记者为唯一职业，"虽几次为政界所诱，终不入政治漩涡"。1890 年，威廉出任《科伦比密苏里报》主笔，同时编辑《市镇编辑月报》和《圣路易斯长老会报》等多家报纸，担任密苏里报界联合会会长，后又当选美国报刊编辑会会长。1908 年，威廉创办密苏里大学新闻学院，"为世界之创举，既无前例可援，又乏人才以尽其事"。起初，威廉受到各种质疑，"群以为新闻事业，不经实验而于学校中，期以理想之灌输，养成人才，殊属梦想耳"。但他依然振作奋为，在校内创办报纸，供学生实习，发动社会捐助，解决办学经费。最后，其办学经验，引起教育界密切关注，至 1921 年"国内学校模仿添办新闻科者达三十余起"，世界许多国家也起而仿效，创办新闻专业。为表彰其业绩，密苏里大学授予威廉法学博士学位。[②] 新闻教育方面的首创之功，奠定了威廉在国际新闻界的影响，为其创办世界报界大会打下了良好基础并准备了必要条件。

仔细探究即可发现，威廉联合世界报界的想法由来已久。其早在担任密苏里报界联合会会长时，就有了初步设想，且契合国际潮流。19 世纪 90 年代，新闻界的国际合作就已提上日程，并引起重视。1894 年 7 月，第一个国际新闻组织——"国际报业大会"（International Congress of the Press）成立，开启国际新闻界在新闻著作权、新闻教育、新闻职业道德等多领域的合作。1896 年，欧洲各国记者又组建"世界新闻记者公会"（International Union of Press Associations），

[①]　BJORK U J. The Press Congress of the World and international standards for journalists. Gazette, 1994, 53：194.

[②]　《世界报界大会会长威廉博士明日抵沪》，《申报》，1921 年 12 月 10 日。

负责国际报业大会的实际运作。① 1902 年，威廉向"世界新闻记者公会"建议，由圣路易斯承办下一届大会，并得到批准。在出席这次大会之后，威廉联合世界新闻界的愿望愈加强烈，更加明确"利用新闻业的力量，冲破文化与政治隔阂的可能性"②。

1904 年，圣路易斯举办世界博览会，3 000 多名各国记者云集，受到美国政府特别优待，总统委派代表莅会，招待新闻界。③ 与会记者代表相继演说，就报纸功能职责、职业伦理、办报方法等展开交流。凭借东道主优势，威廉的国际知名度和声望得到提升，从一位"国内编辑"转变为"国际记者"。在这次大会上，他正式提议，创立一个常态、稳定的国际新闻组织——"世界报业议会"（The World Press Parliament），以加强国际新闻界的协商合作，推动新闻事业和教育发展。这一提议获得与会者认可，"公议以此次临时集议变为永久集议之性质，立一万国报业联合会，公举会员调查适当之方法"④。但是，威廉的设想未能立刻实现。

"一战"前后，欧洲各国矛盾激化，冲突不断，原有的"世界新闻记者公会"被迫中止，这使威廉和新闻界同人，进一步认识到合作交流的急迫性，"战争爆发有各国政府新闻审查、干预媒体自由的原因，而媒体没能及时向公众提供真实可靠的信息，也难逃其咎"⑤。而美国在战争初期的中立，使其成为推动国际合作的不二选择。1915 年，美国政府宣布在旧金山召开"巴拿马太平洋国际博览会"，并敦请威廉召集国际新闻会议，这为各国记者再度聚集提供了绝好机缘。以此为契机，威廉周游欧亚各国，凭借自己的人脉和影响力，邀请德国、英国、俄罗斯等国家的媒体代表到旧金山聚会，并将国际新闻大会发展成定期举办大会的国际组织。⑥

威廉的盛情，得到国际新闻界的广泛回应，旧金山会议吸引了众多国家和

---

① BJORK U J. The first international organization debates news copyright 1894-1898. Journalism history，1996，22（2）：56.

② RONALD T F. A Creed for my profession：Walter Williams，journalist to the world. University of Missouri Press，1998：84.

③ 《圣路易博览会万国报馆会议详记》，《大公报》，1904 年 8 月 5 日。

④ 《圣路易博览会万国报馆会议详记》，《大公报》，1904 年 8 月 6 日。

⑤ RONALD T F. A creed for my profession：Walter Williams，journalist to the world. University of Missouri Press，1998：2.

⑥ BJORK U J. The Press Congress of the World and international standards for journalists. Gazette，1994，53：195.

地区的新闻界代表。在这次聚会上，各国代表对组织的目标达成共识，一致同意将来要通过会议，共同推进国际合作和组织发展，以实现威廉的初衷："如果世界报界大会作为一个国际组织，能够让曾经迫于政治等压力不敢说出真相的编辑们敢于直言，能够给他们与邪恶斗争的力量，能够教会他们关于经营的知识，维持报纸的发行，能够让他们再次相信这个行业的力量，能让他们相信真相而非煽情和低级趣味，能够让新闻人的责任根植在他们心里，那么这个组织的存在就是有意义、有贡献的。"① 虽然，1921 年的檀香山大会才是世界报界大会以其官方名字并按照章程举办的正式会议，但威廉常常把 1915 年旧金山会议当作是大会的首次集会。

然而，美国参加"一战"，对威廉筹备报界大会是个巨大打击，他不得不更改开会地点，一再延后会期。不过，战后美国政治经济实力迅速提升，为增强国际影响力，尤其是改变亚太地区的利益格局，美国政府不仅策划华盛顿会议，还积极筹备其他类型的环太平洋组织，以谋求大国地位。最终，威廉在美国寻得支持，决定 1921 年在夏威夷州的檀香山召开第二次集会。②

由于得到美国政府的大力支持，檀香山会议的接待规格极高。《申报》特约通讯员报道说："于大会讨论会之前，先布置五日之游览程序，备到会代表之宴乐……委员会之用意，殊令人钦佩也。"③ 更有甚者，美国动用太平洋舰队协助开幕式和安保工作，总统哈定出任名誉会长，并致电报界大会，"期勉甚至"，总督法灵登代表总统出席演说，"每会必到，有宴必有演说"。④

檀香山会议是世界报界大会史上的盛会，两项成果尤为显著。其一，大会吸引了 50 多个国家和地区的代表参与，在区域间合作方面取得共识，认真讨论了洛林·瑟斯顿的提议，致力于"打破各国对无线通信的限制，以更好传递新闻信息"。⑤ 其二，大会通过《世界报界大会章程》，对组织名称、宗旨、组织机构、入会条件、举办时间等作出规定。从章程可以看出，世界报界大会与国

---

① RONALD T F. A creed for my profession：Walter Williams, journalist to the world. University of Missouri Press，1998：198.

② BJORK U J. The Press Congress of the World and international standards for journalists. Gazette，1994，53：195.

③ 《檀香山通信》，《申报》，1921 年 11 月 6 日。

④ 《檀香山通信》，《申报》，1921 年 11 月 27 日。

⑤ WILLIAMS W. The Press Congress of the World in Hawaii. E. W. Stephens Company，1922：21.

际报界大会在组织架构上存在明显差异：国际报界大会依靠各国记者协会，以此为中介，与媒体和记者建立联系，而世界报界大会推行会员制度，直接联系记者，以此吸引会员。大会尽量避免政治问题，专注职业问题，并平等对待参与国家，以期获得广泛认同，建立长效的合作机制。①

遗憾的是，世界报界大会始终面临一个致命困境，即缺乏可靠的经济支撑。按照估算，保持大会正常运转，需要 6 万到 7.5 万美元。为此，大会决定向会员收取费用，预计新闻机构每年缴纳会费 50 美元，个人缴纳 5 美元。由于常规会员人数稀少，会议资料销售有限，1921 年到 1926 年，大会仅筹得 10 700 美元，缺额较多。无奈之下，大会秘书长布朗不得不动用个人积蓄，勉强维持组织运转。因为经费短绌，在 20 世纪 20 年代，正式大会仅召开了两次。②

1926 年，在国际联盟的邀请和支持下，威廉和布朗凭借自身能力、热忱和在业界的影响力，让第三届大会在日内瓦顺利召开。大会总结成果，并修订组织章程，反对政府在和平时期实行新闻审查。③ 随后，世界报界大会日渐衰落，难以为继。1931 年，最后一次大会在墨西哥召开，该次会议只是美洲的区域性会议，其他各大洲均无代表与会，不再是"世界"的报界大会。至此，世界报界大会寿终正寝，再无实际活动，只是偶有提及。为纪念威廉，1959 年密苏里大学新闻学院建院 50 周年之际，来自 35 个国家和地区的代表聚集一堂，讨论主题为"建立自由强大的媒体，推动世界和平发展"，算是为世界报界大会画上句号。④

---

① 戈公振：《中国报学史》，北京：生活·读书·新知三联书店，1955 年，第 294 页。

② BJORK U J. The Press Congress of the World and international standards for journalists. Gazette, 1994, 53: 196.

③ Press Congress of the World. Press Congress of the World in Switzerland. E. W. Stephens Company, 1928: 1-9.

④ BJORK U J. The Press Congress of the World and international standards for journalists. Gazette, 1994, 53: 198.

第二节　旧金山会议

出席世界报界大会，是近代中国记者主动迈出国门，走向世界，加强与国际新闻界联系的重要一环，在近代新闻事业史上具有里程碑式的意义。

晚清时期，中国新闻界与世界新闻组织已然有所联系。1910 年，世界新闻记者公会在布鲁塞尔召开，王侃叔因远东通讯社的关系，被邀请与会，"颇得会中欢迎"，感觉良好："自此会后可以与万国记者接洽，欧美大国无论矣"。① 而且，王氏还介绍汪康年、朱淇、黄远生、陈景韩等人入会。这是中国报界最早参加世界性新闻组织的记录，也是中国报界走向世界的第一步。② 民国元年（1912），融入世界，加强与域外同行的联络，成为中国新闻界的普遍愿望。天津报界联合会与武汉报界联合会曾联合致电全国同业，提议加入万国报界联合会，此事引起各地报馆的共同关注，"或函电赞同，或远道来沪，均注重加入万国同盟一事"③。不过，这一期望迟至 1915 年才转为现实。

1915 年 7 月，世界报界大会在美国旧金山召开成立大会，会期 10 天。中国新闻界派出由北京报界公会代表李松龄、广州《时敏日报》和香港《华字日报》代表李心灵、香港《循环日报》代表杨小欧、英文《北京日报》代表冯穗等人组成的代表团前赴该会。由于旅程遥远，中国代表团未能如期抵达旧金山，只好由欧阳祺暂行代理，在大会上对中国报界现状作了简明扼要的演说。

翌日，中国代表团正式出席，参加董事会的选举，李心灵被推举为八位董事之一，并参与各项议案的协商。为加强联系，避免不可多得之盛会"散会之后即归水泡"，会众一致决定："（一）每两年会议一次，（二）议场择定有代表国之京都，会议略仿轮值办法。"对此，李心灵代表中国新闻界，表示赞同，"诸君如无异议，则余代表北京报界附和此议"。

另外，依据会议主席的建议，各国新闻界应推举两名大会副主席。李心灵

---

① 上海图书馆编：《汪康年师友书札》（一），上海：上海古籍出版社，1986 年，第 150 页。
② 王洪祥：《中国新闻史》，北京：中央民族学院出版社，1988 年，第 287 页。
③ 《报界俱进会大会记事》，《申报》，1912 年 6 月 5 日。

在发言中指出，中国地域广阔，理应在南方和北方报界各推举一人担任副主席，表示要回国与各地报界同人商量后，才能举定合适人选。后因会议主席要求立即推选，李心灵只得暂时推举朱淇为北方代表，其本人则兼理南方代表，出任临时副主席。此外，为表示中国报界对世界报界大会的向往与支持，李心灵还向大会提议，希望第三届世界报界大会能在中国北京召开，"不但敝国报界欢迎，余深信敝国政府亦当极意欢迎"。这一提议得到与会者的赞赏，德国代表说："如是则我辈得一良好机会，得见贵国数千年之文明。"

在第一届世界报界大会上，中国报人的风采得到部分展示，获得境外同行的好评。国内舆论对中国报人这次出席世界报界大会的意义评价甚高，《申报》评论道："环球报界消息一贯，均于此会起点矣。"① 《盛京时报》报道说："美国旧金山特开之万国新闻记者大会，各国新闻界巨子列席者约达千余人。当时北京报界代表员李松龄君在席间演说，略谓中国报界势力之伟大，实现今所未曾有者也，使中世的君主国遽为今世的共和民国之先鞭，非政治家之谟猷，亦非乱党之力量，实乃中国报界之功绩也。中国将来恃兹社论指导之力，及新国民之努力经营，必益见国势展发。"②

研究中国报学史的先贤戈公振认为，中国记者未曾出席这次盛会。③ 后来者不加辨析，盲目信从报界闻人和学术权威，纷纷援用这一看法，导致以讹传讹。④ 从上文引述的史料来看，戈氏的意见并不可靠。而且，当年美国媒体的相关报道，也能提供确切证据。比如，1915 年 7 月，《洛杉矶时报》就报道过上海《大陆报》主编托马斯·密勒出席会议，《旧金山纪事报》则记录了中国

① 《万国报界公会开会纪》，《申报》，1915 年 8 月 19 日。
② 《万国记者大会之中国代表员》，《盛京时报》，1915 年 8 月 22 日。
③ 戈公振在《中国报学史》中指出："世界报界大会（The Press Congress of the World）于一九一五年七月成立于旧金山，加入者三十四国。一九二一年十月十日，开第二次大会于檀香山时，我国始派代表与会。"见戈公振：《中国报学史》，北京：生活·读书·新知三联书店，1955 年，第 289 页。
④ 马光仁先生主编的《上海新闻史（1850—1949）》认为："第一次世界报界大会，中国报界没有派代表参加，1919 年 2 月，世界报界大会主席威廉到中国访问并发出邀请后，中国报界才于 1921 年 10 月参加世界报界大会。"见马光仁主编：《上海新闻史（1850—1949）》，上海：复旦大学出版社，1996 年，第 580 - 581 页；方汉奇先生主编的《中国新闻传播史》一书也曾明确指出："1921 年 10 月，中国新闻界代表 6 人参加檀香山世界报界第二次大会，这是中国第一次出席国际新闻界会议。"见方汉奇主编：《中国新闻传播史》，北京：中国人民大学出版社，2002 年，第 196 页。

代表团的行踪。① 其实，早在民国时期，黄天鹏就对戈氏的说法提出异议，在其著述明确记载："中华民国四年……中国新闻界代表参加世界报界大会。"② 可惜的是，这一接近事实真相的说法，几乎被历史湮没。

中国报界之所以派出颇具规模的代表团参加世界报界大会，受益于威廉访华。1914 年，威廉环游各国，考察新闻事业。抵达北京后，威廉偕同《希鲁报》驻北京特派员端纳，前赴北京报界同志会，与北京新闻界接洽，并借机发出邀请，"将于明年组一世界新闻大会于巴马三药……被推为委员长，望诸君届时推代表赴会"③。北京报界同志会以二人均为外国报界巨子，特开会欢迎，数十名记者到会，"跄跄济济，握手一堂，洵极一时之盛"。

在欢迎会上，威廉与端纳都作了相当精彩的演说。端纳强调，新闻记者必须有高尚的人格，以尽天职："新闻记者必人人能一秉大公，表现纯洁之行为，于是新闻界高尚之天职乃能大白于众人心目中。"威廉告诫中国报界，应有高尚人格，不可曲笔媚人，"报界欲尽其天职……贵有高尚之人格，并须知新闻事业为事实的，而非理想的，故宜求实际，勿偏于理想也"。不仅如此，威廉还对中国报纸过于关注政治提出批评："中国报纸新闻、论说恒偏重于政治一方面，对于实业一方面则淡焉若忘，此种现象足以养成全国人之官僚思想，岂国家之福乎？以后宜减政论，而趋重计画实业，以除此弊。"④ 两位报业先进的伟论，可谓有感而发，一语中的，让中国报人收益良多，赢得广泛赞誉，"此次中美新闻记者之欢集，亦不可多得之会也"⑤。

威廉访华，不仅推进了中外的相互了解，而且促使中国报人意识到，中国有必要融入世界新闻舞台，"端纳、威廉二氏，前此之演说，为益于吾新闻界者，已大可佩……自此中外记者，携手进行，为世界谋幸福，则人民受赐，当更无量"。更有实际意义的是，中国记者借鉴异域，将改善新闻事业的落后面貌，"吾国新闻界近状如是，倘威廉氏三五年后能重来华土，得见进步，实所希望"⑥。

---

① 邓绍根、王明亮：《中国新闻界首次派代表出席国际新闻会议》，《新闻与写作》2010 年第 11 期，第 70 - 73 页。
② 黄天鹏：《中国新闻事业》，上海：上海联合书店，1930 年，第 312 页。
③ 《北京专电》，《申报》，1914 年 3 月 29 日。
④ 《北京报界欢迎美国新闻家纪事》，《申报》，1914 年 4 月 1 日。
⑤ 《报界前途之新纪事》，《申报》，1914 年 4 月 2 日。
⑥ 《太平洋东西两岸之新闻家大欢宴》，《申报》，1914 年 4 月 3 日。

观念更新，势必带来行为变化。威廉发出世界报界大会的邀请后，中国报界同人欣然接受，并广为传播，积极联络各地报馆，选派代表，走出国门，出席国际新闻会议。

第三节　檀香山会议

如果说出席第一届世界报界大会，是民国新闻界走向世界的关键一环，那么参加第二届世界报界大会，则应为新闻界对外联系与合作，走向全新阶段的界标。

按照原定计划，第二届世界报界大会将于 1918 年在悉尼召开，但受"一战"影响，会议最终延迟到 1921 年在夏威夷举行。大会召开前夕，威廉会长再次周游世界各国，广邀代表出席。1919 年 2 月，威廉在日本《东京广告报》经理法阑休的陪同下，第二次游历中国，邀请中国新闻界出席世界报界大会。抵达上海后，威廉参观《申报》馆，对之赞不绝口，"不独可称中国第一大报，即在世界大报中亦占一位置矣"，鼓动《申报》记者前往与会。① 随后，威廉前赴北京，游说北京报界，"望诸君以编辑之余暇，游世界视察各国之政治、人情、风俗及与各国各界人士接触，以窥其真相，增扩世界眼光"②。

威廉访问结束后，与之关系密切的《密勒氏评论报》刊发评论，极力督促中国新闻界再度参与世界报界大会："此等大会于中国关系更加重大，其效用盖有二端：一则藉此机会，可以坦率讨论国际问题；二则可设法改良新闻之传递情形，中国报界自宜派一有力之代表团前往列席。"英文《北京日报》与之遥相呼应，呼吁中国报人前往赴会，维护国家利益，表达国人意见："此等大会中，必注重讨论太平洋问题及远东问题，故为中国利益计，必须派员列席，以资发言。否则中国之意见，必被漠视，甚至由不相干人代为陈述，致失其真相，此皆于中国大不利。"③ 这样的舆论导向，得到民国政府外交部的认可，该部明

---

① 《世界新闻协会会长参观本报记》，《申报》，1919 年 2 月 11 日。
② 《中美报界联欢会》，《民国日报》，1919 年 2 月 19 日。
③ 《世界新闻大会与中国》，《民国日报》，1921 年 4 月 3 日。

确表示，支持新闻界与会，补助与会代表每人 1 500 元。①

　　在这样的背景下，中国新闻界决议接受邀请，出席第二届世界报界大会。据《申报》报道，"上海申报已派一代表与会，北京万国报界联合会亦派代表一人，北京通讯社道南尔君加入中国代表团，偕各代表赴檀，代表上海大陆报与报界联合会者有许建屏君……中国代表之出席演说者，现悉有密勒氏评论报董宪克君（董显光）、广州明星报总理黄新君（黄宪昭）"②。这些即将漂洋过海的报界代表，受到国内同行尊重，史量才和黄任之特意在《申报》报馆，召开茶话欢送会，慰劳从上海出发的董显光、许建屏、王伯衡三人。③

　　1921 年 10 月 10 日，第二届世界报界大会在檀香山开幕，来自美国、英国、中国、日本、希腊、加拿大、澳大利亚、古巴、菲律宾、朝鲜等国的代表，共有 150 余人与会。其中，中国代表团的规模仅次于美国，有 6 名成员：王伯衡代表《申报》，董显光代表上海《密勒氏评论报》、英文《北京日报》和天津《华北明星报》，许建屏代表上海日报公会与《大陆报》，钱伯涵代表天津《益世报》，黄宪昭代表广州《明星报》，王天木为《申报》驻檀香山访员，自然成为《申报》代表。除王天木为檀香山大学中国文学教员外，其余 5 人均来自中国本土。④ 因为董显光毕业于密苏里大学新闻学院，算是威廉的高足，且与大会的各干事多为旧识，被默认为代表团团长。

　　出席会议的中国代表彼此交流融洽，行动一致，广泛联络他国代表，积极参与磋商会务，对檀香山的政、商、学各界人士以诚意相待，获得一致好评，"尤为华侨所乐为欢迎者，到处均有盛宴，人人满腹载粤菜归也"⑤。为此，世界报界大会在指派提案委员会、会章委员会、会务委员会及证书委员会时，中国代表颇受重视：王伯衡被指定为提案股委员，许建屏为会章股委员，董显光为会务股委员及证书股委员。⑥

　　开幕式结束后，与会代表周游夏威夷群岛。10 月 17 日，各代表又重集玛霞脑旅馆（Moana Hotel）会堂开会，相继演说。中国代表除王天木与钱伯涵外，其余 4 人都作了较为精彩的演说，具体详情如下。

---

① 《报界代表拨补助费》，《民国日报》，1921 年 3 月 22 日。
② 《世界报界大会消息》，《申报》，1921 年 9 月 17 日。
③ 《赴檀香山报界代表之欢送会》，《申报》，1921 年 9 月 21 日。
④ 《檀香山通信》，《申报》，1921 年 11 月 6 日。
⑤ 《檀香山通信》，《申报》，1921 年 11 月 27 日。
⑥ 《檀香山通信》，《申报》，1921 年 11 月 26 日。

在题为"中国记者对于世界记者之谨告"的演说中，董显光指出，"中国近已成为世界紧要国之一，而各国报纸关于中国之记载殊少，即有亦略而不详细，其惟一原因，即世界记者对于中国问题向无研究之故"。董氏认为，中国之政治、教育、实业、社会的进步显著，但各国记者未能明了，以致记载中国新闻时，非常隔膜。他建议各国记者前往游览，研究中国现状，以便消除误会。

王伯衡的演说主题为"中国印刷之历史及中国与报界密切紧要之关系"。他对中国印刷与报纸的历史、报界现状与需要作了简略叙述，认为世界报界大会可视为国民外交会议的雏形，而且有必要组织世界通讯社，增进各国相互了解，"夫中国之和平，即世界之和平，而欲求世界之和平，必先自世界报界协助中国始"。

许建屏演说"中国报界对于世界报界之意见"，主要指明中国报界对于世界报界失望的原因在于"欧战时，世界报界有无数世界外交家对于世界和平政见之记载，及和会既终，此种政见，皆未见实行，以致世界人类，受绝大之失望，其过确在报界。盖徒知为各外交家登载政见，而不知为外交家督促其政见之实行，故中国报界，以为世界报界未能执行其职务"。

黄宪昭演说"美国宜组织一新闻记者团至中国"，强调中国新闻事业尚处于幼稚时代，希望美国派送新闻学家到中国，以提倡新闻教育。[1]

四位代表的演说，在激情中洋溢着理性的光芒，对中国报业的历史和现状，及其与世界报业的关系，都有比较客观清醒的观察，能大体反映出其时中国记者的认知水准，展现了中国记者的风采。他们的出色表现，引发国外同行的关注，檀香山各报均以大号字，在头版登载这一系列演说，广泛宣传中国在政治、经济、教育、社会方面的发展进程。

值得注意的是，史量才曾致信威廉，提议在中国召开下次大会，此举得到各国代表一致赞誉，"虽此事将为会务股委员会讨论解决，然观到会者之趣向，似皆已应许此请也"[2]。这说明，各国代表对中国的看法大为改观，中国报人获得普遍的同情之理解。威廉曾评论说："此届檀香山世界报界大会，中国代表到会者有六人之多，殊足引起到会各国之欣慰。对于中国代表所发之言论，亦咸

---

① 《檀香山通信》，《申报》，1921 年 11 月 26 日。

② 《檀香山通信》，《申报》，1921 年 11 月 6 日。

• • • • • •

表同情。"①

中国代表与世界同行和衷共济，推动第二届世界报界大会，通过六项重要议案。①请世界各国政府扶助各国报纸，将所有新闻一律发给登载，并让所有各政府机关准新闻记者出入，以便采择；②请世界各国政府协助减少新闻电费，改良邮电交通诸机关，以期消息格外灵通；③请世界各国政府取消种种关于国际旅行不方便之处，若护照若交纳费用等，以便新闻记者之往来；④请世界报界大会会长选派下列各委员会：新闻传递委员会、促进言论自由委员会、办理交换新闻记者委员会、提倡新闻教育委员会、维持报界道德委员会、组织新闻记者互助委员会；⑤请世界各大报馆互换新闻记者，以资联络国民感情而谋世界和平之捷径；⑥请世界各国报纸注意各国民情风俗，以资研究而去误会。②这些议案，无论是在推动报业发展，还是在促进相互了解与世界和平方面，都或多或少受到中国记者的影响，前述演说的痕迹相当明显。

当然，这些议案更与"一战"后的国际形势密切相关，美国总统哈定的致电贺词，即可作为明证，"今太平洋上之诸君，邀请世界各国之新闻家，开大会讨论现时人类之问题。诸君会议之时，又正值世人企望各国集合限制军备，维持世界和平之际。故诸君之考虑，苟能以较良之目的，对于维持和平或解除军备之问题，有所贡献，则诸君实与将在华盛顿集议此等问题之政治家以绝大助力"③。

檀香山会议结束后，在威廉的倡议和泛太平洋联盟（Pan-Pacific Union）的赞助下，1921年10月21日，沿太平洋各国报界代表召开"第一届泛太平洋新闻记者大会"（First Pan-Pacific Press Conference），该会被视为世界报界大会的区域分会。许建屏、黄宪昭、王天木、董显光代表中国出席会议，受到特别关照，王天木当选为提案组委员，许建屏被聘为会务议程组委员，董显光和黄宪昭担任推荐组委员。④董显光、许建屏、王伯衡三人分别准备了题为"外交公开，为太平洋报界之目的及希望""中国报界为世界报界进一言""中国国内、国外搜集新闻之状况"的演说稿。由于许建屏与王伯衡急于前往美国采访华盛

---

① 谢介子：《世界报界名人来华者之言论汇辑及予之感想》，《申报馆五十周年纪念册》（第三编），上海：申报馆，1922年，第48页。

② 《檀香山通信》，《申报》，1921年11月26日。

③ 《美总统与报界大会书》，《申报》，1921年12月11日。

④ Pan-Pacific Union. First Pan-Pacific Press Conference. Honolulu, October 21, 1921: 1 - 4.

顿会议，提交演说稿后，即匆匆离去，最后只有董显光登台演说。① 另外，前赴华盛顿会议的中国外交部官员温世珍（Hon. S. T Wen）亦曾莅会，发表简短贺词——"Greetings from China"，呼吁各国相互理解，增进友谊。②

中国新闻界两次选派代表出席世界报界大会，与之建立起密切联系。1926年3月，威廉致函《申报》馆记者汪英宾，又一次欢迎中国新闻界代表出席第三届世界报界大会，"甚望各报馆及报业团体等，举派代表，如期赴会，共襄盛举，届时并可动议，1928 年度大会在中国举行"③。可惜的是，这次吁请没有得到很好的回应，仅有律师张桐致函上海日报公会，要求代为申诉，请求第三届世界报界大会"援助我国新闻界遭违法之摧残"。④ 由于时局动荡，加之缺少必要的经费支持，中国新闻界无人报名参加日内瓦会议，又在1931年缺席最后一届的墨西哥会议。不过，中国新闻界依然关注世界报界大会，双方联系未完全终结，《申报》在 1934 年曾再次登载相关消息，声称"世界报界大会会议，延期至明年三月底在澳洲新金山举行"⑤。

小　结

中国新闻界代表积极参与世界报界大会，表现踊跃，充分展示出民族报业的风貌和报人的进取精神，尤其是其在夏威夷会议上的系列演说，传递真相，减少隔膜，修正中国形象，激发了各国记者来华游历、访问和研究的热情。至20 世纪 20 年代初，访华之欧美新闻家络绎不绝，极大提升了中外新闻交流的规模和层次，英国《泰晤士报》社长北岩、美国密苏里大学威廉、新闻纸出版界协会会长格拉士、《纽约时报》记者麦高森、美联社社长诺伊斯等先后到访。⑥

---

① 《檀香山通信》，《申报》，1921 年 11 月 26 日。

② Pan-Pacific Union. First Pan-Pacific Press Conference. Honolulu, October 21, 1921：12.

③ 《世界报界大会消息》，《申报》，1926 年 3 月 5 日。

④ 《张桐对万国报界大会之意见》，《申报》，1926 年 6 月 29 日。

⑤ 《国际报界会议》，《申报》，1934 年 11 月 14 日。

⑥ 方汉奇主编：《中国新闻通史》（第 2 卷），北京：中国人民大学出版社，1996 年，第268 页。

• • • • • •

来访者详细阐述新闻技艺、新闻教育、经营管理、新闻职业规范等方面的先进理念，对中国新闻界具有显著指导意义，鼓励中国报人恪守独立宗旨、开办新闻学系、推进新闻事业的现代化与职业化进程。正如汪英宾所言："英之北岩、美之威廉与格拉士接踵来华……实堪曰为中国新闻界开一新纪元。神圣公正之新闻业，从此将大放其灿烂之光明，与欧美之新闻界，互相照耀于全球矣。往日为政党附生物之新闻事业，今后将为经济独立、指导民意之明星；往日为骚人墨客卖弄笔头之新闻事业，今后将为宣传民意、促进大同之使者；往日为坐守斗室能知天下事之新闻事业，今后将为遍游各地、身历其境之证人；往日无聊敲诈之新闻事业，今后将为代表舆论之利器；往日为武人政客作家谱之新闻事业，今后将为发展工商实业之先声。凡拘泥不改之新闻、私利作弊之新闻，皆将依天演之公例，而受淘汰矣。"[1]

出席世界报界大会，不仅引发了各国新闻家访华，也极大鼓舞了中国新闻界走出国门，学习欧美先进，其主要表现有二。其一，不少中国报人前赴美国，接受新闻教育，大多成绩显赫，成为民国新闻界的中流砥柱，如汪英宾、马星野、赵敏恒、沈剑虹、吴嘉棠、高克毅、张继英、郑南谓、蒋英思等。[2] 其二，中国新闻界依然坚持联络国际新闻界，或参与各项国际活动，如戈公振于1927年和1933年分别参加日内瓦报界专家会议和马德里国际新闻会议，另有多家中国报馆和杂志社于1928年参加在德国科恩举办的世界报纸博览会；或出国考察世界新闻事业，戈公振、成舍我、邹韬奋等都曾旅欧，以切实的身体力行，丰富对世界报业的认知和理解，进而改善办报策略。

需要特别指出的是，由于国情特殊，民国报馆和新闻界均难以独立并摆脱政治纠葛。这使中国新闻界出席世界报界大会，不只是单纯的新闻职业行为，同时颇有国民外交的意味，是争夺国际话语权的一种努力，也是获得政治势力的支持和经费补助的一种途径。在第一届世界报界大会上，李心灵曾明确表示，"深信"中国政府，将"极意"欢迎报界大会在北京召开。出席第二届报界大会前夕，中国报人已经自觉肩负外交使命，"敝国报界虽属幼稚，不足与欧美报界并驱齐驾，惟对于世界平和及威总统国际联盟之主张，望其有成功之心不让

---

① 汪英宾：《一九二一年来华之英美新闻家》，《申报》（元旦增刊第二张），1922年1月1日。

② 马光仁：《中美新闻界友好交往的先驱》，《新闻大学》2005年秋季刊，第33页。

欧美报界……深望以此旨介绍万国报界联合会"①。另有时论认为，中国新闻界妙选贤才参列大会，陈述意见，其对外交之贡献，将不亚于职业外交官，"可与顾维钧博士在和会所成就之功绩相同，其裨益中国，诚非浅鲜"②。政治色彩与外交意义跃然纸上，恰好印证民国新闻与政治的纠结，两者天然相依，不容割舍，新闻即是政治的幻象。

[原文与黄嘉悦合著，发表于《兰州大学学报》（社会科学版）2016 年第 2 期，有改动]

---

① 《纪京报界十五日之两盛会》，《申报》，1919 年 2 月 19 日。

② 《世界新闻大会与中国》，《民国日报》，1921 年 4 月 3 日。

第七章

职业化之路：清末民初武汉新闻团体的演变

近年来，中国近代新闻团体与新闻职业化引起新闻学界和史学界的重视，有不少成果陆续问世，但已有研究大多侧重上海，对北京、天津、武汉、广州等地关注不够，难以呈现新闻团体和新闻职业化的整体面貌，甚至不免有"推论过度"的嫌疑。为此，本章在广泛搜集报刊、回忆录等资料的基础上，梳理清末民初武汉新闻团体的演变轨迹，从职业化角度审视其活动与影响，进而观察武汉新闻记者的群体特征，评估近代新闻职业化的具体进程与困境，为丰富相关研究提供一个见微知著的案例。

第一节　团体初兴

据刘望龄先生考证，1906 年 10 月，《汉江报》《汉口中西报》《汉报》《公论报》《公论新报》五家报馆联合组建"汉口报界总发行所"，由《汉口中西报》王华轩、《公论新报》宦海之、《汉报》郑江灏三人主持，这是武汉第一个新闻团体。[①] 该团体以互助为宗旨，负责联合发行，统一广告价码、催缴订报费用等事务，"为便利发行计，每三五日聚会一次"。1906 年 12 月，汉口报界总发行所为统一广告价码，联合颁布《登告白新章》："现在各报互助团体将告白价码改为一律，不许私自减价招徕，统由总发行所将本埠各报销数，按日刊登报端，以供众览。赐顾诸君，或迳到各馆直接，或至总发行所代取，各听其便。"[②] 从中可以看出，汉口报界总发行所的主要功能是联合同行，统一部署，避免恶性竞争。不过，公开发行数量，引起小报馆的不满，《公论报》即"归咎于总发行所，遂借故出会"，使该组织无形消亡。1908 年 1 月，《公论新报》《汉报》《鄂报》《汉口中西报》等四家报馆重组"报界总发行所"，[③] 但未见实际成效。此后，武汉三镇各访事因《大江报》欠发薪水，聚集商议讨薪办法，期间曾有人提议组建团体，但第二次开会时，到场人数不多，成立团体之事乃作罢。[④] 为此，在很长一段时间内，武汉新闻界未能建立有效的联络中心。

平心而论，早期武汉新闻团体作用有限，表现不佳，没有留下太多的活动痕迹。不过，组建团体的尝试，依然彰显了新闻界对联合的向往，使其内部凝聚力逐步增强。1907 年 1 月，《公论新报》因刊载新闻，与当地驻军发生纠纷，

---

① 刘望龄：《黑血·金鼓——辛亥前后湖北报刊史事长编》，武汉：湖北教育出版社，1991 年，第 106 页；湖北省报业志编纂委员会编：《湖北省报业志》，北京：新华出版社，1996 年，第 735 页。

② 刘望龄：《黑血·金鼓——辛亥前后湖北报刊史事长编》，武汉：湖北教育出版社，1991 年，第 112 – 113 页。

③ 刘望龄：《黑血·金鼓——辛亥前后湖北报刊史事长编》，武汉：湖北教育出版社，1991 年，第 134 页。

④ 管雪斋：《武汉新闻事业》，长江日报新闻研究室编：《武汉新闻史料》（第 5 辑），武汉：长江日报新闻研究室，1985 年，第 161 页。

该报负责人朱艺甫约合同业，联名上书总督，要求维护报界利益。[①] 次年2月，《汉报》因转载《老猿列传》一文，被警厅封禁。[②] 随即，汉口新闻界群起抗议，请求解禁，否则"迁移租界，挂旗抵制"。[③] 1909年2月，由于讥讽当道，《湖北日报》主笔郑难希被拘，报馆向同行求助。[④] 一时间，"舆论大讧"，形成强大压力，迫使官府允许该报重新出版。[⑤] 1910年9月，第一个全国性的新闻团体——中国报界俱进会在南京召开成立大会，《汉口中西报》委派凤竹荪代表武汉报界出席。[⑥] 这类事例说明，群体联合成为武汉新闻界的普遍愿望和利益诉求，职业群体意识、业界意识明显提升，新闻从业者将自身归属于同一群体和统一的社会力量，以全新的职业形态和社会事业显示存在，职业认同趋于明晰。

武汉新闻界互帮互助，聚集力凸显，这在《大江报》案中得到印证。1911年7月，《大江报》连续发表《亡中国者和平也》与《大乱者救中国之妙药也》，言论激进，公开呼吁革命，倡言"无规则之大乱"。[⑦] 8月1日，湖北当局查封《大江报》，逮捕经理詹大悲和主编何海鸣。各地报馆及新闻团体群情鼎沸，不畏强权，纷纷出手援救，指责政府扼杀舆论，形成空前团结。1911年8月3日，《民立报》刊发时评《江声呜咽》，谴责当道。[⑧] 一向稳健中立的《时报》《大公报》也大胆著文，批评鄂督"办理过严""滥用法权"。[⑨]

唇亡齿寒，汉口新闻界更是急起援助《大江报》。8月2日清晨，汉口各报馆联名要求地方检察厅优待詹大悲。当日晚上，各报馆再次集会，一致要求释放詹大悲。[⑩] 在与官府的交涉中，新闻界决意组织报界公会，以团体名义，共谋抵制。8月7日，汉口报界公会召开成立大会，要求当局秉公办理《大江报》

---

① 《军士与报馆之冲突》，《申报》，1907年1月29日。

② 《汉报被封纪闻》，《申报》，1908年2月26日、27日。

③ 《报界之恐慌》，《盛京时报》，1908年2月12日。

④ 《公电》，《申报》，1909年2月6日。

⑤ 《湖北日报启封之原因》，《申报》，1909年2月16日。

⑥ 武汉市地方志编纂委员会主编：《武汉市志·人物志》，武汉：武汉大学出版社，1999年，第148－150页。

⑦ 刘望龄：《黑血·金鼓——辛亥前后湖北报刊史事长编》，武汉：湖北教育出版社，1991年，第228－229页。

⑧ 《江声呜咽》，《民立报》，1911年8月3日。

⑨ 《汉口〈大江报〉被封三志》，《时报》，1911年8月9日；《闲评》，《大公报》，1911年8月10日。

⑩ 《再志汉口〈大江报〉被封情形》，《时报》，1911年8月7日；《汉口〈大江日报〉被封始末记》，《申报》，1911年8月7日。

案，甚至主张"一律托挂洋旗，以期抵制"①。《大公报》报道说，"汉口报界向无团体之联络，因《大江日报》之突被打击，群起而指摘瑞督之不合法，即日组织一公会，以谋抵抗"②。

虽然汉口报界公会的章程、组织结构均不明晰，但其呼吁得到广泛响应。8月15日，湖北咨议局上呈总督，提请从宽处理《大江报》，并以解散相要挟。③湖北当局恼羞成怒，勒令各报馆缴纳保证金，借此打击新闻界。此举纯属有意为难。《鄂报》《夏报》《汉口中西报》《政学报》《现势报》《繁华报》《公论新报》七家报馆公然抵抗，拒交保证金，对政府形成强力冲击。④ 新闻界离心倾向的加剧，对清政府影响极大，"至庚戌、辛亥年间，立宪之报纸，悉已一折而入于革命运动，此则清廷存亡绝续之大关键"⑤。

第二节　武汉报界联合会

民国元年（1912），革命功成，给新闻界带来新的生机，报纸风起云涌，蔚为大观。报业繁盛使新闻界的整体力量大为改观，群体意识进一步强化。武汉原有新闻团体已不能适应新形势并吸引新报馆，为更好发挥作用，改组与重建势在必行。1912年3月，《大汉报》经理胡石庵发起组织武汉报界联合会，《大汉报》《中华民国公报》《民心报》《强国报》《群报》等参与其事。

为完善机构，武汉报界联合会制定《武汉报界联合会草章》，确定宗旨、名称、职员与职务。依据草章，武汉报界联合会由武昌现有各报馆组织而成，以"维持公共利益及防止公共之危害"为宗旨，事务所地址暂定《民心报》馆。武汉报界联合会设干事一人、书记一人或两人，由各报馆轮流担任。干事负责报界联合会的一切事务，对内有函约各馆会议之权，对外有代表全体之责，

---

①　《汉口〈大江报〉被封三志》，《时报》，1911年8月9日。

②　《〈大江日报〉被封之警告》，《大公报》，1911年8月9日。

③　刘望龄：《黑血·金鼓——辛亥前后湖北报刊史事长编》，武汉：湖北教育出版社，1991年，第241页。

④　《取缔汉口各报馆》，《大公报》，1911年9月5日。

⑤　姚公鹤：《上海报纸小史》，《东方杂志》第14卷第6号，1917年7月15日。

书记受干事指挥，专任通信缮录及抄送公共要件。虽然干事权限范围较为宽泛，但其代表权只限于特别事实，且必须经全体通过认可，说明武汉报界联合会基本上遵循了近代社团的民主原则。此外，草章对会务和经费作出相对细致的规定："联合会每月开常会一次，三个月开推任干事会一次。遇有特别事实发生，则开临时会共同解决，均由干事先期通告……凡属本会一切开支，均由加入各社分期担任。"

在《武汉报界联合会草章》之内，"报界联合会公约"值得特别注意。该公约规定："凡加入本联合会者务当保全本会名誉，不得假公共名义自便私图；凡加入本联合会者虽系自由营业，不得招收外国股本；本联合会成立后，凡有新报馆发生，如到本会表明宗旨，本会认可者，仍继续加入。本会所有权利一律平等（惟须纳入会洋四十元）。其未经加入本会而行为上有妨害本会公共利益，经本会全体表决者，得公共干涉之；凡加入本会之各报社，务宜认定天职，违公论而誉一人与违公论而毁一人，皆为道德所不许，即本会所不容。如有上项事实发生，经本会全体表决者，得公共干涉之；凡加入本会之各报登载事实有因更正手续致起冲突者，本会得以开会讨论双方之曲直，以筹应付之方法；凡加入本会各社如彼此均有意见，可提出赴常会表决或通函详商，不得互相诈虞。"[1] 这些内容显示，"报界联合会公约"致力维护组织名誉，明确成员的权利和义务，保护各报馆独立经营，调解报馆之间的冲突与矛盾，加强行业自律，规范同业行为，强调职业道德，证明武汉报界联合会已经在努力推进新闻职业化。

最初，武汉报界联合会仅限于武昌各报馆，联络范围较窄。为"谋本联合会交通之便利"，1912 年 6 月 10 日，《强国公报》《国民新报》《共和民报》《震旦民报》《大江报》《汉口民国日报》《繁华报》等报馆联合创设"武汉报界联合会汉口事务所"。[2] "汉口事务所"仿照《武汉报界联合会草章》，发布《武汉报界联合会汉口事务所简章》，对职员、经费、会议等有简要规定：汉口事务所设主任一人，由入会报馆按月轮流充任；设书记一人，专司收发、记录各事，由主任商同各报馆选任；汉口各报馆总经理、总编辑于每星期三、六两

　　① 刘望龄：《黑血·金鼓——辛亥前后湖北报刊史事长编》，武汉：湖北教育出版社，1991 年，第 288 页。

　　② 刘望龄：《黑血·金鼓——辛亥前后湖北报刊史事长编》，武汉：湖北教育出版社，1991 年，第 310 页。

日下午五点到事务所会议一次，遇有特别事故发生时，得由主任通知各报馆开临时会议；至于特别公共事件，则由本所主任通知本联合会武昌事务所、武昌各报馆特开武汉大会，研究一切；事务所经费由各报馆共同担负。①

武汉报界联合会在成立之后，即将所定宗旨付诸实践，致力于职业化议题。首先，该组织积极维护同业公益，保障言论自由。1912 年 3 月，武昌巡警厅转发已被明令废除的《民国暂行报律》，要求各报馆一体遵行，以此约束舆论。此举遭遇武汉报界的抗议。《强国公报》以"请看无谓之报律"为题，疾呼报界起而抗争。武汉报界联合会迅速响应，猛烈抨击巡警厅。② 同年 8 月，黎元洪查抄湖北通讯社，逮捕负责人冉剑虹。事发后，武汉报界联合会推举胡石庵为代表，联合武汉各机关团体，据理力争，请愿释放冉氏。③ 1913 年 1 月，《湖北群报》与《武汉民报》遭当局挟逼，被勒令交出访员。④ 武汉报界联合会就此事通电全国，谴责司法长官违法，声称"报馆只有更正为救济之法，无交访员之成例"。⑤

其次，武汉报界联合会注重加强与国内外同行的联系。1912 年 5 月，武汉报界联合会与天津报界联合会联合提议，"将中华全国报界加入万国报界联合会"。这成为中国报界俱进会上海特别会议的重要提案，引起各地报馆的浓厚兴趣，"或函电赞同，或远道来沪，均注重加入万国同盟一事"。6 月 4 日，上海特别大会召开第一次会议，武汉《国民新报》金颂桥、《共和报》刘笑澄、《震旦民报》龚含章、《武昌公报》王庆扬、《群报》覃啸秋、《大汉报》朱伯厘等六人出席，规模仅次于上海代表团。⑥

不仅如此，武汉报界联合会还有意联络政界，对政治事件公开发表意见，表明主张。1912 年，孙中山过汉赴粤时，武汉报界联合会曾联合民社、武汉商会等十五个团体组织"武汉欢迎团"，在汉口熙泰昌茶站举行欢迎大会。次年 1 月，武汉报界联合会发布公电，怒斥袁世凯政府擅自颁发省制及文武官制："擅

---

① 唐惠虎、朱英：《武汉近代新闻史》（上卷），武汉：武汉出版社，2012 年，第 314 页。
② 刘望龄：《黑血·金鼓——辛亥前后湖北报刊史事长编》，武汉：湖北教育出版社，1991 年，第 285 - 286 页。
③ 刘望龄：《黑血·金鼓——辛亥前后湖北报刊史事长编》，武汉：湖北教育出版社，1991 年，第 327 - 328 页。
④ 《鄂司法司与报馆交涉》，《申报》，1913 年 1 月 21 日。
⑤ 《武汉报界联合会电控司法司长》，《申报》，1913 年 1 月 23 日。
⑥ 《报界俱进会大会记事》，《申报》，1912 年 6 月 5 日。

用命令，借充法律，蔑视国民代表，蹂躏约法，此间舆论，誓不承认。"①

  尽管武汉报界联合会极力加强内外联络，促进职业认同，建构职业共同体意识，推进从业者内部的价值和理念共享，让职业化趋势有了相当程度的显现，却未能消除内部分歧。《民立报》对此有较为细致的描述："日前《大汉报》登载张鸣銮选举舞弊劣迹，本属确实，乃《群报》社无端干涉，在报端登函请问访员。又湖北理财司司长潘祖裕引用私人，浸蚀舞弊，经《大汉报》揭载，以昭大公。而《民国公报》亦无端干涉……现各报彼此各怀意见，互相倾轧，亦报界前途之隐忧也。"② 显然，这非常契合政见不一的时代特征。孙中山有类似感触："近观上海各报，言论不能一致。今回粤省，见各报之言论益紊。"③

  "二次革命"后，袁世凯政府加强对新闻界的控制和扫荡，引发"癸丑报灾"。报业走向低迷，一度兴盛的结社活动趋于沉寂，武汉报界联合会也停顿消亡。1916年6月，袁氏统治结束，报业开始复兴，从业人员与日俱增。为交换意见，共促报业发展，新闻界同人再度聚集联络。武昌各报馆记者组织"新闻记者俱乐部"，公推马韵銮、程稚侯、李敬侯为正副部长，会址设于武昌朱家巷勺庭书院内，后因无人主持而停顿。④ 另外，据管雪斋记载，1921—1926年间，武汉新闻界先后组建汉口报界公会、新闻记者俱乐部、舆社、通讯社记者联合会、新闻记者联欢会、报界同志会、国际新闻记者协会等十余个新闻团体，只是存在时间有限，影响甚微。⑤ 这类情形说明，武汉新闻界虽在职业认同方面进步明显，但仍不够协调，基础不稳，难以持久。

---

① 刘望龄：《黑血·金鼓——辛亥前后湖北报刊史事长编》，武汉：湖北教育出版社，1991年，第357页。
② 《武汉报界一席话》，《民立报》，1912年6月5日。
③ 《孙先生之治粤谈》，《民立报》，1912年5月5日。
④ 刘望龄：《黑血·金鼓——辛亥革前后湖北报刊史事长编》，武汉：湖北教育出版社，1991年，第413页。
⑤ 管雪斋：《武汉新闻事业》，长江日报新闻研究室编：《武汉新闻史料》（第5辑），武汉：长江日报新闻研究室，1985年，第161页；武汉市地方志编纂委员会主编：《武汉市志·新闻志》，武汉：武汉大学出版社，1991年，第402页。

第三节　武汉新闻记者联合会

大革命时期，民众运动勃兴，各社会团体相继成立。受此影响，上海、南昌、梧州、长沙等地新闻界纷纷聚合，组建团体，以集中力量，宣传三民主义，研究新闻学识，联络同业。① 在这样的背景下，武汉新闻界于 1927 年 3 月创建新闻记者联合会，该组织为拥护革命，维持舆论统一，贡献良多。

北伐军到达武汉后，《楚光日报》宛希俨出任国民党汉口党部宣传部长，倡议组织新闻记者联合会。② 这一号召得到认可，武汉新闻界立即着手筹备。1927 年 1 月 3 日，新闻界同人在《汉口民国日报》召开筹备会，决定由宛希俨起草宣言，李慎安和帅元钟筹备会秘书处，黄既明负责寻觅会址，帅元钟担任宣传。③ 会后，《汉口民国日报》、《革命军日报》、《楚光日报》、血光通讯社、人民通讯社等共同发布《武汉新闻界联合会启事》："同人等为宣传革命主义、统一舆论、发扬民众运动起见，特发起组织武汉新闻界联合会……凡武汉新闻界，无论团体、个人同情上述宗旨者，均请即日向本会书记处接洽，申明加入。"④

起初，《武汉新闻联合会总章》（草案）规定组织名称为"武汉新闻界联合会"，团体或个人均可入会。⑤ 但是，这一规定在筹备过程中，被逐渐改变。1927 年 3 月上旬，宛希俨、李达可、陈启修等五十六位新闻记者发布联合声明："同人等为改善新闻技术，增进舆论威权，巩固革命势力，并维护本身利益起见，特发起组织武汉新闻记者联合会，会员以个人为单位。"⑥ 这次声明将组织名称定为"武汉新闻记者联合会"，入会方式随之改成"以个人为单位"。表面

---

① 《梧州报界联合会筹备进行》，《汉口民国日报》，1927 年 2 月 12 日。
② 管雪斋：《武汉新闻事业》，长江日报新闻研究室编：《武汉新闻史料》（第 5 辑），武汉：长江日报新闻研究室，1985 年，第 162 - 163 页。
③ 《新闻界联合会二次筹备会》，《汉口民国日报》，1927 年 1 月 5 日。
④ 《武汉新闻界联合会启事》，《汉口民国日报》，1927 年 1 月 8 日。
⑤ 《新闻界联合会二次筹备会》，《汉口民国日报》，1927 年 1 月 5 日。
⑥ 《武汉新闻记者联合会发起启事》，《汉口民国日报》，1927 年 3 月 10 日、15 日。

看来，名称与入会方式变化不大，实则意味深远。从"新闻界联合会"到"新闻记者联合会"，关注点从团体转向个人，即从报馆转向记者，说明新闻记者在努力创设属于自己的职业社团，团体建构方式和基本单位有了明显变化。

随后，武汉新闻记者联合的筹备工作紧锣密鼓地展开。3 月 13 日，武汉新闻记者联合会在《汉口民国日报》召开第一次筹备会，讨论组织法和入会资格，决议成立会员资格审查委员会，由宛希俨、秦君侠、邓瘦秋、陈启修、邹介、罗普存、凤竹荪、叶春霆、符世樑等九人组成，并推举宛希俨、秦君侠、邓瘦秋、杨绵仲、喻根屑、陈启修、黄达权、聂醉仁、毛盛炯、李芳园等十人为正式筹备委员，马念一、叶春霆、王民仆等三人为候补筹备委员。① 次日，武汉新闻界按原定计划，在《汉口民国日报》馆召开筹备与审查联席会议，讨论审查发起人资格、组织大纲、大会宣言与征求会员办法等事项，对于会员资格作了详细规定：各报馆之编辑、主笔及访员，各通讯社之社长、编辑及访员，外埠报纸之驻汉记者，定期刊物记者经介绍及审查委员会通过可入会。②

3 月 20 日，武汉新闻记者联合召开成立大会，到场会员百余人，来宾千余人，"革命空气因此革命宣传集体机关之成立，亦随之而增加"。成立大会上，陈启修、宛希俨、邹碧痕、邓瘦秋、秦君侠、王民仆、喻的痴、邵季昂、凤竹荪当选为正式执行委员，王子林、罗普存、黄达权等当选候补执委。会员还一致议决，反对军事专政，反对个人独裁，拥护铲除封建势力的救党运动，拥护国民政府，欢迎汪精卫主席复职。③ 这一决议吻合当时的政治形势，较好地体现了组织宗旨。

在报业发展和革命高潮的推动下，武汉新闻界筹建新闻记者联合会，改变了各自为政的旧面貌，这也从一个侧面反映出武汉新闻人团结同业、革新现状的基本要求。正如成立宣言所称："新闻记者要能实现他的使命，第一个重要条件，便是团结。因为只有团结，才能形成一种力量……我们操舆论枢纽的新闻界，却依然是保留着从前无组织无联络，各自为谋的沉闷态度，在革命理论上没有一个切磋研讨的机关；在新闻技术上，得不到集思广益共谋改进的功效，尤其在宣传策略上，没有一致的主张和共同的意见，这在整个的革命工作上，是多么大的损失啊。我们为要补救这种损失，为要把武汉从事于新闻事业的同

① 《武汉新闻界筹组记者联合会》，《汉口民国日报》，1927 年 3 月 14 日。
② 《积极筹备中之武汉新闻记者联合会》，《汉口民国日报》，1927 年 3 月 15 日。
③ 《武汉新闻记者联合会成立大会盛况》，《汉口民国日报》，1927 年 3 月 22 日。

志联合起来，在党的领导之下从事革命工作，集合多数人的力量与意见，统一宣传策略，改良新闻技术，增进舆论威权，所以才要有武汉新闻记者联合会的组织。"①

武汉新闻记者联合会的成立，赢得一片喝彩和赞赏。顾孟余称颂说："今日武汉新闻记者联合会成立的意义非常重大，在中国历史上，比任何事都有价值些，居现代社会的人，尤其是领导民众创造革命舆论的新闻记者，在目前只有两条路可走，一是革命的，二是反革命的，绝对不要徘徊两者之间，作中立的态度。我们新闻记者，最主要的是要认识革命要点及策略……作正确的宣传，领导民众及督率当局一切行动，而造全世界舆论中心的武汉。"②

管雪斋对新闻界联合持悲观态度，并断言武汉新闻团体多数仰军阀鼻息来作威，分军阀唾余来吃饭，没有价值可言。③ 这一判断显然言过其实，武汉新闻记者联合会在推进新闻职业化，表达行业诉求方面，曾作出相当贡献，令人瞩目。

继承新闻团体的一贯作风，武汉新闻记者联合会努力保障言论自由，拓展生存空间。在成立大会上，武汉新闻记者联合会就通过议决案，质问蒋介石摧残革命舆论，要求肃清新闻界反动分子，通电援助梧州《民国日报》、南昌《贯澈日报》被封事件。④ 由于武汉新闻记者联合会的努力，武汉新闻界的社会地位明显改观，但依然面临各类困境。鉴于此，记者联合会在 1928 年重组后，即议决办法如下："以后如发生有侮慢新闻记者情事，提出执监联席会议通过后，由新闻界全体一致援助"；"以后各机关有重要宴会时，须请新闻记者参加"，并呈请省市两党部，予以保护。⑤ 武汉新闻记者联合会筹备人罗敦伟也发表《革命时期新闻记者的新要求》一文，提出"革命的言论自由权"，不违反

---

① 《武汉新闻记者联合会成立》，《汉口民国日报》，1927 年 3 月 20 日。
② 《武汉新闻记者联合会成立大会盛况》，《汉口民国日报》，1927 年 3 月 22 日。
③ 管雪斋：《武汉新闻事业》，长江日报新闻研究室编：《武汉新闻史料》（第 5 辑），武汉：长江日报新闻研究室，1985 年，第 164 - 177 页。
④ 《武汉新闻记者联合会成立大会盛况》，《汉口民国日报》，1927 年 3 月 22 日。
⑤ 《令民乐园、贫民大工厂、乞丐教养委员会、妇女救济院、新村筹备委员会、第一工人学校等为汉特市党会函知武汉新闻记者联合会议决各机关对于记者采访新闻办法抄发原函转令知照由》，《武汉市社会局局务汇刊》（第 1 期），1929 年 2 月 15 日，第 26 - 27 页；转引自张继汝《近代武汉新闻记者团体研究（1927—1949）》，华中师范大学未刊硕士学位论文。

"革命纪律"的"革命言论"，"应该有绝对的自由"。①

尤为重要的是，武汉新闻记者联合会尽力规范新闻业，明确职业身份，界定职业资格，整肃记者队伍，提高专业素养，这是新闻职业化的重要内容。为保证队伍纯洁，武汉新闻记者联合会积极参与报馆、通讯社的审查与登记，对会员资格作出详细规定，并号召新闻界改进新闻技术，谋求集思广益，统一宣传策略，以增进舆论威权，② 还强烈呼吁"肃清内部一切落伍份子""肃清一切反动份子"。③ 这一口号政治色彩突出，但意有所指，绝非无的放矢。当时，确实有部分记者借采访之名，行敲诈之实，也有人冒记者之名，招摇撞骗，败坏行业名誉。为此，记者联合会刊发启事，要求整顿，极力倡导职业伦理。④

此外，武汉新闻记者联合会密切关注时政，参与社会公共事务。"四一二"政变后，武汉新闻记者联合会召开紧急会议，通过讨蒋通电。⑤ 武汉新闻界迅速响应，各报刊、通讯社大张挞伐，掀起了一个声讨蒋介石的高潮，有力配合了武汉地区的讨蒋运动。⑥ 1927 年 5 月，李大钊被害，武汉新闻记者联合会以团体名义通电声讨："新旧军阀，甘心为帝国主义者之走狗，不惜残杀民众，以逞其能，敝会一致议决，誓当竭力反对。"⑦

在政治与社会舞台上的活跃，不仅有利于地位提升，获得公众认可，还增强了武汉新闻界在全国同行中的声望和影响力。为维系舆论一致，武汉新闻记者联合会倡议组织全国新闻记者联合会，广州和长沙新闻记者联合会即刻通电响应，表示赞同。⑧ 1928 年 5 月，芜湖新闻记者联欢会也热情回应，通电全国报界，号召组建全国记者联合会。⑨ 半年之后，芜湖新闻记者联欢会再次通电全国，呼吁新闻界联合起来，组织全国性的记者联合会。⑩

---

① 罗敦伟：《革命时期新闻记者的新要求》，王澹如编：《新闻学集》，天津：《大公报》馆，1931 年，第 166 页，转引自张继汝《近代武汉新闻记者团体研究（1927—1949）》，华中师范大学未刊硕士学位论文。

② 《武汉新闻记者联合会成立》，《汉口民国日报》，1927 年 3 月 20 日。

③ 《新闻记者联合会成立大会宣言》，《汉口民国日报》，1927 年 3 月 20 日。

④ 《武汉新闻记者联合会重要启事》，《汉口民国日报》，1927 年 5 月 24 日。

⑤ 马光仁：《武汉国民政府时期的武汉新闻界》，《新闻大学》1989 年第 1 期，第 46 页。

⑥ 袁继成：《武汉国民政府时期武汉地区的新闻事业》，长江日报新闻研究室编：《武汉新闻史料》（第 5 辑），武汉：长江日报新闻研究室，1985 年，第 1 页。

⑦ 《声讨新旧军阀残杀革命领袖》，《汉口民国日报》，1927 年 5 月 7 日。

⑧ 湖北省报业志编撰委员会编：《湖北省报业志》，北京：新华出版社，1996 年，第 42 页。

⑨ 《各地反日爱国运动》，《申报》，1928 年 5 月 21 日。

⑩ 《芜记者联会加入全国联会》，《申报》，1928 年 12 月 11 日。

不可否认的是，过于政治化带来诸多问题，因为一旦政局发生变化，组织活动便难以展开。"七一五"政变后，武汉新闻记者联合会筹备改选，随即面临重重危机。第一次改选因人数不足而流会，第二次遭遇干扰，不得不向汉口市党部申请接收。① 在汉口市党部的指导下，武汉新闻记者联合会成立改组委员会，重新登记会员，推选邵季昂、张平子、熊锦耀等为负责人。但是，邵氏很快离开武汉，会务无形停顿，重组成为必然。1928 年 11 月 25 日，武汉新闻记者联合会召开重组大会，负责人均由党部指定。至此，联合会彻底沦为国民政府的喉舌，后因机构瘫痪，管辖不明，组织涣散，活动难以展开，被迫终结。②

小　结

新闻职业化是一个具体的历史过程。在这一过程中，新闻从业人员组建新闻团体，以此为中心，维系共同利益，树立职业规范，强化职业认同，表达群体诉求，参与公共事务，提升行业地位，是新闻职业化的关键环节。正如米勒森所言，作为一个过程的职业化，是通过"资格性协会"而传播到各个行业的，这种协会通过对行业地位的追求和稳固、对从业者活动的协调和约束、对新技术应用的促进等方式，来确保职业拥有共同的执业标准、集体性的声音以及符合职业理想的社会评价。③ 为此，可以大体肯定，清末民初武汉新闻职业化已有了相当程度的进展，且其发展进程契合近代新闻业发展的总体趋势。

从名称和基本构成来看，武汉新闻团体有比较显著的变化。汉口报界总发行所、汉口报界公会、武汉报界联合会都以报馆（团体）为入会单位，对从业人员（个体）关注不够，甚至存在有意或无意的忽略。武汉新闻记者联合会显

① 《武汉新闻记者联合会请汉口市党部派员改选》，《汉口民国日报》，1927 年 9 月 21 日。
② 管雪斋：《武汉新闻事业》，长江日报新闻研究室编：《武汉新闻史料》（第 5 辑），武汉：长江日报新闻研究室，1985 年，第 164 – 177 页。
③ 刘思达：《职业自主性与国家干预：西方职业社会学研究述评》，《社会学研究》2006 年第 1 期，第 200 页。

然有别，从"团体"（报馆）转向"个人"（记者），规定会员"以个人为单位"。以记者个体为单位，注重的是职业身份，说明新闻记者主体意识觉醒，已经明确自身与报馆老板、经理等管理人员的差异，新闻界内部专业分工日益细化。在某种意义上，这种变化可视为新闻职业意识和职业化发展的表征。

当然，群体行为和组织活动是新闻职业化更具说服力的佐证。汉口报界总发行所和汉口报界公会在争取言论自由、维护行业利益方面贡献较多，这有利于强化内部凝聚力，提升职业认同。在此基础上，武汉报界联合会与武汉新闻记者联合会更进一层，不仅注重权利和自由，还试图规范同业，界定职业资格，整肃记者队伍，提高专业素养。这些尝试既包括审查新闻机构，也包括改良出版技术和倡导自我教育。而且，两者都积极参与公共事务，借此改善职业形象，以期获得公众认可。概言之，武汉新闻团体始终致力职业化议题，不断推动新闻职业化。

不过，相对于上海，近代武汉新闻职业化程度存在明显差距。由于新闻环境宽松，上海报业发展充分，上海日报公会自 1906 年成立后，一直扮演重要角色，未曾中断。1921 年组建的上海新闻记者联欢会，创办专业期刊，举办学术讲座，普及新闻教育，强化同业联系，保障行业权利，表达职业诉求，说明近代新闻业的职业化取得重要突破，具有标志性意义。而武汉新闻界则呈现完全不一样的景观，各类新闻团体相继问世，但很快停顿，缺少持久有效的组织中心。新闻从业者聚散不定，分歧严重，使团体活动的实际效果并不理想。这表明近代武汉新闻事业的职业化远未达到成熟状态。

个中缘由，可归结于报业发展滞后、从业人员构成复杂、社会环境不佳等因素。进一步深究即可发现，政治干预才是关键所在。比如，武汉新闻记者联合会从倡议到筹备，再到创建和重组，政治干涉都一以贯之，让它沦为政治势力的延伸，不具备起码的独立性。"面对国民革命军和其后的南京政府，摆在他们面前的是政治上何去何从的问题：要么支持，要么反对，要么默认。"① 新闻界的职业行为承受过多，抑制了对行业自身的体认，职业意涵很难充分展示，最终阻碍职业化的顺利推进。

因此，考察近代中国新闻事业的职业化，不仅要从新闻团体入手，还要注

---

① ［澳］特里·纳里莫：《中国新闻业的职业化历程——观念转换与商业化历程》，中国社会科学院新闻研究所编：《新闻研究资料》（总第 58 辑），北京：中国社会科学出版社，1992 年，第 185 页。

重地区差异，既应关注最具代表性的上海新闻业，又应探求北京、武汉、广州等地新闻业的不同趋向。在整体观照、细致比勘的基础上，才能以小见大，正确评估新闻职业化的进程，同时避免以偏概全，一叶障目。

（原文发表于《广东社会科学》2014 年第 4 期，有改动）

第八章

上海新闻记者联欢会：近代新闻职业化的发展与困境

　　近代以降，受西学东渐影响，一个全新的自由职业群体——新闻记者在中国社会逐渐形成，并由早期"文人"向自由职业者过渡，走上职业化道路。澳大利亚学者特里·纳里莫认为，"许多中国报人试图为其自身建立职业化模式时，实际上所建构的只是一种类似观念的东西，这种观念追求的是专业性的客观中立，以便在报业难以避免的党派性和政治性中安身立命"①。他把新闻思想纳入职业化层面进行思考的方法，是有可取之处的。② 但是，近代中国新闻业的职业化绝不只是"观念转换与商业化过程"，也不仅仅是"职业理念和精神内化过程"。从制度层面加以考察，更合乎历史实情，新闻团体的创建与完善则提供了典型案例，因为近代记者往往以职业团体为纽带，通过经常性联系，加强职业沟通，化解困难危险，表达同人意愿。基于此，本章试图以上海新闻记者联欢会为个案，通过考察其更迭变化和成就顿挫，正确评估近代中国新闻职业化的程度及困境，将思想观念还原为历史，以期获取客观公正的认知。

---

　　① ［澳］特里·纳里莫：《中国新闻业的职业化历程——观念转换与商业化历程》，中国社会科学院新闻研究所编：《新闻研究资料》（总第58辑），北京：中国社会科学出版社，1992年，第178页。

　　② 黄旦：《五四前后新闻思想的再认识》，《浙江大学学报》（人文社会科学版）2000年第4期，第5－13页。

第一节　组织创建

戈公振将新闻团体大体分为两种：一为报馆公会，或称报界公会，或称报界联合会，或称报界同志会，名虽各异，而性质则同，均以报馆为单位；二为记者公会，以记者为单位，则有新闻记者俱乐部、新闻记者公会、新闻记者联欢会等。① 代表报馆所组织的团体，则很早就有了，如上海日报公会和全国报界联合会等，"至于新闻记者本身的，那么要算民国十年所组织的上海新闻记者联欢会，为全国新闻记者的组合的嚆矢了"②。据报载，上海新闻记者联欢会发起于 1921 年 10 月，次月 9 日正式成立。③ 此事缘起，可追溯至商会与新闻记者的矛盾冲突。

1921 年 10 月，全国商会与教育会在上海总商会召开联席大会，通讯社与报馆的外勤记者到会采访。受主席团的嘱托，记者们一致决定，暂不对外公布会议的对内宣言草案。不料，在第二天，上海总商会代表汤节之所办《商报》，忽然全文披露草案，形成独家报道，致使全体记者一片哗然，引发众怒。《中国晚报》张冥飞联合到会记者，提出质问，要求主席团解释此事，且以退出会场，不再刊发有关新闻相要挟。其时，太原商会代表宋某，因向来轻视新闻记者，即刻起身，大骂记者，致使所有记者愤而离场。受此影响，次日上海各报都没有刊载商会与教育会的消息，同时在总商会开会的国民代表大会也被株连，这成为新闻记者怠工的破天荒。后由黄炎培出面，致函道歉，风潮始平。风波发生后，在场的新闻记者一致认为，要维持本身的地位和威权，必须有团体的组

---

① 戈公振：《中国报学史》，北京：生活·读书·新知三联书店，1955 年，第 297 页。

② 张静庐：《中国的新闻记者与新闻纸》，上海：现代书局，1932 年，第 76 页。其实，最早的记者组合应为 1914 年 12 月成立的北京新闻记者俱乐部，但它的存在时间短，而且活动极少，影响相当有限。所以，就组织形态的完备程度、独立意识、行业自觉和影响力而言，张氏的说法并不为过。

③ 《记者联欢会纪念会预志》，《民国日报》，1922 年 11 月 2 日；《记者联欢会周年大会》，《民国日报》，1922 年 11 月 13 日。

合，于是公推张静庐起草规约九条，创建"新闻记者联欢会"。①

这一事件表明，虽然上海的新闻记者群体还没有被认定为自由职业者，但他们对自己不同于"文人"的职业角色已经有了认识，不能容忍侮辱。② 不过，当时上海各报馆都没有设立采访部，本埠新闻主要取材于各家通讯社，内勤记者一般不去直接采访新闻，除非有特别重要的事件发生。因此，在上述事件中，受影响的主要是各通讯社与报馆的外勤记者。这直接导致最初参与倡导上海新闻记者联欢会的从业人员，以外勤记者为主，签名发起者为严谔声、张静庐、郁志杰、周孝庵四人，内勤记者只有潘公展、戈公振热诚参加。③

外勤记者如此热心记者组合，还另有别因。长期以来，记者忽视自己利益，报馆经理轻视记者，引起普遍警觉。"因为办报的大人们，从来不尊重新闻记者的地位和其独立的人格，所以从事于新闻事业的记者，也都忘掉了他自身的尊严与所负的使命，像驯羊般的为一报馆（或通信社）的一雇佣者……除保持其已取得的新闻记者的饭碗以外，就没有单独的活动可言；更说不到什么新闻记者团体的组织了。"④

新闻记者，尤其是外勤记者，薪给低微，待遇不善，他们迫切希望改变现状："新闻记者既然负起了重大的责任，为社会为国家尽着监督指导的义务，居于'超社会的'地位，则被人推崇，为人敬爱，自是应当的事情。在物质上，新闻记者也应得有较优的待遇。"⑤ 此外，由于"主张虽有参差，而大体终不相远"⑥，不少记者明确意识到，报界同人互相联络，固结团体，不仅可能，而且必要，"我国今之营新闻业者，对于记者地位之观念，尤有轻视冷酷之习性，其结果倔强者悉遭摈斥，蒙宠遇者乃半属先意承志乞怜摇尾之徒，是人格既先破产，尚安能保其社会公人与第三者地位之资格乎？各国新闻记者团有鉴于此，乃有种种团体之组织，专以互助之方法，保障生活地位人格之安全，此层我国亦决不可少"。⑦

① 张静庐：《中国的新闻记者与新闻纸》，上海：现代书局，1932 年，第 77 - 78 页。
② 徐小群：《民国时期的国家与社会：自由职业团体在上海的兴起（1912—1937）》，北京：新星出版社，2007 年，第 266 页。
③ 张静庐：《中国的新闻记者与新闻纸》，上海：现代书局，1932 年，第 78 页。
④ 张静庐：《中国的新闻记者与新闻纸》，上海：现代书局，1932 年，第 75 页。
⑤ 张静庐：《中国的新闻记者与新闻纸》，上海：现代书局，1932 年，第 68 - 69 页。
⑥ 《记者会二周纪念会纪》，《民国日报》，1923 年 11 月 18 日。
⑦ 张静庐：《中国的新闻记者与新闻纸》，上海：现代书局，1932 年，第 70 - 71 页。

作为发起人和主要参与者，张静庐对上海新闻记者联欢会的记载大体可信。但是，事后回忆，难免语焉不详，且多舛错。参照当时各家报纸报道，在排比考校的基础上，对该组织成立概况可以进行比较准确的描述。

张氏称，最初组织名称为"新闻记者联欢会"，1921 年 11 月 11 日开第一次发起人茶话会，31 名会员参加。但据《时报》报道，组织名称原定为"新闻记者联欢社"，后经共同研究，方才改"社"为"会"。第一次会议的召开时间，则是 1921 年 11 月 9 日，出席会员有翁吉云、徐大纯、苏一乐、郁志杰、张静庐、张滇叔、严谔声、戈公振、周孝庵、曹谷冰、裴国雄、胡仲持、谢介子、费公侠、侯可九等 15 人，另有潘公展、潘公弼、谢福生、陈汉明、张振远、程松声等 6 人因事未到，故实际参与人数合计为 21 人，而非 31 人。另从司月安排中，也可以看出，最早的参与者只有 21 人。①

成立之初，上海新闻记者联欢会仅有规约五条，初步约定名称、宗旨、会议办法和费用。在 11 月 13 日的聚餐会上，记者联欢会才决定设置一个固定的通讯处，建立起简单的组织机构，分文牍、娱乐、演讲、交际、聚餐各部，由会员分任之，公举中文书记谢介子，西文书记陈汉明，演讲部戈公振、谢福生，聚餐部轮流按月任之，交通部潘公弼、费公侠。② 由于会务拓展迅速，原有宗旨与机构显然不能适应新的要求，联欢会遂着手修订完善。1922 年 1 月，记者联欢会公推谢福生、严谔声、潘公展、戈公振、谢介子修改会章。③ 4 月 9 日，记者联欢会在《申报》馆开会，修正简章，举定职员。④ 次月 19 日，联欢会讨论通过陈适生提出的"评议部议事细则"，⑤ 进一步规范组织活动。

后又多次讨论修正。1924 年 8 月 17 日，在成立近三年后，上海新闻记者联欢会的宗旨与机构最终完备，这在章程中得以体现。章程规定，组织机构分为执行与评议两部。执行部设中文书记、西文书记、会计、庶务各 1 人，中、西文书记处理一切文牍，必要时代表处理对内对外一切事务，会计管理收支，庶务管理集会，任期均为半年，可以连任，但不得兼任评议员。评议部设评议员 7 人，负责审查议决一切重要事务，交执行部执行之，任期半年，也可连任，

① 《新闻记者联欢会谈话纪》，《时报》，1921 年 11 月 10 日。
② 《新闻记者联欢会聚餐》，《民国日报》，1921 年 11 月 14 日。
③ 《新闻记者联欢会演讲及聚餐》，《申报》，1922 年 1 月 9 日。
④ 《新闻记者联欢会开会记》，《申报》，1922 年 4 月 10 日。
⑤ 《记者联欢会评议会记》，《民国日报》，1922 年 5 月 20 日。

同样不得兼任执行部职务。而且，所有职员均由会员大会选举产生。至于宗旨，从"联络感情"发展为"研究新闻学识，增进德智体群四育"。① 这一改进实为巨大的跨越，使组织更具现实意义，更有利于共同推进新闻业的发展，真正体现出记者职业化的内在要求。

张还忆及，上海新闻记者联欢会"最多时连外报记者共七十二人"。究其实，记者联欢会每次集会，必增加新会员，规模发展迅速。② 1922 年 11 月，在成立一周年之际，会员已有六十余人。③ 1923 年 8 月，会员总数超过七十。④ 仔细翻阅各类报刊，收集相关信息，可以初步确定，最终入会者约 105 人。⑤ 此外，世界报界大会会长威廉与新闻调查委员会委员长格拉士福立克，应邀成为名誉会员。⑥ 总体而言，联欢会会员遍及上海各大报馆、通讯社，以及外资报馆和外地报馆驻沪办事处，构成、分布与章程规定基本相符。

值得一提的是，因为意识到经理、主笔与内外勤记者明显有别，联欢会最初限制经理、总编辑和主笔加入，使该组织颇有"纯粹为劳动组合的团体"色彩，真正成为一个新闻记者的自由职业团体，与上海日报公会截然不同。⑦ 在章程修正之后，会员范围有所扩大，只要具备下列四项资格中的任何一条，即可入会：现在上海中外新闻界（以日报通讯社及定期刊之有纯粹新闻性质者为限）编辑部任职者；现在上海中外新闻界编辑部外任职而时兼任编辑部职务者；现任外埠中外新闻界驻沪通信职务者；曾有上列三项资格之一，而与本会有特别关系者（但本项会员无选举权及被选举权）。另外，"凡富有新闻学识经验，为中外所同钦者"，可为名誉会员。尔后，会员"只限经理而不限主笔或总编辑，因为主笔或总编辑，亦系内勤记者的一部分，不过在地位上的不同，在事实是全部分的主脑罢了"。⑧

————————

①　戈公振：《中国报学史》，北京：生活·读书·新知三联书店，1955 年，第 300－302 页；《记者联欢会修正新章》，《申报》，1924 年 9 月 17 日。

②　《新闻记者联欢会演讲及聚餐》，《申报》，1922 年 1 月 9 日。

③　《记者联欢会纪念会预志》，《民国日报》，1922 年 11 月 2 日。

④　《裴国雄丧礼续志》，《申报》，1923 年 8 月 28 日。

⑤　数据由 1921 年 11 月—1927 年 3 月的《民国日报》《申报》《时报》整理而出，虽有据可查，但仍可能存在误差。

⑥　《新闻记者订期聚餐》，《时报》，1922 年 1 月 5 日。

⑦　徐小群：《民国时期的国家与社会：自由职业团体在上海的兴起（1912—1937）》，北京：新星出版社，2007 年，第 267 页。

⑧　张静庐：《中国的新闻记者与新闻纸》，上海：现代书局，1932 年，第 78－79 页。

张静庐在回忆中，对上海新闻记者联欢会甚为不满，认为它只是每月聚餐一次，几乎一事不做，在改进记者地位方面没有什么成绩可言。① 不过，其他会员则持不同意见，如严独鹤在五周年纪念会上的致辞，就明显有异，"本会成立，迄今已有五年，虽仅以联络感情为宗旨，但新闻记者在社会地位，日益提高"②。或许，后者的评价更贴近历史事实。至少谢福生与戈公振多次强调指出，上海新闻记者联欢会"将来对于新闻事业，当更有一番建设"。③ 其实，张静庐也承认，上海新闻记者联欢会的组织建构和某些议案，不能不算是中国新闻记者自觉的表现。

第二节　内外联络

联络感情，是上海新闻记者联欢会的原定宗旨，这一原则曾被会员反复申论。戈公振在 1921 年 12 月的聚餐会上强调说："敝国新闻界尚在幼稚时代，同人等每思共同研究，是以本会之组织，以交换智识，联络感情为宗旨。"④ 周年纪念大会上，会议主席谢福生也宣告："本会宗旨为联络感情，研究学术。"⑤纵观其活动，联络同业感情实为首要任务。

记者联欢会非常注重联络会员，聚餐是主要活动形式。起初，该组织规定"每月聚餐一次"，实际则每周一次，相当频繁，每月另有常会。⑥ 开会与聚餐分别进行，成员相聚机会大大增加，联系相当密切。前三年，会员热情高涨，聚餐与常会从未中断，会务发达，盛极一时。⑦ 但是，可能因为经济负担过重，加之记者工作忙碌，时间有限，在 1924 年 4 月至 7 月之间，常会与聚餐一度停

---

① 张静庐：《中国的新闻记者与新闻纸》，上海：现代书局，1932 年，第 79 页。
② 《记者会五周纪念会》，《申报》，1926 年 11 月 12 日。
③ 《记者联欢会周年大会》，《民国日报》，1922 年 11 月 13 日。
④ 《新闻记者欢迎格拉斯》，《民国日报》，1921 年 12 月 25 日。
⑤ 《记者联欢会周年大会》，《民国日报》，1922 年 11 月 13 日。
⑥ 《记者联欢会将开周会》，《民国日报》，1922 年 10 月 30 日；《记者联欢会职员周会之提议》，《时报》，1922 年 10 月 30 日。
⑦ 《裴国雄丧礼续志》，《申报》，1923 年 8 月 28 日。

顿，"每次开会发出通告四五十份，而到会者往往仅十余人，或竟少至数人"①。为振兴会务，节省时间，联欢会将聚餐与开会合二为一，"既可联欢，复可开会"，各职员轮流作东，平均负担费用。②"常会聚餐"改为"分组宴请"。③ 活动方式革新后，会务再次走上正轨，呈现新气象。一直到 1927 年，记者联欢会被上海新闻记者联合会取代，类似举措方才停止。在其存在的五年中，会员联系紧密，这是无可置疑的。

上海新闻记者联欢会非常注意"与各国新闻记者携手"④，借助对外交流和切磋，增进专业素养。1921 年 11 月 13 日，记者联欢会决定宴请《密勒氏评论报》的代理主笔，讲演新闻事业。⑤ 时隔不久，英国现代新闻事业的创始人和报界大王北岩勋爵来华游历，与联欢会多有交流。⑥ 同年 12 月，以威廉和格拉士福立克为代表的美国报人相继访华，上海新闻记者联欢会多次热情接待。威廉对上海新闻记者联欢会极有兴趣，欣然成为第一个名誉会员。⑦《太阳日报》主笔施密斯也对联欢会赞誉有加："此会组织者多系青年，而又深于学问，实为中国新闻事业发达之好现象……有此会之一团体，相与切磋研究，非特上海报界可期发达，即全国亦可受莫大之利益。"而且，他和格拉士福立克父子一道，接受了名誉会员的称号。⑧

1922 年是上海新闻记者联欢会对外交流的高峰期，尤其值得关注。该年 1 月 8 日，美国教育家罗素尔博士在联欢会演讲"新闻与教育之关系"，强调教育经费独立，一般政客不能参与确定教育政策。⑨ 4 月 16 日，记者联欢会请《大陆报》主笔陶益尔讲新闻学。⑩ 5 月 15 日，联欢会邀请《密勒氏评论报》主任密勒（Mr. Thomas Millard）演讲"中国新闻事业之前途"，赞扬中国新闻事业

---

① 《记者会变更常会办法》，《民国日报》，1924 年 7 月 29 日。

② 《记者联欢会将开周会》，《民国日报》，1922 年 10 月 30 日；《记者联欢会职员周会之提议》，《时报》，1922 年 10 月 30 日。

③ 《记者会变更常会办法》，《民国日报》，1924 年 7 月 29 日。

④ 《记者会二周纪念会纪》，《申报》，1923 年 11 月 18 日。

⑤ 《新闻记者联欢会聚餐》，《民国日报》，1921 年 11 月 14 日。

⑥ 《北岩爵士今晚抵沪》，《申报》，1921 年 11 月 20 日；《北岩爵士抵沪之欢迎盛况》，《申报》，1921 年 11 月 21 日。

⑦ 《各方面欢迎威廉博士之昨讯》，《申报》，1921 年 12 月 14 日。

⑧ 《新闻记者联欢会宴请格拉士君》，《申报》，1921 年 12 月 25 日。

⑨ 《新闻记者联欢会演讲及聚餐》，《申报》，1922 年 1 月 9 日。

⑩ 《新闻记者联欢会之演讲宴》，《申报》，1922 年 4 月 17 日。

前途光明，提议中国应创设新闻大学，进一步发展新闻事业，极力鼓动美国资本家在上海建立一所完备的新闻大学。① 当天晚上，《星期六晚报》主任马克森在联欢会讲解美国"黄色新闻"及其从业经验，认为新闻记者应虚怀若谷，保全信用，重视新闻事业，"盖不重视自己的职业，何足以言成功，其于新闻记者亦然"。② 8月6日，记者联欢会又宴请《密勒氏评论报》主笔鲍威尔，演说新闻事业，介绍华盛顿会议中的新闻活动情况。③ 11月26日，记者联欢会设宴欢迎美国联合通讯社社长诺彝斯。④

从上述活动来看，美国新闻界是联欢会的主要联络对象。之所以如此，理应事出有因。戈公振曾一语中的，"以鄙人个人经验上观之，世界各报，以美国各报纪载及言论最为详确，此后中美新闻记者，如能相互提携，国际友谊必更可增进"⑤。此外，美国新闻界主动示好也是重要因素。许建屏曾提及，"美国有一新闻记者俱乐部，愿与会记者联欢会携手"⑥。具体情况是，1921年，华盛顿会议开会时，中国新闻界代表受到华盛顿全国新闻俱乐部的殷勤招待，"至有如归之乐"。回国后，为表示感谢，中国记者代表向记者联欢会建议，用职业团体名义，赠送礼品，以加强中美两国记者的联络。这一提议得到会员的一致赞成，他们公推鲍威尔、谢福生和许建屏协同办理。后来，联欢会购买毛毯，请驻美公使施肇基代劳，转送给美国新闻俱乐部，以示郑重。⑦ 此事在记联会看来，意义非凡，被称为"与世界新闻记者握手之初次机会"⑧。

在与境外同业携手并肩之际，上海新闻记者联欢会也主动联络国内名流与报界闻人。1922年6月，记者联欢会一度策划，邀请张君劢到会演讲，可惜因张氏事情繁忙，未能成功。⑨ 1924年3月，记者联欢会盛请音乐家梁志仲演讲

---

① 《新闻记者联欢会开会纪》，《申报》，1922年5月15日；《发展中国新闻事业之演讲》，《民国日报》，1922年5月14日。

② 《新闻记者联欢会昨晚之演说》，《申报》，1922年5月16日；《美报记者马克森氏之演讲》，《民国日报》，1922年5月16日。

③ 《新闻记者联欢会开会纪》，《民国日报》，1922年8月7日。

④ 《记者联欢会欢迎诺彝斯宴纪》，《申报》，1922年11月27日；《记者联欢会欢迎诺伊斯纪》，《民国日报》，1922年11月27日。

⑤ 《新闻记者欢迎格拉斯》，《民国日报》，1921年11月25日。

⑥ 《新闻记者联欢会开会纪》，《民国日报》，1922年8月7日。

⑦ 《新闻界赠送美国毛毯将运美》，《申报》，1922年10月13日。

⑧ 《记者会二周纪念会纪》，《民国日报》，1923年11月18日。

⑨ 《记者联欢会聚餐纪》，《申报》，1922年6月5日。

音乐。① 1925 年，在美国学习新闻学、考察新闻业的汪英宾、张继英、王一之与夫人李昭实等人相继回国后，受到热情接待，多次莅会演说，不仅传递新知，开阔同人眼界，更激发职业热情与自信。如王一之演说结束后，同人感觉没有尽兴，远东通讯社特意安排王氏夫妇再次演讲，主题为"报纸之价值"与"女记者"，并邀请记者及有志新闻事业者，莅会旁听。②

　　声援支持同业，同样是记者联欢会的重要举措，不可不察。1922 年，《厦声日报》记者被捕，该报致函上海新闻记者联欢会，呼请支援，会众公决主持公道，去函答复。③ 次年 7 月，《京津晚报》因连日攻击直派，引起当局不满，京师警厅封闭该报，逮捕编辑曾青云与发行部吴凤鸣。一时间，舆论哗然。事发后，京津报界奋力援助营救，签名保释被逮记者，通电全国同业，披露事实真相。④ 上海新闻记者联欢会积极响应，会员戈公振、裴国雄、周孝庵、费公侠、严慎予、潘公展、张静庐、陈冰伯，联合叶楚伧、邵力子、陈布雷、张季鸾、冯叔鸾、胡政之等报界闻人共同签名发电，声援北京报界："京津晚报、民治通信社主持正义，横被摧残，海上同人，群深愤激，望一致援助，恢复原状，以障人权，而维舆论。"⑤ 不仅如此，记者联欢会还公推戈公振，商请上海日报公会，共同援助。⑥ 在新闻团体与全国报界的共同努力下，《京津晚报》恢复出版，其舆论力量凸显，不容轻视。1926 年，邵飘萍、林白水惨遭杀害。在极其恐怖的氛围中，记者联欢会奋起抗议，具体办法如下：①对邵飘萍、林白水之家属，致极沉痛之悼词；②对于滥用职权者加以相当之警告；③通知同业定期召开追悼会；④自由捐助赙金。⑦ 9 月 9 日，新闻记者联欢会召集会议，致函社会各界，公开表明立场，挑战暴政，着实令人钦佩。"北京京报主笔邵飘萍、社会日报主笔林白水被奉军逮捕，不经法庭审讯，即行枪决，本会根据舆论，严重抗议，表示始终拥护约法上所赋予人民之言论及身体自由，凡不经法律手续滥施威权者，本会誓必反对。"⑧ 与此同时，在徐忍寒、史文澜、冯柱石和张君

　　① 《新闻记者之集会》，《申报》，1924 年 3 月 10 日；《记者联欢会之集会》，《民国日报》，1924 年 3 月 10 日。

　　② 《远东社明日请新闻家演讲》，《申报》，1925 年 7 月 17 日。

　　③ 《记者联欢会选举职员》，《民国日报》，1922 年 4 月 10 日。

　　④ 《国内专电·北京电》，《申报》，1923 年 7 月 29 日；《京津报界为同业声援》，《申报》，1923 年 8 月 1 日。

　　⑤ 《上海报界援助京报界电》，《申报》，1923 年 8 月 2 日。

　　⑥ 《北京报界被厄之乞援》，《民国日报》，1923 年 8 月 1 日。

　　⑦ 《记者会秋季大会》，《民国日报》，1926 年 8 月 23 日。

　　⑧ 《记者会抗议惨杀邵林》，《民国日报》，1926 年 9 月 10 日。

璞的主持下，记者们如期举行追悼会和募捐活动，慰藉死者，安抚家属。① 虽说事后抗议，往往于事无补，捐款也只有区区 71 元，但仍表达了记者联欢会对新闻自由的向往，对政府过度压制的不满，同时也证明它是致力维护同业权益的职业团体。

第三节　研究与教育

戈公振曾坦言："本会宗旨，顾名思义，似无须再事赘陈，然而联欢二字尚有不足包括者。盖同人创设本会之初意，实含有下列四端：一、研究学术，以增进个人之能力；二、固结团体，促进新闻事业本身之改良；三、交换意见，期唤起一致之舆论；四、注意社交，与各国新闻记者携手。"② 这无疑显示，研究学术，交换新闻学智识，是记者联欢会不可偏废的重要事项，甚至是联络感情背后的动力所在。1924 年的章程更是明文规定："本会以研究新闻学识，增进德智体群四育为宗旨。"

办理学术杂志，供同人交流智识，是学术研究的突出表现。1922 年 6 月 4 日，严谔声代表评议部报告议案，提议出版《新闻界》季刊，专门研究新闻学。③ 于是，创办学术刊物被提上会议日程，会众公推潘公展、谢介子担任编辑干事，负责征稿，筹办相关手续。随后，记者联欢会多次开会，讨论筹办事宜。可惜的是，因为中国记者新闻学识有限，很少有人接受过系统的新闻学教育，所以稿件来源成为一大问题。1922 年 10 月，《新闻界》干事谢介子就开始抱屈："手续虽已入手，但征稿截止之期为本月底，距今日业已不远，故各会员之稿件，务须从速。"④ 在次月的评议会上，张滇叔强调杂志亟待出版，催促会员，惠赠稿件。⑤ 12 月，会员大会再次发布通告，要求会员踊跃投稿，⑥ 但收效

---

① 《记者联欢会昨日聚餐》，《民国日报》，1926 年 9 月 20 日。
② 《记者会二周纪念会纪》，《民国日报》，1923 年 11 月 18 日。
③ 《记者联欢会聚餐纪》，《申报》，1922 年 6 月 5 日。
④ 《记者联欢会大会记》，《民国日报》，1922 年 10 月 16 日。
⑤ 《记者联欢会昨开评议会》，《民国日报》，1922 年 11 月 19 日。
⑥ 《记者联欢会聚餐记》，《民国日报》，1922 年 12 月 4 日。

甚微。时至 1923 年 2 月，谢介子还颇有信心，相信《新闻界》季刊第 1 期可以在短期内迅速编就。① 可是，时隔半年后，季刊依旧无法面世，以至于潘公展申请辞职。考虑到征求稿件之难，调查事实之手续繁重，记联会不得不退而求其次，决定先行编印纪念册，在两周年纪念会以前出版。② 最后，此事终究未能如愿，仅限于纸上谈兵。

筹设新闻大学，是记联会试图推进学术研究，提升职业素养的另一努力。早在 1919 年，全国报界联合会成立之时，上海报界就曾计划筹办新闻大学，培养专业人才，但归于泡影，未能落到实处。1921 年至 1922 年，来华的美国新闻界名流，一致强调专业教育的重要性，认为中国要进一步发展新闻事业，理应创设新闻大学。"中国如能自行组织一新闻大学，仿美国学制方法，其收效之宏大，必较他国为尤佳。而数年之后，毕业于是校者，亦必得最好之结果，国际地位上亦得增加光辉。"③《密勒氏评论报》主任密勒甚至还极力鼓动美国资本家，出资在上海建立一所完备的新闻大学。此类言论与表态，让原本就极力推崇欧美同业的联欢会会员，纷纷为之心动，积极响应。1924 年 8 月，戈公振提议，记联会应发表意见书，制订计划，"请将庚款一部分，拨作创办完美实用之新闻学院"。会众公决赞同，推举戈公振、汪英宾、潘公展起草详细意见书及计划。④ 此后，筹备新闻大学成为记联会的一项重要工作，先后多次讨论草案与计划书。⑤ 遗憾的是，与学术刊物一样，新闻大学事宜同样流产。

就实际来说，新闻学研究成效有限。但是，在普及新闻学识方面，记者联欢会却收获颇多。如会员周孝庵（《时事新报》编辑）在 1925 年 1 月创办新闻函授学校（又名新闻大学函授科），成为"我国函授新闻学之创始者"，开创半年，在校肄业者竟达七百余人。⑥ 另据传媒报道，上海新闻大学函授科第六届招生时，"入学益众"，春季毕业者居然有一千五百余人。⑦ 当然，这类数据可能夸大其词，有广告宣传，甚至王婆卖瓜之嫌疑，真实性有待考证，但多少能说明新闻教育日益走向热门。

---

① 《记者联欢会聚餐记》，《民国日报》，1923 年 2 月 5 日。
② 《记者联欢会常会记》，《民国日报》，1923 年 8 月 20 日。
③ 《新闻记者联欢会开会纪》，《申报》，1922 年 5 月 15 日；《发展中国新闻事业之演讲》，《民国日报》，1922 年 5 月 14 日。
④ 《记者会之音乐演讲欢迎宴》，《申报》，1924 年 8 月 14 日。
⑤ 《新闻记者联合会昨日聚餐》，《申报》，1924 年 10 月 20 日。
⑥ 《上海新闻大学函授科近况》，《申报》，1925 年 7 月 2 日。
⑦ 《新闻大学函授科近讯》，《申报》，1927 年 2 月 5 日。

应特别关注的，还有会员汪英宾。汪氏早期在《申报》馆任职，1922 年赴美，先在密苏里大学新闻学院获得新闻学学士学位，后到哥伦比亚大学研究新闻学，成为第一个在该校获取新闻学硕士学位的中国人，其题为"中国新闻史"的论文，深得好评。① 1924 年 8 月，学尤精进的汪英宾回国，开始致力普及专业学识，影响极大。据媒体记载，从 1924 年 10 月到 12 月，他先后在上海青年会、澄衷中学、寰球学生会、杭州青年会、南方大学等处举办演讲会，内容广泛，涉及美国的新闻摄影、新闻职业、新闻技术和中美新闻事业之比较、中国新闻事业之问题、大学建设报学科之问题。② 更为重要的是，汪英宾身体力行，着手新闻学教育，努力造就新闻人才，以期改良新闻事业。1925 年春，南方大学应社会需要，添设报学系及报学专科，汪英宾出任主持，聘请戈公振担任教授，开课后，报名者颇为踊跃。③

注重研究和教育，说明记者的职业意识发生显著变化，强调专业素养的重要，"新闻记者既负有指导舆论之责任，则其所居地位之重要可知，惟其所居地位之重要，则更当求充分之学识，与一己人格之增高"④。尽管相关事项进程不太顺利，但努力方向和精神面貌仍然值得称道。戈公振就颇为自豪："本会成立三载，殊无进步可言。惟同人均力求进步，则可自信。最近一年来，会员日增，会务亦日形发达。会员有自美国专门研究新闻事业归国者，连日至各方面演说，使社会了解新闻事业之地位。又如出版方面，有出版者，有尚印刷者。本会又觉民国新闻人材缺乏，故主张由庚赔款之一部分，以办理完美独立之实用之新闻学院，附属于国立大学名义之下，由大学与报馆合同管理之。总之，本会努力于修养方面，使人知尊重新闻事业之职业。希望能由储蓄方法，自建会所，并希望此种组织，遍于全国。"⑤

---

① 《汪英宾君之荣誉》，《申报》，1924 年 7 月 18 日。
② 《汪英宾演讲美洲新闻事业》，《申报》，1924 年 10 月 17 日；《汪英宾昨在澄衷中学演讲》，《申报》，1924 年 11 月 8 日；《汪英宾君昨晚在寰球学生会演讲》，《申报》，1924 年 11 月 16 日；《汪英宾演讲新闻之职业》，《民国日报》，1924 年 11 月 16 日；《汪英宾演讲新闻技术》，《民国日报》，1924 年 11 月 228 日；《汪英宾今晨赴杭州演讲》，《申报》，1924 年 12 月 4 日；《汪英宾硕士昨在南方大学演讲》，《申报》，1925 年 1 月 1 日。
③ 《南大报学科近讯》，《申报》，1925 年 1 月 14 日。
④ 《记者会二周纪念会纪》，《民国日报》，1923 年 11 月 18 日。
⑤ 《记者联欢会三周纪念记》，《申报》，1924 年 11 月 17 日；《记者联欢会三周年纪念》，《民国日报》，1924 年 11 月 17 日。

小　结

按照张静庐的说法，上海新闻记者联欢会是第一个以记者为基本单位的职业团体，此前成立的上海日报公会、中国报界俱进会和全国报界联合会均是以报馆为基本单位的新闻团体，确切来讲，是以经理、社长为基本会员。虽说20世纪30年代的国选总所与国民政府中央宣传部都将社长、主笔、经理纳入记者的范围，"如通常所称社长、主笔等项人员，均应视作记者，如该报馆与通讯社采用经理制，其经理与社长地位相当，亦应视作记者"①。但两类组织的区别可谓泾渭分明，至少在当事人看来是如此。因此，记者联欢会的创建和完善，本身就预示着记者群体的身份认同与职业认同的明显改观，证明新闻职业化取得重要突破，具有标志性意义。

徐小群曾经断言"上海新闻记者联欢会并没有致力于新闻记者职业化的议题"②。但历史事实表明，在其存在的几年时间里，新闻记者联欢会不仅试图创办专业学术期刊，举办新闻学术讲座，普及新闻专业教育，推动新闻学术研究，完善职业素质，而且通过内外联系，提升记者工作的专职化和专业化水准，强化同业联系，明确职业认同；另外，还采取多种形式表达自身独特的职业诉求，保障和增进同业权利。这一系列的活动，尽管只有部分成效，却是中国新闻职业化的重要环节和组成部分，不能视而不见，更不能一笔抹杀。

从当时报业发展的趋势来看，记者联欢会的多项措施可谓是必然之举，合乎时代脉搏。"五四"后，商业化报刊发展迅速，报业的市场化倾向持续增长，上海各大报企业化尤其显著。这一趋势进一步改变记者的社会角色，推动记者群体转向专业人士，强化职业认同与主体意识，更新组合方式和类型，提倡新闻学术研究，团体活动目标、范围和方法均发生重大转变，上海报学社、上海

---

① 《国选总所解释新闻记者资格》，《申报》，1936年9月30日；《中央宣传部解释新闻记者资格》，《申报》，1937年5月5日。

② 徐小群：《民国时期的国家与社会：自由职业团体在上海的兴起（1912—1937）》，北京：新星出版社，2007年，第268页。

新闻学会等学术研究团体相继问世，即可视为显例。

当然，不可否认的是，与律师、会计师、工程师、医生等其他自由职业者相比，新闻职业化程度确实堪忧。对此，记者自身有着自知之明："第一，我国的新闻记者在资格上并不像会计师和律师那样有着法定的标准；第二，我国新闻记者的团体组织，还幼稚得很，就那些已经成立的团体来说，会员资格都是限于日报和通信社的记者的，大家知道我国的通信多而且滥，只消借一具誊写版来，发几页不三不四的新闻，就俨然是一个通信社了。因此团体方面往往无法拒绝任何假冒的新闻记者的加入，同时那些对于时事问题很有分析和批判的能力，常给各种定期刊物写稿的真正优秀新闻记者，却因为章程上的限制，无法来参加团体。"① 也就是说，无论是从职业资格，还是从职业团体的入会资格来讲，新闻业都存在着严重不足。如果要求苛刻，用一系列更详细的属性来衡量的话，当时的新闻记者甚至不能被称为自由职业者。② 《申报》评论员就曾强调说："我们不能否认目前以记者为职业的手续，有时太不严格了，做了记者以后，受同业的监督程度也太不够了。"③

新闻团体是职业化的重要指标，即使从这个角度来看，新闻职业化同样存在较为严重的问题，尤其是与职业化充分、成熟的西方新闻业相比，差距相当显著。在同一时代的欧美国家，几乎都有健全的记者组织，这些组织的任务是提高职业标准，改进记者生活，共同研究记者应有的学问技术，及代表言论界与其他各界发生接触。"即就言论最不自由的德国来说，德意志的新闻记者协会，据1933年德国新闻记者法的规定，有以全体监视各同人履行义务及保障各同人的权利之责任，凡是没有加入德国新闻记者协会的，都不能在德国境内行使记者之业务。中央新闻记者协会，设法养成新闻人材，谋报界之共同福利，凡是新闻界有争执事项，由协会附设的职业法庭去处理。我们不能武断这种组织，是希特勒压迫言论界的工具，因为在希特勒执政以前，德国已有这个职业组织，德国新闻界在质量上之所以有很高的成就，多半是得力于健全的记者组织。英美诸国记者团体不单是求生活之改良，地位之提高，并相互研究报业之改进，对于某种问题，求共同之主张与意见。"然而，中国报业现在"不但无军

---

① 《国选与新闻记者资格问题》，《申报》，1936年8月23日。

② 徐小群：《民国时期的国家与社会：自由职业团体在上海的兴起（1912—1937）》，北京：新星出版社，2007年，第11页。

③ 《言论界的团结问题》，《申报》，1936年12月25日。

队一样的严格组织，连产业界一样的轻度合作与团结，尚未做到……健全的组织乃是迫切之要求，这是报界所需要的"①。

或许，在民族危亡的紧急关头，上述言论难免有些偏激，因为上海日报公会一直活跃在上海滩，记者们从未中断过构建职业组织的努力。可是，新闻团体的吸引力与会员数量始终不尽如人意，确属客观事实。上海新闻记者联欢会开成立会时，会员仅二十余人，先后入会且有据可查者约 105 人，虽则没有详尽的资料证明 20 世纪 20 年代上海新闻记者的总数，但会员比例偏低是不容否认的。

显然，在记者们看来，新闻职业化的障碍部分来自报业发展滞后，编辑技巧匮乏，职业道德规范缺失，职业目标错位，而专业教育严重不足是导致这种局面出现的重要因素。1924 年 11 月，汪英宾题为"新闻之职业"的演讲，揭示了部分真相："吾国新闻事业，尚未达到职业时代。盖以报纸所载之新闻，每不能纯粹独立，而当加入议论。报馆经济，又难独立，职员薪水太少，致不能专营新闻事业。新闻范围，又觉狭小，偏重政治，其他人生问题，则不甚注意。至于新闻家，又少一种社会之组织，互相切磋，设法增进新闻事业。新闻教育之设施，亦甚缺乏，只有二三大学附设新闻科，不足造就新闻学人才，此亦当注意者也。希望有志新闻事业者，急起图之，以改良吾国新闻事业也。"②

简言之，专业教育的空缺、过于宽泛的资格准入条件、专业技能的贫乏等诸多弊端，致使近代新闻职业化进程虽早已启动，但远不够成熟。如同一叶驶出港湾的扁舟，还没有到达胜利的彼岸。时至今日，如何推进新闻职业化，如何提升新闻人的职业素养，如何树立专业标杆，依然是国人无法回避的重要课题。

（原文与朱颖合著，发表于《新闻与传播研究》2009 年第 3 期，有改动）

---

① 《言论界的团结问题》，《申报》，1936 年 12 月 25 日。
② 《汪英宾君昨晚在寰球学生会演讲》，《申报》，1924 年 11 月 16 日；《汪英宾演讲新闻之职业》，《民国日报》，1924 年 11 月 16 日。

第九章

"改良吾国新闻事业"：民国初期上海新闻界的新闻学术活动

民国初期，上海报业逐渐确立"新闻"中心地位，由政论时代向新闻时代过渡，新闻文体日渐成熟，职业记者开始涌现。专业人员主持报刊之后，往往强调按照新闻规律办报，较早认识到新闻教育和专业素养的重要性，着手推动新闻学研究，使上海成为新闻教育和学术研究的重镇。这一现象早已引起学界关注，不过以往研究侧重单个报人或新闻学者的活动与著述，对新闻界的群体行为关注不够，尤其是忽略新闻团体的贡献。鉴于此，本章试图尽力搜求各类报刊资料，梳理民国初期上海新闻团体的学术活动，在重鉴史实的基础上，具体把握早期新闻学术活动的真实面相。

第一节 新闻学术之缘起

晚清时期，王韬、严复、梁启超等思想文化先驱，时常撰文，呼吁规范新闻媒介，提升报纸编辑和主笔的知识素养，如 1897 年吴恒炜在《知新报缘起》中就提出"治报之学"①。但草创时期的中国新闻界，缺少必要资源和借鉴模式。直到 1901 年，梁启超还忧心如焚："由于主笔、访事等员之位置不为世所重，高才之辈，莫肯俯就"，"从事斯业之人，思想浅陋，学识迂愚，才力薄弱，无思易天下之心，无自张其军之力"，慨叹"第四种族""何时始见其成立"②。1902 年，《大公报》则明言，"主持笔政之人，未必通新闻之学"，致使国人自办报刊存在各类弊病③。幸运的是，在 1903 年，商务印书馆翻译出版松本君平的《新闻学》，《万国公报》第 180 册发表《报学专科之创立》一文，对欧美新闻事业、新闻教育和新闻学研究等作过简要概述，为萌芽中的中国报业提供了一个粗浅轮廓和努力方向，"诚不可不奉为圭臬也"④。

1905 年 3 月 13 日，上海《时报》发表《宜创通国报馆记者同盟会说》一文，倡议组织全国性的记者同盟会和研究团体，"报界之知有团体，似自此始"⑤。在《时报》看来，组建记者同盟"可得互相长益之助"，使记者之学问日进，报纸之价值亦因之日进；"可得互相交通之乐"，各记者相互交游和相识，避免互相猜忌和攻击。为此，《时报》提议先创设记者俱乐部、记者通信部与记者研究会，让各地记者"先自研究，互通知识，互补见闻"，进而成立全国统一的同业组织⑥。这一呼吁犹如暮鼓晨钟，产生强烈反响，一些报馆就

---

① 方汉奇：《中国新闻事业编年史（上）》，福州：福建人民出版社，2000 年，第 107 页。
② 梁启超：《本馆第一百册祝辞并论报馆之责任及本馆之经历》，《清议报》（第 100 册），1901 年 12 月 21 日。
③ 《谨拟各报馆公共章程》，《大公报》，1902 年 9 月 17 日。
④ 周婷婷：《中国新闻教育的初曙：以北京大学新闻学研究会中心的考察》，武汉：华中科技大学出版社，2013 年，第 11 页。
⑤ 戈公振：《中国报学史》，北京：生活·读书·新知三联书店，1955 年，第 280 页。
⑥ 《宜创通国报馆记者同盟会说》，《时报》，1905 年 3 月 13 日。

此问题展开积极讨论。3 月 14 日，《申报》发表《赞成报馆记者同盟会之论》一文，对《时报》主张极表认同，"同盟之议，欲厚报力者，所不可缓也"①。遗憾的是，稍后成立的上海日报公会，侧重新闻业务，会员以报馆为单位，注重报馆权益，对新闻记者的权利几近忽略不计，不利于从业人员提升职业素养。②

不过，《时报》很好地贯彻自己的主张，在报馆开辟"息楼"，使之成为实际运作的上海新闻记者俱乐部，并为知识人建构一个典型的社会交往网络和公共活动空间，同时形成一个关系相对松散的小群体——"息楼中人"。据包天笑回忆，常来"息楼"的人物，有沈恩孚、袁希涛、黄炎培、龚杰、林康侯、史量才、吴馨、朱少屏、杨白民、杨廷栋、管趾卿、叶养吾、杨荫孙、杨景森、夏颂来、王培孙、沈叔逢、黄公续、黄伯惠、吴讷士、吴斯千等。③ 另据余芷江回忆，狄楚青、陈冷、雷奋、张謇、赵凤昌及李平书等人，也常来"息楼"④。

"息楼中人"多数供职于教育界，袁希涛、沈恩孚、黄炎培、王培孙、林康侯、沈叔逢、黄公续等均致力于办学兴教。在王培孙办学过程中，"息楼中人"纷纷前来襄助：夏颂来、陈冷正式担任授课教师；沈叔逢则受聘担任唱歌课教员；史量才任理化教员；黄公续因出资资助，出力甚多，曾被推为校董；朱少屏也曾任教一年⑤。此外，办报也是"息楼中人"重要的职业选择，狄楚青、陈冷、雷奋、包天笑、林康侯、沈叔逢、杨景森、朱少屏等，都是上海新闻界的翘楚。依托报刊这一新式大众传播媒介，相当一部分"息楼中人"试图成为"政治上协商者，文化上整合者，社会上沟通者"，"成为对西方政治、社会观念的最活跃的传播者和各种新的政治、社会话语、价值观念的创造者"。⑥

受益于"息楼"这一公共空间的相互交流和影响，朱少屏等人尝试融合新闻界与教育界，强调发展新闻教育，以此推动报业发展。1912 年 6 月，中国报

① 《赞成报馆记者同盟会之论》，《申报》，1905 年 3 月 14 日。
② 赵建国：《清末民初的上海日报公会》，《探索》2006 年第 4 期，第 76 - 79 页。
③ 包天笑：《钏影楼回忆录》，太原：山西古籍出版社，1999 年，第 522 页。
④ 余芷江：《辛亥上海光复前后·座谈会记录》，中国人民政治协商会议全国委员会文史资料研究委员会编：《辛亥革命回忆录：第四集》，北京：中华书局，1962 年，第 3 页。
⑤ 翟春荣：《息楼与息楼中人》，华东师范大学硕士学位论文，2010 年。
⑥ 王敏：《"中间地带"：晚清上海报人与立宪运动——读季家珍〈印刷与政治〉》，《学术月刊》2003 年第 11 期，第 62 - 66 页。

界俱进会在上海召开特别大会，朱少屏等人首次倡导"设立新闻学校案"，为"我国知有报业教育之始"①。其理由在于：一是民国元年（1912）报业"日来异常发达"，对从业人员的需求剧增，而中国向来没有专门的新闻教育，以致"新闻无学"，从业人员素养有限，无法满足报业进一步发展的需要；二是在报业发展过程中，报人已经认识到中国报业与欧美报业之间存在着的巨大差距，这种差距在一定程度上源于欧美国家有着较为完善的新闻教育，"各国大学，均有新闻一科，若访员、若编辑、若广告、若发行，各有专门学"。为此，要促进中国报业的发展，必须从新闻教育着手，"我报界欲与欧西姚（应为"媲"之误）美，非设此项学堂不可"②。这一提案得到与会众人的赞同，公推朱少屏草拟章程。

但由于民初政见分歧严重，中国报界俱进会在无形中瓦解了。各议案最终归于纸上谈兵，流于形式，无法真正实施，"新闻学校案"未见下文。但是，上海新闻界不忘初心，一直等待时机，以发展新闻教育和新闻学术研究。1919年4月15日，全国报界联合会在上海召开正式的成立大会，即有代表提出"组织学术讨论会案"，这是当时中国新闻界对新闻教育和研究认识日益明确的成果，不过与会代表对此没有展开充分的讨论，将之留待下届常会③。1920年5月，全国报界联合会在广州召开第二次常会，"筹设新闻大学案"和"新闻大学组织大纲"是第二次常会致力于报业发展的一个突出成就。这意味着报人对新闻教育的再度关注，具体刺激仍为中国报业与欧美报业差距甚远，"欧美各报，多托学校代办新闻科，故人才辈出，报业日兴"。第二次常会决定，上海报界与复旦大学协同办理新闻大学④，吴稚晖、甘六持、黄宪昭、孙科、黄炎培为新闻大学筹备员，陆见如、戴季陶、陈独秀、汪精卫、陈家鼎为候补筹备员⑤。

遗憾的是，全国报界联合会在一年之后即自行解散，筹设新闻大学的决议也未能付诸实践。但仔细品味该决议，可以发现，它对中国日后新闻教育的良性发展无疑有所影响，使新闻教育机关一开始就与报馆紧密地联系在一起，学与用不至于脱节。后来新闻教育大体坚持"理论与实践并重"，与此不无关联。

---

① 戈公振：《中国报学史》，北京：生活·读书·新知三联书店，1955年，第256—259页。
② 《中华民国报馆俱进会第四日大会记事》，《申报》，1912年6月10日。
③ 《报界联合会会议记》，《民国日报》，1919年5月11日。
④ 《报界联合会开会纪》，《民国日报》，1920年6月1日。
⑤ 《报界联合会开会纪》，《民国日报》，1920年6月13日。

第二节　筹建学术团体

重视新闻学研究，是"五四"以后新闻界的共识。专业人员办报的重要特点，是把新闻事业视为独立的事业来办，注意寻找新闻事业发展规律，改善经营管理，为此重视提高专业知识，加强新闻学研究，并注意向社会普及新闻知识。① 为此，上海新闻界联合创建上海新闻记者联欢会，以及新闻学演讲会、上海新闻学会、上海报学社等新闻学术团体，致力本土新闻教育和学术研究。

1921 年成立的上海新闻记者联欢会，是上海第一个以记者为基本单位、组织形态相对完备的职业团体，其原定宗旨为"联络同业感情"。不过，研究新闻学术，同样是记者联欢会不可偏废的重要事项，甚至是联络感情背后的动力所在。在周年纪念大会上，会议主席谢福生宣告："本会宗旨为联络感情，研究学术。"②

上海新闻记者联欢会以"研究新闻学识，增进德智体群四育"为宗旨，会员四处演说新闻学，并一度策划学术杂志，创设新闻大学，试图让新闻职业受到普遍尊重，甚至希望"此种组织，遍于全国"。③只是万事开头难，事功未竟。但星星之火可以燎原，由上海新闻记者联欢会衍生的新闻学研究会、上海新闻学会与上海报学社，让新闻学研究后继有人，且逐步走向兴盛。

为"引起同人研究新闻学之兴趣"，上海新闻记者联欢会会员，远东通讯社社长莫克明，决定举办"新闻学演讲会"，该会最初只限于新闻界同人。后来考虑到新闻常识"不但从事新闻生活者应备有，即可各界人士，亦均不可少"，莫克明便逐步推广"新闻学研究会"，于 1925 年 7 月 19 日特邀国际新闻记者会会员王一之及其夫人李昭实，举办公开演讲会。④这次公开演讲效果显

---

① 马光远：《上海新闻史（1850—1949）》，上海：复旦大学出版社，1996 年，第 588 页。
② 《记者联欢会周年大会》，《民国日报》，1922 年 11 月 13 日。
③ 《记者联欢会三周年纪念》，《民国日报》，1924 年 11 月 17 日。
④ 《新闻家演讲纪》，《申报》，1925 年 7 月 19 日。

著，多位记者及有志研究新闻事业者，莅会旁听。①

首次公开演讲会的成功，让远东通讯社信心十足，随即创设"新闻学暑期演讲会"，邀请朱少屏、王一之、李昭实、潘公弼、严谔声、汪英宾、周孝庵、张东荪、戈公振、莫克明、朱希农、潘竞民、潘公展、严独鹤等出任讲师。②为保障顺利进行，通讯社还制定"新闻学暑期演讲会章程"，对宗旨、科目、入会资格、手续作了详细规定："一、本会定名为新闻学暑期演讲会；二、本会以灌输新闻学识，提倡新闻事业为宗旨；三、开设科目有《中国新闻史》《各国新闻事业状况》《报馆的商业经营法》《报馆经济学》《广告学》《报馆的管理法》《通讯社的经营法》《新闻学》，广泛涉及政治、社会、教育、经济、采访法、记录法和编辑法等；四、无论男女，凡在中等学校毕业之学生，及对于新闻事业有趣味之各界人士，经本会认可者，皆可报名听讲；五、报名时，除交讲义费一元外，概不收费等。"③

"新闻学暑期演讲会"从1925年8月24日至9月5日，共持续两周，招收学员近200人。参与授课的朱少屏、潘公弼、王一之、李昭实、严谔声、汪英宾、周孝庵、潘竞民、严独鹤、莫克明、戈公振等经验丰富，素养一流，听众异常满意，演讲会取得了非常好的效果。远东通讯社总编辑潘竞民自豪地说："敝社此次举行新闻演讲会，为时虽短，而听讲者兴趣极浓，并可藉以促进社会上对新闻事业之注意，深愿明年今日重办大规模之新闻学会，俾有志新闻事业者得以详加研究。"④

当然，"新闻学暑期演讲会"最为显赫的成绩，莫过于催产上海新闻学会，从而对近代新闻学术的发展及新闻事业的进步产生深远影响，而这或许是主办人始料不及的。1925年9月6日，出席演讲会的会员为"联络同志感情，互相援助，并策进新闻事业，改良社会以及提倡读报运动"，发起组织上海新闻学会，推举葛建时、翁国勋、邹见心、宋哲夫、韩宗道、黄警颂、黄浣溪等人负责筹备工作。筹备就绪后，10月2日，上海新闻学会召开成立大会，吕碧城担任主席，汪英宾、《大陆报》主笔许建屏和《商报》总编辑陈布雷等出席演

---

① 《远东社明日请新闻家演讲》，《申报》，1925年7月17日。
② 《新闻学演讲会近讯》，《申报》，1925年8月30日。
③ 《新闻学暑期演讲会之创设》，《时报》，1925年8月10日。
④ 《新闻学演讲会昨行闭幕式》，《申报》，1925年9月7日。

说。① 新闻学会的成立，赢来各界赞誉，最初就有七十余人与会，外埠亦有来函入会者。② 从美国回国的新闻家张继英，称赞新闻学会提倡的读报运动"尤为切要"③，欣然入会，担任重要职务，贡献力量。④ 国际新闻协会委员夏奇峰和新加坡《南铎日报》及《益群报》编辑刘党天，出任顾问，以期"新闻学会将来在国际上有相当地位，为新闻界放一异彩"⑤。

上海新闻学会重视联络新闻业界，时常聘报界名流担任顾问。张振远、潘竞民、顾执中、陈冰伯、汪英宾、叶如音等上海新闻记者联欢会会员，纷纷加入新闻学会，甚至当选执行委员。⑥ 因此，学会常规会务即招待上海本地各报馆主编，"使新闻界了解本会为专门研究新闻学说之机关，而予以指导与掖助"。1926 年 4 月，为欢迎新任顾问，新闻学会与报学社举办春季交谊会，以资联络，并借机邀请名流演讲，留法造纸家王毅演说"造纸与报纸之关系"，香港《大光报》编辑陆杰夫演说"金钱为办报之难关"。⑦ 而且，上海新闻学会也曾积极声援遭遇迫害的记者。1926 年，江阴记者周刚直被逮捕下狱，受刑极苦，后被杀害。各界人士咸报不平，上海新闻学会会员也召开紧急会议，认为"吾辈研究新闻学，义应表示悲哀"，当即一致表决，发表宣言，以唤醒民众。⑧

在参与组建新闻学演讲会和上海新闻学会之外，以戈公振为代表的上海新闻界，协同各个大学报学系的学生，共同筹建上海报学社。1920 年，继圣约翰大学报学系创办之后，上海南方大学、国民大学、复旦大学、沪江大学、大夏大学、光华大学等逐步添设报学科。⑨ 在新闻教育大发展的背景下，为"研究报学，发展报业"，改变中国新闻事业幼稚的局面，光华大学、国民大学、大夏大学"有志报学诸同志"，在 1925 年 11 月联合发起中国报学研究会，随后正式命名为上海报学社。⑩

---

① 《新闻学会筹备就绪》，《时报》，1925 年 9 月 26 日。
② 《新闻学会征求会员》，《申报》，1925 年 11 月 3 日。
③ 《新闻学会欢迎张继英》，《申报》，1925 年 12 月 9 日。
④ 《张继英入新闻学会》，《民国日报》，1925 年 12 月 6 日。
⑤ 《夏奇峰对新闻学会会员之谈话》，《申报》，1926 年 1 月 11 日。
⑥ 《新闻学会委员会将开会》，《民国日报》，1926 年 9 月 24 日。
⑦ 《两报学团体交谊会》，《时报》，1926 年 4 月 12 日。
⑧ 《新闻学会为周刚直志哀》，《申报》，1926 年 2 月 2 日。
⑨ 《报学社成立大会记盛》，《时报》，1925 年 11 月 30 日。
⑩ 《上海报学社》，上海通社编：《旧上海史料汇编（下册）》，北京：北京图书馆出版社，1988 年，第 319 页。

这一呼吁得到新闻界的大力支持，李昭实、戈公振、汪英宾、潘公展等出席报学社成立大会，并相继发表精彩演讲。李昭实对欧洲大学组织报学社情形颇多发挥。汪英宾强调说："研究报学先决问题，应谋经济独立，否则受人支配，不得自由，此系吾人应注意问题；至于报业，为表明行业中之一种极有趣之职业，与普通营业不同，普通营业目的，在注意营利，并所营之利，乃关于个人或少数人，报业用意，在谋社会公众利益，此种区别，务当留意。"潘公展称："新闻记者最重人格修养，可分为内外两部说明：一、内心的人格修养，即道德上之修养，须始终保持其坚强意志，不为外界所威胁利诱，变其初衷；二、外表的人格修养。甲、眼须锐敏，观察各方情形，庶明确快速；乙、耳须公平，不偏听任何一方；丙、手须专做新闻事业，切不可以之受贿，否则易受欺骗，影响于社会甚大。"戈公振在发言中说："中国自汉即有邸报，为世界最早之报纸，现与各国比较，几至落伍，甚属可耻，但经济不足，交通不便，固为报纸发达之阻碍，然人才缺乏，亦为阻碍之一因。近年各大学渐有报学科之添设，诸位今则组报学社，研究报学，社员亦极踊跃。鄙人对于贵社，希望将来从事出版物之工作，以资改良。对于个人，希望力求专、勤、俭三种修养。"① 从演讲中可以看出，当时报界闻人对报学社相当期待。

成立之初，报学社就着手修改章程，征求会员，"惟取严格主义"②，在报界服务两年以上或在大学肄业者，并由社员两人以上之介绍，始可入社。③ 由于该组织蜚声上海，有志于新闻学研究者纷纷加入，外地会员日益增加，遍及浙江、江苏、北平、广东、辽宁、湖南、江西、山东、四川等省市。1930 年 10月，报学社在浙江成立杭州分会，同时南京、辽宁等地也积极筹备组织分会。④1931 年，上海报学社再次征求社员，加入人数日益增多，如蒋光堂、成舍我等先后入会，社务进行顺利。后因日本侵华，"一二·八"沪战爆发，加上主要参与者戈公振出国考察，会务无形停顿，大约在 1935 年底终止活动。⑤

按照最初拟定的计划，演讲、图书、参观、实习、翻译是报学社的首要活动，发行出版物、组织通讯社为第二步工作。在各大学师生及报界闻人的通力

---

① 《上海报学社成立会纪》，《申报》，1925 年 11 月 30 日。
② 《报学社昨开年会》，《时报》，1926 年 11 月 29 日。
③ 《上海报学社将开常会》，《民国日报》，1926 年 3 月 25 日。
④ 马光仁：《上海新闻史（1850—1949）》，上海：复旦大学出版社，1996 年，第 705 页。
⑤ 《上海报学社》，上海通社编：《旧上海史料汇编（下册）》，北京：北京图书馆出版社，1988 年，第 319 页。

合作下，上述规划多数落实，实际效果显著。1926 年 11 月，上海报学社召开年会，徐文炳、周尚提出发行《新闻界》，经费先由社员认股，再向社外招股。这一提议得到与众的赞成，公举徐文炳、周尚、汤德明、许心一、朱雨轩、刘远名、何景寮、黄佩章、金镜痕、邹代耕等 10 人为委员，另请潘公展为编辑主任，陈布雷、姚公鹤、潘公弼、吴凯声、戈公振、汪英宾、马崇淦、楼湘荪等十余人为特约撰述。① 尽管出于多种原因，《新闻界》未能如期发行，但报学社在 1929 年创办的学术刊物《言论自由》弥补了这一缺憾，极大地促进了新闻学术研究。

历数报学社的活动，从发起组织到拓展会员、创设杂志，都有报学先进戈公振的身影，他对该社一向寄予厚望，多次鼓励社员。在第一次年会上，戈氏声称："目下因政治环境之恶劣，报界亦在混沌状态中，希望该社社员能继续不断从事研究，穷者独善其身，次则希望该社能有一良好之团结精神，俾众擎易举，将来可多为国家效劳。"②1930 年 10 月 12 日，"上海报学社杭州分社"宣告成立，戈公振特赴杭参加典礼，并举行公开演讲，对社务贡献较大。

考虑到上海报学社主要由戈公振负责主持，各报表彰其事略之际，都曾提及："（戈）曾任各大学新闻学讲席，循循善诱，并发起中国报学社，从事新闻学之探讨。"③此外，戈公振同样是上海新闻记者联欢会的重要发起人和主要参与者，所以上海报学社在人脉及事务方面均与上海新闻记者联欢会有着紧密联系，这是无可否认的。

第三节　讲学与普及

由于"中国新闻界今尚在幼稚时代，就现象观之，虽日有进步，终觉新闻记者对于新闻学，尚乏发展机会，以供吾人共同研究"，记者们迫切希望境内外

---

① 《上海报学社昨开年会》，《上海民国日报》，1926 年 11 月 29 日。

② 《报学社昨开年会》，《时报》，1926 年 11 月 29 日。

③ 《上海报学社》，上海通社编：《旧上海史料汇编（下册）》，北京：北京图书馆出版社，1998 年，第 319 页。

新闻名流"以其学识经验，加以指示"。①因此，邀请国内外新闻学家和报界巨子讲学或交流，是上海新闻界加强新闻学术研究的重要方式，上海新闻记者联欢会和上海新闻学会在这一方面的成绩最为突出。

1921 年 11 月 13 日，上海新闻记者联欢会在马玉山公司举行第一次聚餐会，就邀请《密勒氏评论报》代理主笔讲演新闻事业。② 时隔不久，英国现代新闻事业创始人和报界大王北岩勋爵来华游历，与记者联欢会多有交流。③ 同年 12 月，以威廉和格拉士福立克为代表的美国报人相继访华，上海新闻记者联欢会多次热情接待。威廉对上海新闻记者联欢会极有兴趣，欣然成为第一个名誉会员④。次年 1 月，美国教育家罗素尔博士在联欢会演讲"新闻与教育之关系"，强调教育经费独立，一般政客不能参与确定教育政策。⑤ 4 月 16 日，记者联欢会特邀《大陆报》主笔陶益尔演讲新闻学。⑥ 5 月 15 日，联欢会邀请《密勒氏评论报》负责人演讲"中国新闻事业之前途"，他提议中国应创设新闻大学，进一步发展新闻事业，极力鼓动美国资本家在上海建立一所完备的新闻大学。⑦当天晚上，《星期六晚报》主任马克森在联欢会讲解美国"黄色新闻"及其从业经验，认为新闻记者应虚怀若谷，保全信用，重视新闻事业，"盖不重视自己的职业，何足以言成功，其于新闻记者亦然"⑧。8 月 6 日，记者联欢会又宴请《密勒氏评论报》主笔鲍威尔，演说新闻事业，介绍华盛顿会议中的新闻活动情况。⑨

在与境外同业携手并肩之际，上海新闻记者联欢会也主动联络国内名流与报界闻人。海外学习新闻学、考察新闻业的汪英宾、张继英等人相继回国后，受到热情接待，多次莅会演说。1924 年 8 月 17 日，汪英宾在记者联欢会演讲"美国新闻事业近况"。⑩ 1925 年 7 月，国际新闻记者会会员王一之与夫人李昭

① 《新闻记者欢迎格拉斯》，《民国日报》，1921 年 11 月 25 日。
② 《新闻记者联欢会聚餐会》，《民国日报》，1921 年 11 月 14 日。
③ 《北岩爵士抵沪之欢迎盛况》，《申报》，1921 年 11 月 21 日。
④ 《各方面欢迎威廉博士之昨讯》，《申报》，1921 年 12 月 14 日。
⑤ 《新闻记者联欢会演讲及聚餐》，《申报》，1922 年 1 月 9 日。
⑥ 《新闻记者联欢会之演讲宴》，《申报》，1922 年 4 月 17 日。
⑦ 《发展中国新闻事业之演讲》，《民国日报》，1922 年 5 月 15 日。
⑧ 《美报记者马克森氏之演讲》，《民国日报》，1922 年 5 月 16 日。
⑨ 《新闻记者联欢会开会纪》，《民国日报》，1922 年 8 月 7 日。
⑩ 《记者会音乐演讲欢迎宴志》，《申报》，1924 年 8 月 18 日。

实，应邀演说"各国报馆记者对于国际会议之兴趣"与"新闻记者之事业及生活"。① 同年 11 月，毕业于哥伦比亚大学的新闻学硕士张继英演讲"美国报界情形"。②

上海新闻记者联欢会对演讲的偏好，直接影响到其他几个学术团体，尤其是"新闻学暑期演讲会"和上海新闻学会。远东通讯社所创设的"新闻学暑期演讲会"，邀请朱少屏、王一之、李昭实、潘公弼、严谔声、汪英宾、周孝庵、戈公振、莫克明、严独鹤等出任讲师。其中，朱少屏主讲"各国之新闻事业"、王一之及李昭实女士合讲"各国新闻事业之状况"、潘公弼主讲"编辑法"、严谔声负责"新闻记者与新闻事业"。此外，汪英宾"广告之解义与种种"、周孝庵"如何编辑新闻"、潘竞民"报馆组织之一斑及对于新闻事业之感想"、严独鹤"新闻记者之修养与艺术"、莫克明"通讯社事业"、戈公振"我国之新闻事业"等系列演讲，亦收效明显。③

上海新闻学会成立之初，就假借吕碧城寓所，邀请张继英演讲"新闻记者之必要条件"，黄翠英、黄洱浙、陈存仁、周白棣、程本海、宋哲夫、钱化佛、黄警顽、翁国勋等出席，参与研讨。④ 在学会委员会的就职会议上，亦有演讲者的身影：《川报》卢作孚演讲"新闻事业与社会"，《苏门答腊报》刘士木讲演"南洋新闻事业现状"，北京《四民日报》刘凤鸣也曾演说相关内容。⑤ 时隔一周，新闻学会开谈话会，邀请夏奇峰演讲"国际联盟与新闻记者之关系"，刘觉天演讲"南洋报界之概况"及其新闻记者六年之生活。⑥

而且，上海新闻学会的新闻演讲能够坚持不懈，未曾中断。1926 年 6 月，该组织宴请国闻社记者张振远，听其报告参观大阪《每日新闻》的感想，对于该社设备及访员之活动，多有论列。⑦ 同年 8 月，新闻学会召集全体会员，邀请美国《旧金山劳工日报》东方特派员道尔逊，演讲"旅华记者之经验"。⑧ 10 月，上海新闻学会举行第九次公开演讲会，邀请《时报》日本特派员鲍振青、

---

① 《记者会昨日之聚餐与演讲》，《申报》，1925 年 7 月 13 日。
② 《记者会三周纪念大会纪》，《申报》，1924 年 11 月 23 日。
③ 《新闻学演讲会今日开幕》，《时报》，1925 年 8 月 24 日。
④ 《新闻学会欢迎张继英》，《申报》，1925 年 12 月 9 日。
⑤ 《新闻学会委员会成立》，《申报》，1926 年 1 月 4 日。
⑥ 《夏奇峰对新闻学会会员之谈话》，《申报》，1926 年 1 月 11 日。
⑦ 《新闻学会委员会纪》，《民国日报》，1926 年 6 月 25 日。
⑧ 《新闻学会今日集会》，《民国日报》，1926 年 8 月 10 日。

北京写真通讯社主任褚保衡，演述"新闻写真之心得"。①

　　除多次邀请新闻界闻人演说之外，上海新闻学会与其他社会各界也常有联络。1926 年 2 月，新闻学会召开第四次演讲会，由梁维四演讲《巴黎的市政》②。3 月，新闻学会请徐悲鸿演讲《美术之起源及其真谛》，会员张聿光、张介眉、唐家伟、钱化佛、陈宏、关良、潘绍棠出席③。6 月，上海新闻学会与中华农学会一道，请北京农业大学经济学教授董时进博士演讲粮食问题④。7 月，上海新闻学会与上海图书馆协会等，宴请留英经济学家潘泽庶、美术家张道范、文学家邵洵美、物理学者吕子平、留法习史学之罗家伦、法学博士庞声钟、无机工程师吴勤，并请沪江大学张维桢女士、光华大学朱经农诸君作陪，"希望各学者各用其长，为国家谋革新之建设"⑤。9 月 21 日，新闻学会召开年会，法国里昂大学法学博士吴凯声演讲《新闻纸与国民外交》，程重英演讲《欧洲报人与外权运动》⑥。

　　系列演说，不仅传递新知，开阔同人眼界，更激发职业热情与自信，上海新闻界随即对普及新闻学识投入较多精力。比如，上海新闻记者联欢会会员周孝庵在 1925 年 1 月创办新闻函授学校，是"我国函授新闻学之创始者"⑦。上海新闻学会会员汪英宾先后在上海青年会、澄衷中学、寰球学生会、杭州青年会、南方大学等处，举办演讲会，介绍美国新闻摄影、新闻职业和新闻技术，并讨论中美新闻事业之比较、中国新闻事业与大学建设报学科等问题⑧。此外，汪英宾和戈公振兼任大学报学系教授，努力造就新闻人才，以期改良新闻事业。⑨

　　不仅如此，上海新闻学会一度极力倡议读报运动，以便普及新闻知识。

---

① 《新闻学会欢迎鲍振青》，《民国日报》，1926 年 10 月 20 日。
② 《新闻学会昨开演讲会》，《民国日报》，1926 年 2 月 28 日。
③ 《徐悲鸿在新闻学会演说》，《申报》，1926 年 3 月 8 日。
④ 《新闻学会等演讲民食》，《申报》，1926 年 6 月 4 日。
⑤ 《新闻学会等欢宴回国英法学生》，《民国日报》，1926 年 7 月 27 日。
⑥ 《新闻学会今日开年会》，《民国日报》，1926 年 9 月 21 日。
⑦ 《上海新闻大学函授科近况》，《申报》，1925 年 7 月 2 日。
⑧ 《汪英宾演讲美洲新闻事业》，《申报》，1924 年 10 月 17 日；《汪英宾昨在澄衷中学演讲》，《申报》，1924 年 11 月 8 日；《汪英宾君昨晚在寰球学生会演讲》，《申报》，1924 年 11 月 16 日；《汪英宾讲新闻之职业》，《民国日报》，1924 年 11 月 16 日；《汪英宾演讲新闻技术》，《民国日报》，1924 年 11 月 28 日；《汪英宾今晨赴杭演讲》，《申报》，1924 年 12 月 4 日；《汪英宾硕士昨在南方大学演讲》，《申报》，1925 年 1 月 1 日。
⑨ 《南大报学科近讯》，《申报》，1925 年 3 月 14 日。

1926年6月，何心冷提议，各会员在暑假期内，向内地宣传读报运动，以"在本会自身及上海新闻界均有贡献"①。10月9日，上海新闻学会召开第二次委员会，黄浣溪女士又提议读报运动，以补社会教育之不及，并决定在国庆日聚餐会上再作详密讨论。② 现有资料还不能呈现读报运动的具体进程，但新闻学会的这种意趣志向不容忽视。

小　结

大体而言，为改良我国新闻事业，推进报业发展，上海新闻界在实践中不断深化对新闻职业和学术的认知，率先倡导新闻教育和新闻学术研究，联合创建上海新闻记者联欢会、新闻学演讲会、上海新闻学会、上海报学社等新闻团体，取鉴异域，或筹设新闻大学，或普及新闻知识，致力本土新闻教育和学术研究。这种努力不仅能缩短人才培养周期，也可提高从业人员的素养，扩充其识力，开拓其视野，塑造新闻职业共同体，从而改良新闻事业，加速新闻职业化进程。

各类新闻团体及其会员的具体实践说明，走出书斋和学校，面向普通民众，是当时新闻学研究的可喜现象，这在相当程度上弥补了新闻专业教育的严重不足。

上海新闻界对新闻教育和新闻学术研究的广泛介入，也说明新闻教育和学术研究是中国新闻事业发展的必然结果，是"同一事实之两面"，理应兼顾"学"与"术"、理论与实践。由于与业界关系密切，民国新闻教育和学术研究具有非常典型的实用主义色彩，这体现在学科规划、课程设置、师资配备、教育理念、教科书的采用、新闻教育机构的类型与地理分布等方面。当然，对新闻实践的高度重视，亦为密苏里新闻教育模式在中国的移植奠定坚实基础，当今新闻教育和学术研究的中国特色可谓渊源有自。

[原文发表于《兰州大学学报》（社会科学版）2019年第1期，有改动]

---

① 《新闻学会委员会纪》，《民国日报》，1926年6月25日。
② 《新闻学会之读报运动》，《民国日报》，1926年10月10日。

第十章

刘煜生案：20 世纪 30 年代新闻界与政治国家之互动关系

1933 年的刘煜生案，曾经产生广泛的轰动效应，"引起全世界人士严重之注意"，① 不仅推进民权保障运动，也直接影响了国民党和国民政府的新闻政策，并关系"九一"记者节的创立，在近代中国新闻事业史上具有重大影响。本章在收集相关报刊、档案等资料的基础上，梳理事件的来龙去脉，不但充分注意新闻界的反应，而且注重党政机构和当事人的应对，以求得一个相对全面的认识，借此窥见 20 世纪 30 年代新闻界与政治国家之相互关系。

---

① 《枪杀刘煜生案，顾祝同消极来沪》，《时报》，1933 年 2 月 7 日。

第一节　刘煜生案之肇因

1932 年 7 月 26 日，江苏省政府主席顾祝同密令公安局，逮捕《江声日报》经理兼编辑刘煜生，理由是该报副刊"显有激动阶级斗争用意……含有共党口吻，及种种隐语"①。随后，刘煜生被移交到戒严司令部，关押审讯 6 个月之久。1933 年 1 月 21 日，戒严司令部将刘氏枪决。刘煜生案发生后，全国舆论哗然，矛头直指顾祝同及江苏省政府，使之穷于应付，狼狈不堪。

民国以来，捕杀报人，封闭报馆，几乎成为社会常态。刘煜生案何以能一石激起千层浪，使新闻界产生如此巨大的反响呢？这是一个值得深入探讨的问题。

据监察院办理此案的档案资料以及当时上海、南京等地媒体的新闻报道，刘煜生案的基本案情是清楚的。在刘被捕的当天，镇江各报记者即要求保释，但遭到拒绝。② 数日后，南京新闻记者公会委派胡大刚、齐公衡到镇江，谒见顾祝同，要求解释逮捕原委，并协同镇江新闻记者公会，再次呈请省府，将刘交保释放，亦未能如愿以偿。③ 为平息纷争，防止事态扩大，江苏省党部在 7 月 28 日开会议决，认为《江声日报》所刊文章"并无反动嫌疑"，希望省政府"准江声日报复刊，将刘煜生交保释放"。④ 但顾祝同不予理睬，拒绝保释，且不依照常规移送法院审理，而根据《江苏省会戒严条例》，将刘关押到戒严司令部，"一意孤行，必欲置之死地而后快"。⑤ 顾氏执意严惩，缘由可能是"刘煜生于今春因登载江苏省府鸦片公卖一事，见恨于当局"⑥。

此案之所以扩大，关键在于顾祝同违背法治精神，损害法纪尊严，尤其是

---

① 《江声日报昨被封闭》，《中央日报》，1932 年 7 月 27 日。

② 《江声日报主任被捕》，《申报》，1932 年 7 月 27 日。

③ 《京镇记者请释刘煜生》，《申报》，1932 年 8 月 10 日。

④ 《省党部函请省府准江声报复刊》，《时报》，1933 年 7 月 30 日。

⑤ 《上海市记者公会呈请中央撤惩顾祝同》，《申报》，1933 年 2 月 13 日。

⑥ 中国第二历史档案馆编：《中华民国史档案资料汇编》（第五辑第三编文化），南京：江苏古籍出版社，1994 年，第 309 页。

挑衅监察权，引起监察院的深度介入。正如《申报》所言，"此一案件，以监察委员刘莪青等之弹劾，而始得揭露于全国，今已为国人所共同注目之一大问题"①。

在关押期间，刘煜生一度具呈省府，剖陈悔过，但遭遇忽视。无奈中，刘氏在狱中多次向监察院上书，控诉地方当局颠倒是非，刑讯逼供，摧残舆论，蹂躏人权，请求主持公道。与此同时，刘夫人张若男多方奔走营救，吁请调查。此案最终引起于右任的重视，他委派监察员马震前往镇江，调查案情和卷宗。可是，这一合理请求被江苏省府拒绝，借口是"此案关系重大，案犯系奉令看押，绝对隔离，案卷亦绝对秘密，不能调阅"。由于江苏省政府不予配合，马震只好探询各报馆，借此了解真相，并迅速认定顾祝同的行为实属违法，具体理由如下。一是越权。江苏省政府是以违背《出版法》的名义，逮捕刘煜生，但"出版法第二十三条明白规定，内政部有禁止或扣押之权"，地方政府无权以《出版法》干涉新闻界，"若曰镇江戒严迄未取消，应据戒严条例处理之，则何以该省府令饬公安局密传，文中明明责其违背出版法，并未涉及戒严条例，可知当时逮捕之动机固有所伏也"。二是蔑视法律。如果刘煜生违背《出版法》，有反动嫌疑，应该搜检证据，在二十四小时内移送法院，依法办理，但江苏省府却发交戒严司令部看押，明显背离司法程序。三是挑战监察权。江苏省府对于监察院调查案件，"非特不能尽情答复，且坚决拒绝调查"，这不仅损害监察院的威信，且"与本院查案前途窒碍殊多"②。

接到马震的报告后，于右任指示监察委员刘莪青、田炯锦，对顾祝同提出第一次弹劾。在弹劾文中，监察院指出，顾祝同"既违背约法及出版法，拘禁新闻记者至五六月之久，复蔑视监察院组织法及调查证使用规则"，涉嫌以下五宗罪：违背约法，蹂躏人权；破坏监察制度，藐视政府法令；非法逮捕，逾越职权；所引条例，前后不同，显系另有作用，意图陷害；妨害言论自由，破坏法治精神。为此，监察院主张惩戒顾祝同，并要求行政院令饬江苏省政府，迅速将刘煜生移送法院，依法讯办，"以重人权，而崇法治"③。

监察院的弹劾提案，由周利生、高一涵、李梦庚等人审查通过，受到行政

---

① 《顾祝同枪决刘煜生案》，《申报》，1933 年 2 月 5 日。

② 中国第二历史档案馆编：《中华民国史档案资料汇编》（第五辑第三编文化），南京：江苏古籍出版社，1994 年，第 308－310 页。

③ 《监察院弹劾苏主席顾祝同》，《申报》，1933 年 1 月 24 日。

院的重视，该院训令江苏省政府遵照办理。在此之际，顾祝同依旧置若罔闻，指令戒严司令部，依据《危害民国紧急治罪法》，呈准军事委员会，判处刘煜生死刑，并执行枪决，罪状为"副刊所载文字，充满反动意义，鼓动阶级斗争"①。《中央日报》报道说："该部以刘煜生宣传共产，背叛祖国，实属罪大恶极，特呈省府，转呈军委会核准，于今晨执行枪决……并闻刘煜生曾于十六年三月，在镇假名组织工会，破坏党部，扰乱治安，及压迫工人罢工，种种共产行为，经十七军第二师政治部拘捕后，因利用时机，幸脱法网，今明正典刑，当属罪有应得。"②

顾祝同违背司法程序，擅行枪决刘煜生，藐视监察权，让监察院极度不满。很快，南京媒体就传出消息说：监察院某委员公开抨击顾祝同，"破坏法治精神及监察制度"，要求深入追究，"顾本人虽为武职，不受监院弹劾，但现任主席，当然属于公务人员之例，查中国为法治国家，监察权又属总理手订五权之一，凡属公务人员，理宜遵守。今顾对党纪法治，一再破坏，且蹂躏人权，监院职司所在，当然不能漠视，不日将派员前往，调查案卷，以便彻底根究，呈请中央惩戒，而清吏治"③。

监察院公开弹劾和报刊的相关报道，让顾祝同感受到舆论压力。为开脱罪行，顾祝同以江苏省政府的名义呈复行政院，指认刘煜生实系共党，"报纸煽动文字，经证明确系该犯自撰，并查明该犯在十六年三月间，曾经结合共党分子，组织非法工会，煽惑车夫罢工，图谋扰乱治安，经国民革命军第十七军第二师政治部拿办有案，虽经乘机谋脱，而谋乱之心，迄未稍止"。为坐实罪名，顾氏在呈文中进一步指明，《江声日报》副刊所载文字，是蓄意煽起阶级斗争，鼓动"红色恐怖"，其中竟有"我们祖国的兵，向左边退下，自然隐隐地右边上来的是敌人，地上泛起一片红潮"及"奴隶们斗争吧，时代已飞卷起狂涛，一切旧的马上就被冲倒，时代已敲撞起丧钟，旧的一切眼前就要葬送，奴隶们争斗吧"等语句。

而且，顾祝同逐一批驳弹劾理由，嘲讽监察院不懂国情，"徒以普通法理平时状况相责难，实与一二·八事变后江苏省之情况不符……至于监察院调阅案卷，能否对于军事机构审判罪犯中之事件，亦得适用，实属绝大疑问"。进而，

① 《上海市记者公会宣言》，《申报》，1933 年 2 月 2 日。

② 《江声报经理刘煜生昨被枪决》，《中央日报》，1933 年 1 月 22 日。

③ 《监院将详查刘煜生案卷宗》，《申报》，1933 年 1 月 30 日。

他反转指责监察院滥用职权，随意扩展管辖范围，"因机关权力之问题，并非机关之身所得任意作扩充之解释者，况共产党徒之犯罪，其危害涉及国家，稍不慎密，即可发生变故。监察院亦国家机关之一，似于此种情形，亦应同有认识，不为个人情感之冲动，方为国家前途之幸"①。

讽刺的是，顾祝同枪杀记者，仇视报刊，却主动在京沪各报披露呈文详情，说明办案经过，强力辩解，试图引导舆论。这把监察院推上风口浪尖，招致更为激烈的回击和反对。1933 年 2 月 3 日，监察委员刘莪青、田炯锦在媒体上发布声明，指责顾祝同强词夺理，目无政府，蔑视法纪，"纵极力强辩，岂可一手掩天下人之耳目"，主张再提弹劾，以维法纪。② 对此，于右任也极表痛心，要求依法办理。另有监察委员公开驳斥《苏省府复行政院呈文》，揭露其不能成立的缘由在于：首先，纵令刘煜生确系共产党，其罪至大亦不过与陈独秀同科，必须依法移交法院审判，而不能由行政机关枪毙。其次，依据《国民政府组织法》，监察院为国民政府最高监察机关，对于国民政府属下之任何官署、任何公立机关，皆有监察调查之权，"即以军事审判中之事件言之，本院对于中央及地方之高级军事机关，行使调查及查询职权之件，已历起起，成案具在"。更何况江苏省政府并非军事机关，监察院当然有权调查，"无论省政府并非军事机关，刘煜生案并非军事案件，该主席不能自居于法律制裁之外……国法所赋予本院之独立权，决非本院自行扩大，亦决非该省政府所能缩小也"③。

起初，关注刘煜生案的，主要是镇江和南京两地新闻界同人，但是在舆论压力下，江苏省党部和监察院也先后介入。为占据制高点，顾祝同和监察院各自利用报刊，宣传主张。于是，刘案详情得以披露，迅速受到新闻界和社会舆论的注意，并逐渐突破原有议程，演化成重大公共事件，对当事人和党政当局都形成有力的冲击。其中的关键问题是，顾祝同的处理措施从根本上违背约法，破坏法治精神，妨害言论自由。这正是当时舆论攻击的焦点，也是国民党和国民政府处境尴尬而难以应对的症结所在。

---

① 《苏省府复行政院呈文》，《申报》，1933 年 2 月 2 日。
② 《监院将再提弹章》，《益世报》，1933 年 2 月 8 日。
③ 《弹劾顾祝同案》，《时报》，1933 年 2 月 4 日。

第二节　新闻界之反应

　　刘煜生案被舆论攻击的主要问题有二。一是案件的法律援用和程序问题。顾祝同根据《出版法》逮捕刘煜生，依据《江苏省会戒严条例》关押，未经法院审判，就以《危害民国紧急治罪法》判处死刑，不合法制。二是案件的定罪依据问题。《江声日报》并无"宣传共产"的事实，刘煜生亦非共产党员，顾祝同枪决刘煜生便是一桩冤案。这两点的关键之处，又在于其有悖训政约法和法治精神，这是正在标榜训政的政治国家难以承受的压力。

　　首先，关于案件的法律援用和程序问题。

　　监察院弹劾顾祝同的着眼点，是法律和程序问题，这引起新闻界的共鸣。尤其是，刘案"所引条例，前后不同"，涉嫌故意陷害，成为舆论攻击的重点。

　　根据法律规定和相关司法解释，记者因登载新闻而被控诉，"各级法院自应依照出版法之规定处置，不得引用其他法律"①。顾祝同在逮捕刘煜生时，曾援引《出版法》第十九条第一、第三两款所禁止之规定。但是，《出版法》第二十三条规定，"内政部认出版品载有第十九条各款所载事项之一，得指明该事项禁止出版品之出售及散布，并得于必要时扣押之"；其附项规定，"其情节轻微者，由内政部予以纠正或警告"。也就是说，只有内政部"有禁止或扣押之权"，行政机关无权作出相关处罚。因而，顾祝同和江苏省政府都无权封闭报馆，拘押经理，"顾祝同之非法逮捕，逾越职权，百嘴莫辩"②。

　　依照程序，刘煜生应该被提交审判机关审讯办理。对此，1931年《中华民国训政时期约法》第八条有明确规定，"人民因犯罪嫌疑被逮捕者，其执行逮捕或拘禁之机关，至迟应于二十四小时内，移至审判机关审问"。这就是说，镇江公安局在7月26日拘捕刘煜生，应在次日上午12时移送审判机关。但是，公安局拘禁刘氏"至三个二十四小时之久"，延至7月30日，"始移送其所认为

---

① 《中央执委会解释出版法罚则》，《申报》，1934年3月13日。
② 《全沪新闻记者宣言》，《申报》，1933年2月20日。

审判机关之戒严司令部"，显然违背约法规定和司法程序。"刘煜生平时言行如何，是否共产党，暂不具论，纵令刘煜生确系共产党，其罪至大亦不过与牛兰、陈独秀同科，牛兰、陈独秀等尚须依法移交法院审判，而谓刘煜生可以不经法院审判即由行政机关枪毙，有是理乎？"①

顾祝同"援引法例，前后两歧，显系故意陷害"，是新闻界最难以忍受的。2 月 5 日，首都新闻记者协会发表宣言，斥责这种做法"违背约法，蹂躏人权，破坏检查制度，藐视政府法令，妨害言论自由，故意草菅人命"②。上海新闻记者也发布联合宣言，公开质问顾祝同："既能适用出版法以制裁报馆，又何不能适用出版第六章以制裁发行人编辑人？或谓特别法优于普通法，则刑法为普通法，而出版法既为特别法，刘煜生既为报馆之经理兼编辑，援用出版法以治罪，最为适当。何以顾祝同必欲依据危害民国紧急治罪法处理，任意援引，以为比附？"③

顾祝同辩称，依据《危害民国紧急治罪法》来处理刘案，是考虑到"一二·八"事变后江苏省的实际情况。但在新闻界看来，这属于危言耸听，"果如顾祝同所云，全国人民此后将永在军事机关控制下，而不得享受约法所给予之言论自由、生命安全之人权保障"④。而且，《中华民国训政时期约法》第九条明文规定，"人民除现役军人外，非以法律不受军事审判"。刘煜生非现役军人，不得适用军法审判，把他移送戒严司令部审讯，显属失当。2 月 9 日，上海各团体救国联合会发出抗议代电，强调说"刘煜生并非现役军人！镇江也非戒严区域，纵犯有共党嫌疑，亦应交由主管法院依法审判，何得擅以军法处决"⑤。

由于程序和法律援用存在问题，顾祝同枪毙刘煜生，是直接蹂躏人权，间接破坏法律，"岂特人民生命失其保障，国家法律亦从此荡然，甚非立国之道"⑥。《大公报》对此评论道："试问今之政府官吏与军人，其知守法尊法，不视此训政约法为具文者，能有几人？吾人所谓法而不行，有保障而不足恃者，

---

① 《顾祝同枪杀刘煜生案》，《申报》，1933 年 2 月 4 日。

② 《首都记者会为刘案发宣言》，《申报》，1933 年 2 月 6 日。

③ 《全沪新闻记者宣言》，《申报》，1933 年 2 月 20 日。

④ 《全沪新闻记者宣言》，《申报》，1933 年 2 月 20 日。

⑤ 中国第二历史档案馆编：《中华民国史档案资料汇编》（第五辑第三编文化），南京：江苏古籍出版社，1994 年，第 314 页。

⑥ 中国第二历史档案馆编：《中华民国史档案资料汇编》（第五辑第三编文化），南京：江苏古籍出版社，1994 年，第 314 页。

约法尚且如此，外此诸法，更何待论?"①

其次，关于案件的定罪依据问题。

为澄清事实，上海市新闻记者公会组织刘案专门委员会，前赴镇江，搜集资料，以判断《江声日报》是否宣传共产。通过实地考察，该委员会认定，《江声日报》"绝无反动可言"，其副刊只是"描写我国社会生活状况之作品"，顾祝同"以爱国文字，指为鼓动红色恐怖"，纯属"故意割裂，百计周内"。②

2月19日，由上海新闻记者公会发起，239个记者共同签名的《全沪新闻记者宣言》公开发表，逐一反驳顾祝同的定罪依据。宣言指出，顾祝同指认的反动文字，主要集中在《铁犁》副刊中的《当》《下司须知》《边声》《我们的希望》《时代不是时代》《端午节》诸篇文章中。不过，只要阅读原文，就能明确"此六篇文字，作者署名有于是、长曝、菊子、白弟、编者五人之多，字字句句，亦确无煽动阶级斗争、鼓动红色恐怖意义。此种文字，非特各省各地报纸时有登载，即求之古时圣经贤传，亦不胜征引"。其中，《当》描写劳工痛苦；《时代不是时代》描写农村破产的状况；《端午节》是游记文章；《我们的希望》是一篇卷头语；《下司须知》中的"时代已飞卷起狂涛，一切旧的马上就被冲倒，时代已敲撞起丧钟，旧的一切眼前就要葬送，奴隶们争斗吧"等语，被指为煽起阶级斗争，其实在描写劳动与报酬的不公平，文中上司是"不劳而获"者，下司是"劳而无获"者；《边声》中的"我们祖国的兵，向左边退下，自然隐隐地右边上来的是敌人，地上泛起一片红潮"等语，被指为蓄意鼓动"红色恐怖"，但本意是在描写国军誓死抗日。

副刊文字是最重要的犯罪证据。但就实际而言，《铁犁》副刊所载原文，"非特词意截然与顾祝同所指者不同，即文字亦复加以任意改动……顾祝同竟因其有红潮两字，指为鼓动红色恐怖，且摘录其片言断句，为之佐证"。而且，江苏省党部也认为"铁犁所载，并无反动嫌疑"，监察委员刘莪青、田炯锦等同样认为"仅系描写我国社会生活状况之作品"。因此，这一最重要的定罪依据是不能成立的。

顾祝同指认的另一罪状是，刘煜生"曾经结合共党分子，组织非法工会，煽惑车夫罢工，图谋扰乱治安，经国民革命军第十七军第二师政治部拿办有

---

① 《民权保障与司法独立》，《大公报》，1933年2月10日。

② 《上海市记者公会呈请中央撤惩顾祝同》，《申报》，1933年2月13日。

••• •••

案"。然而这一指控依然是倒白为黑，有意陷害，罗织罪名，因为新闻界调查到的情况完全不同：刘煜生因为组织工会，反对共党，曾被拘捕，"清党后始由十七军副军长杜起云释出，委以咨议"①。况且，"若以刘十六年曾组织非法工会，为其犯罪之又一证据，则此种旧账，殆亦算不胜算，民十六年实际领导政治之人物中，今日固不少仍为中枢领袖也"。为此，刘煜生案的第二个犯法证据也不能成立。

既然犯法证据不充分，"所引征之出版法与戒严条例，即根本失其依据，诚所谓欲加之罪，何患无辞矣"。这无疑证实，刘煜生案是彻底的冤案，直接关系"新闻事业之安全，新闻记者之保障"，继而影响职业发展，"苟失其保障，即我舆论界一日不能存立于世界"。②

唇亡齿寒，为保卫切身利益，新闻界纷纷上书，以训政约法和法治精神为武器，质问、谴责顾祝同。最早起来抗争的是南京新闻界。1933 年 1 月 29 日，首都新闻记者协会呈请国民政府，依法严惩江苏省当局，以保人权，并通电全国新闻机关及各法团，一致声援，同时致函全国律师公会，请其提起公诉。③ 2 月 5 日，首都新闻记者协会再次发表宣言，要求惩处顾祝同，"若不依法声讨，严惩重罚，不特新闻记者已人人自危，即全国人民亦时时恐怖，国家纪纲，破坏无余，社会秩序，岂有宁日"④。上海新闻界也紧随其后，掀起声势浩大的抗争。2 月 1 日，上海市新闻记者公会召开紧急会议，一致通过如下决议：呈请中央党部和国民政府查办顾祝同；呈请监察院继续弹劾；联合上海日报公会、律师公会、商会和教育会等各法团，协同办理；设刘案专门委员会。当天，上海记者公会就发表宣言："顾祝同违背训政时期约法，藐视最高监察机关，蹂躏人权，草菅人命，此种行为在军阀时代已属罕见。党治以后，更所未闻，而顾祝同竟敢甘冒不韪，悍然为之。本公会为尊崇法纪、维护人权，不得不起而为严重之抗争，务使毁法乱纪者，得依法制裁而后已。"⑤ 数日后，上海市记者公会上呈中央党部、国民政府及监察院，要求将顾祝同褫职严办，"以昭示约法之信守，予人民以生存之保障"。⑥

---

① 《全沪新闻记者宣言》，《申报》，1933 年 2 月 20 日。
② 《顾祝同枪决刘煜生案》，《申报》，1933 年 2 月 5 日。
③ 《京记者力争人权》，《益世报》，1933 年 1 月 30 日。
④ 《首都记者会为刘案发宣言》，《申报》，1933 年 2 月 6 日。
⑤ 《上海市记者公会宣言》，《申报》，1933 年 2 月 2 日。
⑥ 《上海市记者公会呈请中央撤惩顾祝同》，《申报》，1933 年 2 月 13 日。

数日之内，抗议浪潮就席卷全国新闻界，形成强大的舆论攻势，超出意料。
2月3日，北平市新闻记者公会发表抗议代电，控诉顾祝同："查言论自由，载
在约法，尊重扶植，中央亦复再三致意。顾祝同久为党军干部，应通晓国法，
深明党义，乃一旦临民主政，公然目无法纪，蔑视人权，破坏法治精神，妨害
言论自由，倒行逆施，甚于旧日军阀，酷民凶残，实属党国叛徒。若不严加惩
办，国法奚存。"2月5日，安徽省新闻记者联合会发电，指责顾祝同"显系有
意所为，弁髦法令，人权之暴行，与北洋军阀张宗昌枪杀邵飘萍、林白水之惨
案有过之而无不及"①。同日，杭州与无锡两地新闻记者公会呈请中央，严惩顾
祝同，并通电全国新闻界及律师界，共起抗争，以维人权。② 此外，济南、蚌
埠、太原、汕头、南昌等地记者会先后致电南京国民政府，要求撤惩顾祝同，
并吁请各地新闻界，一致援助刘案。③

新闻界的抗议，引发一场声势浩大的民权保障运动，各社会团体群起攻击
顾祝同，极力要求为刘煜生昭雪，使人"感觉中国人权运动已上正轨"④。1933
年1月29日，全国律师公会开会决议，呈请司法部，指定审判机关，对顾祝同
提起控诉，以维法律。⑤ 2月1日，中国民权保障大同盟开会讨论刘煜生案，宋
庆龄、蔡元培、林语堂、陈彬龢、邹韬奋、伊罗生、史量才和40余名记者出
席。大会上，宋庆龄提出应由上海报界领导全国新闻界罢工一日，以示坚决；
蔡元培主张报界应对刘案发表宣言，请政府严办顾祝同，"俾彰真理，依据法律
办理，使违法者，必予严办"；林语堂、邹韬奋、谢武刚等主张全国报界应一致
以言论批评该案。在声讨顾祝同之后，会议通过了《中国民权保障同盟会宣
言》。该宣言指出：刘煜生血案"实与北洋军阀在北京枪毙邵飘萍、林白水之
暴行，如出一辙"；顾祝同滥用权力，蹂躏人权，破坏法纪，抗拒调查，"实际
上与北洋军阀毫无二式，亦即为全国人民之公敌"，全国人民应共起而作坚决之
抗争，"政府如无以裁制此种暴行，实为政府之大耻"。最后，同盟会要求政
府，"迅速将顾祝同及其他有关系负责人员免职，并依法严办"，切实保障民

---

① 中国第二历史档案馆编：《中华民国史档案资料汇编》（第五辑第三编文化），南京：
江苏古籍出版社，1994年，第313页。
② 《顾祝同到京解释刘案》，《大公报》，1933年2月6日。
③ 《南昌记联会对刘王两案之表示》，《申报》，1933年2月12日；《济南报界公会请严
惩顾祝同》，《时报》，1933年2月5日。
④ 《人权运动的途径》，《益世报》，1933年2月4日。
⑤ 《监院将详查刘煜生案卷宗》，《申报》，1933年1月30日。

权，务使不发生同类事件。① 与此同时，中国民权保障同盟北平分会主席胡适也致电中央政治会议和行政院，要求查办顾祝同，"以重法治，而维人权"②。

　　新闻界之所以能够大胆攻击顾祝同和江苏省政府，是因为国民党和国民政府公开标榜训政，以训政约法保障人权和言论自由。1931 年 5 月国民会议通过的《中华民国训政时期约法》，规定人民享有"信仰宗教""迁徙""通信""通电""结社集会""言论及刊行著作"等自由，"非依法律不得停止或限制之"。而且，《中国国民党政纲》早已宣布："人民有集会结社，言论出版，居住信仰之完全自由。"可以说，约法与党纲是训政时期新闻统制之下的民间舆论得以发扬的冠冕堂皇的依据。前引《申报》的评论文章宣称："查人民应享有言论出版之自由，在国民党党纲上，在训政时期之约法上，都有明白之保障。"顾祝同处理刘煜生案的种种行为，不合法制规范，与以发扬民权为根本精神的训政约法背道而驰，是肆意践踏人权的野蛮行径，"顾氏此次枪决刘煜生，不啻直接蹂躏人权，而间接即毁弃国民党党纲与约法……人民生命毫无保障，能不为之寒心乎？"③ 由此，社会舆论进而怀疑约法的真实性，对党国前途深感疑虑："民权失其保障，法律失其尊严，国家安宁秩序，于何维持？况强敌压境，国难日亟，内政不修，曷言抗日？"④ 新闻界从抨击刘案出发，转而质疑训政和国家民族的前途，这是内外交困的国民政府难以承受的。

第三节　政治国家之应对

　　监察院的弹劾，引发抗议浪潮，新闻舆论和社会团体的渲染，进一步给国民党和国民政府施加压力。这期间，政治国家的内部表现及应对策略值得深究。

　　顾祝同违背约法和党纲，招致国民党内部各政治派别的猛烈攻击。李烈钧

---

　　① 《民权保障大同盟宣言》，《时报》，1933 年 2 月 2 日。

　　② 中国第二历史档案馆编：《中华民国史档案资料汇编》（第五辑第三编文化），南京：江苏古籍出版社，1994 年，第 316 页。

　　③ 《顾祝同枪决刘煜生案》，《申报》，1933 年 2 月 5 日。

　　④ 《平记者公会通电声援刘王两案》，《益世报》，1933 年 2 月 4 日。

会晤著名律师吴迈，主张联合江西旅沪同乡会，为刘案申雪。① 孙科在采访中，公开指责顾祝同"滥用职权"。② 宋子文亦批评顾氏，"不经过法律手续而擅行枪杀公民"。③ 1933 年 2 月，胡汉民致电行政院林森、孙科等人，慷慨陈言："数年来，人民言论、出版、居住之自由，为军人剥夺净尽。纲纪坠毁，民无死所。刘王之死，张宗昌之杀林邵，宜不是过，于党徽之下，效野蛮残暴之行径，视党何如，自视又何如……兄等方以实行宪政相号召，愿本党纲所定，为死者求昭雪，为生者求保障，幸有以慰天下之望，宪政幸甚！国民幸甚！"④

监察院的态度依然最为激烈，坚持弹劾顾祝同。"据某监委谈称，顾辞职为一事，弹劾又属一事，决不能因其辞职，而即停止弹劾。"⑤ 2 月 7 日，监察院某要员在南京宣称，为行使监察职权起见，即将第二次提案弹劾，斥责顾氏："军人枪毙新闻记者，除军阀时代曾有此事外，国府建都南京后，未有前闻，亦即为顾祝同创造记录。"⑥ 监察院力主惩戒，影响较著。行政院将弹劾案移交中央惩戒委员会，声明不作袒护，"一切均待中央办理"⑦。中政会还专门讨论刘案，"席间颇有人主张公道，澈（应为"彻"之误）查案情，对军人破坏司法，多主张严厉制裁"⑧。

在各方压力下，顾祝同心灰意懒，坊间传言其主动要求辞职。⑨《时报》报道说："顾近以刘案既被监察院弹劾，复受各方面责难，异常消极，日前曾传顾有辞职之说。记者昨以此事询之行政院褚秘书长，褚氏未加以否认。"⑩ 而且，该报煞有其事地推测："甘省主席邵力子将与顾祝同对调。"⑪ 不过，这些传言都是空穴来风。《益世报》就曾发表评论，质疑道："在今日中国，谁肯相信，中央政府会因刘煜生的冤杀，把重要领袖信任的顾祝同，免职查办？"⑫

---

① 《李烈钧等将为刘煜生申雪》，《申报》，1933 年 2 月 4 日。
② 《孙责顾祝同杀记者违法》，《益世报》，1933 年 2 月 5 日。
③ 《枪杀刘煜生案，顾祝同消极来沪》，《时报》，1933 年 2 月 7 日。
④ 《胡电林孙为刘王案求昭雪》，《大公报》，1933 年 2 月 9 日。
⑤ 《因刘煜生案顾祝同有辞职说》，《大公报》，1933 年 2 月 5 日。
⑥ 《监察委员将二次弹劾顾祝同》，《时报》，1933 年 2 月 8 日。
⑦ 《枪决刘煜生案，国府移交惩戒委会》，《时报》，1933 年 2 月 12 日。
⑧ 《顾祝同杀记者案，中政会昨讨论无结果》，《益世报》，1933 年 2 月 9 日。
⑨ 《因刘煜生案顾祝同有辞职说》，《大公报》，1933 年 2 月 5 日。
⑩ 《枪杀刘煜生案，顾祝同消极来沪》，《时报》，1933 年 2 月 7 日。
⑪ 《顾祝同抵赣谒蒋》，《时报》，1933 年 2 月 16 日。
⑫ 《人权运动的途径》，《益世报》，1933 年 2 月 4 日。

果然，顾祝同先到上海会访宋子文，后到南昌晋谒蒋介石，解释刘案，虽遭批评，但并未主动辞职。"惟顾迄未向中央请辞，其执行时，坚以得军委会核准为理由，因牵涉过于重大，无具体结果。"① 这说明，由于顾祝同是蒋介石的心腹爱将，惩戒一事终将不了了之。不过，为缓和民怨，蒋介石还是决定改组江苏省政府，令顾祝同重回军界，由陈果夫接任江苏省政府主席，算是给出一个交代。②

如果说撤换顾祝同侧重平息内部纷争，是消极防范，那么，以下种种举动相对来说，就可以算是比较积极的应对了。一是国民党内部开明人士和地方党部要求开放言禁，发展新闻事业。1933 年 4 月 12 日，李烈钧致电中央党部，请其对全国党政军机关发布命令，实行保障集会结社言论出版自由。③ 同年 7 月，江苏省党部成立新闻事业委员会，刻意联络新闻界，以纾解怨气。④ 随后，国民党江苏省执行委员会常务委员周绍成、蓝渭滨、钮长跃等人上书中央党部，呈请国民政府，通令全国各地政府及军队，切实保护新闻事业人员："查新闻记者，负有宣传文化，改革社会之责任，故世界各国，对于新闻记者之爱护保障，莫不订有专条，予以便利。我国新闻事业，尚在幼稚时代，各地方政府，不特未能可尽爱护之责，甚且有突出法律保障而肆意摧残者，如刘煜生案、王慰三案，其尤著者也。以故有志于新闻事业之士，多视新闻界为危途，舆论消沉，其影响于社会人群，至巨且深，不仅新闻事业本身已也。为发展新闻事业健全社会舆论计，对于新闻记者之安全，实有切实保障之必要。"⑤

二是国民党中央党部及国民政府顺应舆论，适时作出政策调整，重点保护记者人身安全。1933 年 8 月，国民党中央党部饬令交通部，扶植发展新闻事业，"减低邮资，予以便利"⑥。同时，蒋介石、汪精卫、居正、冯玉祥等中常委联署，以国民党中央名义向各省市党部发出《保障正当舆论》的通令，称"扶植民众运动，保障正当舆论，为本党一贯政策"，要求各地予以"倡导爱护"。9 月 1 日，行政院通令内政、军政两部，切实保障新闻从业人员安全，"查人民非依法律，不得逮捕拘禁审问处刑，与人民有发表言论以刊行著作之自由，非依

① 《顾祝同杀记者案，中政会昨讨论无结果》，《益世报》，1933 年 2 月 9 日。
② 范忆：《民国新闻记者"刘煜生案"始末》，《文史精华》2006 年第 8 期，第 48–51 页。
③ 《李烈钧电争自由保障》，《申报》，1933 年 4 月 14 日。
④ 《苏省党部新闻事业委员会成立》，《申报》，1933 年 7 月 24 日。
⑤ 《市公安局奉令保护新闻记者》，《申报》，1933 年 9 月 17 日。
⑥ 《减低新闻纸邮资问题》，《申报》，1933 年 8 月 29 日。

法律不能限制，训政时期约法第八、第十五各条，已经明白规定。该省党部以各地方政府对于新闻人员，不知爱护，甚且有任意摧残情事，请通令保护，尚属可行。应由内政部通令各省市政府，军政部通令各军队及军事机关，对新闻事业人员，应切实保护"①。这一通令影响广泛，各机关纷纷跟进。内政部再三咨请各省市，一致切实保护新闻记者："为发展新闻事业健全社会舆论计，对于新闻记者之安全，实有切实保障之必要，咨请转令各地军政机关，一体准照，切实保护。"② 中宣部则招待新闻界，表示要修正新闻检查法，请南京新闻界推派代表参与，以便直接商讨。③

三是各部门强调遵循法治精神，依照司法程序，保障新闻界的权益。刘煜生案最受舆论攻击的一个要点就是司法程序和法律援用问题。为此，司法院特意发表声明："法院制裁新闻纸编辑或发行人，应依照出版法处置，不得引用其他法律。"④ 中央执行委员会依据上海日报公会的呈请，重申依照《出版法》处罚新闻记者，而不得应用其他法律，并转国府通饬各级法院遵办，以示特别保护："查报社及通讯社，系根据出版法之规定手续申请登记而成立，故新闻纸编辑人，非因个人行动有违犯普通民刑法之规定，以及违反出版法第十九条之限制，依照同法第三十五条之规定，得依其他较重之法律规定处罚外，其余凡有违反出版法之处，各级法院自应依照出版法之规定处置，不得引用其他法律以制裁。"⑤

在国民党中央党部和国民政府的号召下，保障新闻记者安全，几乎成为各级党部与政府机关的共识。比如，上海市政府多次饬令公安局，对于新闻事业人员，"一体切实保护"⑥。1934 年 6 月，国民党江西省党部在新闻宣传会议上，提交"保障新闻记者之安全"案，并通过国民党中央宣传委员会的议决，呈请国民党中央转函国民政府，重申前令，切实保护新闻记者，"俾新闻事业得以发展"⑦。国民政府再度指令行政院、军事委员会负责办理，内政、军政两部奉令

① 《政务院通令保护新闻事业人员》，《申报》，1933 年 9 月 2 日。
② 《内部再咨请保护新闻记者》，《申报》，1933 年 9 月 25 日。
③ 《中宣部招待新闻界》，《申报》，1933 年 9 月 22 日。
④ 《法院对新闻事业人员应依照出版法处置》，《申报》，1933 年 9 月 17 日。
⑤ 《中央执委会解释出版法罚则，并函国府通饬法院遵办》，《申报》1934 年 3 月 23 日。
⑥ 《市公安局奉令保护新闻记者》，《申报》，1933 年 9 月 17 日。
⑦ 《市府转令所属，重申保护新闻记者》，《申报》，1934 年 6 月 10 日。

后，分别转饬所属，一体遵照。①

由于保护通令并没有提出任何具有实际操作性的条文，终究不过是一纸空文。《大公报》就此评论说，"我们以为保护新闻记者，维护舆论机关，乃是政府应办的事，此而需要下令，则政府之为政府可知；有了明令，仍然把记者压得喘不过气来，则舆论之为舆论又可知。所以我们以为与其停刊纪念，还不如积极地要求解放言论，作有效的维护！"② 另有媒体质疑："要是政府的法令是有效力的，那么人民身体自由，出版著作自由，本是《约法》所规定的。违法逮捕拘禁处罚与剥夺人民自由，应如何惩治，法律都有明文规定。但是政府不能惩戒，监察机关失去效用，现在再加上一道空命令，究竟有什么用处？""站在新闻记者立场上，我们只要政府把约法所许予的民权，给予全体人民，把约法所规定的身体自由，言论自由，如实体现，这样我们已满足了。至于对新闻记者的特别保护，是非必要的，而且提笔杆的人们所不敢承受的。"③ 不过，那些欺世盗名的表面文章，却留下几许权力的缝隙，成为新闻界抗争新闻统制的凭借工具，使民营报业仍有一定的发展空间。

小　结

刘煜生案可谓新闻舆论发达及其影响政治国家作为的典型例证。新闻界借助刘案，将矛头直指顾祝同，最终引向国民党和国民政府，要求保障新闻记者安全，扶植新闻事业发展，并迫使国民党中央及其政府作出让步，撤换顾祝同，适度调整新闻政策，发布《切实保障新闻从业人员》的通令，各级机关也积极跟进，礼待和宽容新闻界，以解除信任危机。这表明"党治"和新闻统制下的新闻界依然是一股不可忽视的政治力量，在当时特殊的政治环境中，新闻界还保有相当的独立性，与政治国家处于比较激烈的紧张冲突关系之中。

1928 年 10 月，南京国民政府发布《训政时期施政宣言》，宣布进入"训政

---

① 《保障新闻记者安全案，国府分交各机关办理》，《申报》，1934 年 6 月 5 日。
② 《记者节》，《大公报》，1935 年 9 月 2 日。
③ 马光仁：《刘煜生事件与记者节》，《新闻研究资料》1991 年第 2 期，第 157－168 页。

时期"。在新闻出版领域，国民党及国民政府提出"以党治报"和"党化新闻界"，并制定以《出版条例原则》和《出版法》为代表的一系列政策法规，实施新闻统制政策。但是，政治与思想上的分裂，加之训政约法在名义上保障言论自由，以及租界和大量外报的存在，这些因素在客观上给民营报业创造了相对宽松的经营环境。于是，"党治"下的新闻界，在与新闻统制政策的抗争中，不断开拓，获得长足的进步，展示出封杀与繁盛并存的矛盾现象。

不过，民国新闻史绝非一部简单的控制与反控制的革命斗争史，实际情形要复杂很多。在舆论压力下，国民党和国民政府往往能适度退让，至少在表面上尊崇新闻自由。1929 年 12 月 27 日，蒋介石通电全国报馆，表示开放言论，希望报界尽情批评国事，"以真确之见闻，作详实之贡献，其弊病所在，能确见事实症结，非攻讦私人者，亦请尽情批评"①。1932 年 1 月 8 日，国民政府通令取消电报检查，"现在统一政府成立，亟应扶持民权，保障舆论，以副喁望，而示大众，所有对于电报及新闻施行检查之事，应予一律取消"②。在刘案中，为缓解舆论压力，国民党和国民政府则重申扶持新闻界，保障言论自由，特别是有针对性地提出切实保护新闻记者的人身安全，这些做法意味着新闻政策的部分转变。

政治国家的让步姿态，是被动的、不彻底和动摇不定的，但也有积极意义。既能推进新闻事业发展，又契合挽救民族危难的时代要求，往往得到新闻界投桃报李的回应。1934 年 8 月，杭州新闻记者公会五届会员大会通电全国，倡议九月一日为记者节，理由即是国民政府在 1933 年 9 月 1 日颁布了《切实保障新闻从业人员》通令，"杭记者会以政府明令切实保障记者安全，此为篇矢，为拥护中央政令实施起见，故特决定'九一'为记者节，以资纪念，请一致主张"。③这一呼吁首先得到镇江记者公会、北平市新闻记者公会的响应，他们电请中央，实行九月一日之通令，保障记者安全，维护言论自由，并通电全国同业，倡导"九一"记者节。太原、厦门、长沙等地新闻界随即响应，在 9 月 1日宣布休刊，庆祝记者节。④ 作为抗争中的合作产物，记者节不仅是新闻界表达意愿的象征，也体现对新闻政策调整的拥护，意味着新闻界与政治国家之间

---

① 《蒋通电唤起舆论》，《大公报》，1929 年 12 月 29 日。
② 《保障舆论令》，《大公报》，1932 年 1 月 9 日。
③ 《杭记者会筹备记者节》，《申报》，1934 年 8 月 25 日。
④ 《镇记者将庆祝九一节》，《申报》，1934 年 8 月 31 日。

的关系得以调适。全面抗战时期，随着国难加深，新闻界自觉遵循国民政府的战时新闻政策，形成了团结抗日的局面，可谓渊源有自。

　　总之，20 世纪 30 年代新闻界与政治国家之间，既有冲突和对抗，也有合作与协调，冲突与调适是双方互动关系演进的基本轨迹。正如后世研究所言，民国时期国家与社会的关系并不总是一个社会全力抵制国家的问题，双方经过斗争和妥协不断界定彼此之间的关系，从而呈现出复杂的"共生动态"。①

（原文发表于《澳门理工学院学报》2015 年第 2 期，有改动）

---

　　① 徐小群：《民国时期的国家与社会：自由职业团体在上海的兴起（1912—1937）》，北京：新星出版社，2007 年，第 313－315 页。

第十一章

职业诉求与政治表达：抗战时期的"九一"记者节

　　1934 年 8 月，镇江与杭州两地新闻记者公会联合倡议记者节，以纪念南京国民政府通令"保护新闻事业人员"。①全面抗战期间，"九一"记者节不断扩展规模和影响，获得广泛认同，并在 1944 年被国民政府正式确定为法定节日，完成从民间自发向国家仪式的转变，成为新闻界、政府和民众共同参与的职业纪念日。由于每一个政治概念和实践，同时就是新闻的概念，每一个新闻的概念，自然也同时是政治概念，②所以"九一"记者节不仅对新闻事业意义重大，更具丰富的社会政治内涵，为抗战时期新闻界表达政治意愿提供了一种特殊的时空背景。遗憾的是，目前学界对此关注不多，除通史教材外，只有数篇文章略有触及，研究力度明显不够，部分基本史实模糊不清，甚至以讹传讹。③本章拟在梳理各类报刊资料的基础上，细致呈现"九一"记者节的来龙去脉、相关纪念活动，不但充分观察记者节期间的职业言说，而且注重新闻界内部相异的政治诉求，借此窥见抗战时期纪念日的职业及政治蕴意，揭示新闻与政治的互动关系，推动相关研究走向深入。

---

　　①　《杭记者会筹备记者节》，《申报》，1934 年 8 月 25 日。

　　②　［美］詹姆斯·凯里：《保卫公共新闻事业》，西奥多·格拉瑟主编，邬晶晶译：《公共新闻事业的理念》，北京：华夏出版社，2009 年，第 51 页。

　　③　相关研究文章主要有史述之：《关于"九一"记者节的历史》，《新闻大学》1986 年第 13 期，第 64 页；马光仁：《刘煜生事件与记者节》，《新闻研究资料》1991 年第 2 期，第 157 页；陈为铺：《中国记者节史话》，《新闻采编》2000 年第 5 期，第 34 页；刘晓滇、刘小清：《〈江声日报〉事件与记者节》，《炎黄春秋》2005 年第 1 期，第 13 页；赵建国：《1930 年代新闻界与政治国家之互动：以刘煜生案为例》，《澳门理工学院学报》2015 年第 2 期；齐辉：《"纪念我们自己的节日"："九一"记者节与民国报人群体职业形象的建构》，《国际新闻界》2015 年第 6 期，第 150 页。

第一节　表彰新闻界：记者节的国定化

民国记者节渊源有自，大体可以追溯至 1933 年的刘煜生案。该案曾"引起全世界人士严重之注意"①，不仅推进民权保障运动，且直接影响国民党和国民政府的新闻政策，关系"九一"记者节的创立。② 在最初几年中，"九一"记者节完全由民间发起，是新闻记者"自己的节日"，没有得到官方确认，规模与影响有限，仅有长沙、杭州等少数地区的党政长官和学者名流出席过庆祝大会。但在 1937 年之后，新闻记者"无论是在前线，或是在后方，均尽了他们最大的力量来积极参加抗战的工作"，记者节的影响力很快扩散，并重构了记者的职业形象，形成较为固定的纪念仪式和庆典活动。1944 年 3 月 11 日，为表彰新闻界，突出记者的重要地位，国民政府正式确定九月一日为"国定记者节"，使之拥有合法身份。③

全面抗战期间，记者节首要的固定仪式，是邀请报界、政界及其他社会名流，参与庆祝和纪念大会，发表致辞、报告和演说，通过抗战提案。1938 年的记者节纪念大会即是典型案例。该年 9 月 1 日，为"促进武汉新闻界之联络，加强保卫武汉新闻工作"④，中国青年新闻记者学会举办记者节集会，函请多名中外新闻界同业、社会贤达和党政要员参会，共商国是。蒋百里、胡越、郭沫若、沈钧儒、胡愈之、曾虚白、田汉、洪深、阎宝航、张西曼、曹树铭、胡风、郑彦棻等各界代表，陈博生、王芸生、王亚明、丁文安、潘梓年等新闻界名流，罗果夫、维克多金、克拉尼柯夫等外籍记者和日本反战文学家鹿地亘，以及记者学会会员，共有一百一十余人出席纪念会。⑤ 在一定程度上，这是第一次大规模的、带有全国性质的记者节纪念会，"（民国）二十七年的九一节，恐怕也

---

① 《枪杀刘煜生案，顾祝同消极来沪》，《时报》，1933 年 2 月 7 日。
② 赵建国：《1930 年代新闻界与政治国家之互动：以刘煜生案为例》，《澳门理工学院学报》2015 年第 2 期，第 170 页。
③ 《记者节的诞生》，《申报》，1946 年 9 月 1 日。
④ 《汉记者学会纪念记者节》，《申报》，1938 年 9 月 1 日。
⑤ 《九一的盛会，新闻从业员纪念记者节》，《大公报》，1938 年 9 月 2 日。

是中国空前热烈的新闻界盛会"①。

在这次大会上，范长江、曾虚白、陈博生、丁文安、王芸生、吴克坚、郭沫若、胡越、田汉、维克多金、克拉尼柯夫、鹿地亘等相继发表演说，对战时新闻政策、战时新工作的意义与技艺等，作了很好的阐释。与会者还一致主张，"在政府积极领导民众动员中，武汉是保卫得住的"，并通过如下提案："（一）通电向蒋委员长及前线将士致敬！并祝瑞昌全线大捷！（二）通电慰问抗战军人及受伤战士！（三）通电向沦陷区域内为抗战报导努力之同业致敬！（四）通电全世界新闻界，请求对中国抗战予以舆论上之援助，并督促其政府对敌人之侵略行为与种种暴行，与以有效之制裁！（五）通电向反抗法西斯侵略之西班牙英勇战士致敬！（六）响应政治部号召，发动全国会员举行万封慰劳信运动。"②

1939 年的记者节，除地点改变之外，规模和仪式大体与之前相似。于右任、叶楚伧、邵力子、潘公展、董显光、洪阑友等党政要员，偕同程沧波、陈铭德、潘梓年、周钦岳、崔唯吾、康心之等报界名流与来宾百余人，出席重庆新闻界的记者节纪念大会，"盛会于融洽之空气中启幕"。程沧波、于右任、邵力子、潘公展、叶楚伧继起致辞，并一致通过拥护抗战之提案：一，电呈蒋委员长致敬；二，电慰全体抗战将士；三，电慰战地及后方同业；四，电慰死难同业家属；五，电请政府实行战时新闻政策；六，通电全国，讨伐汪逆等汉奸。③ 可见，国难当头，新闻界逐步把努力的重心由自身利益转移到民族的命运之上，对蒋的拥戴与致敬诸项，真切地体现了此点。

发起、参与义卖和募捐，是纪念记者节的另一重要方式。1940 年记者节，昆明新闻界发起征募寒衣运动，义卖报纸，"售款悉充将士寒衣之需"，贵阳、韶关、耒阳、洛阳等地新闻界均积极响应。④ 同时，桂林记者公会发起献机运动，电请国内外同业，自由捐款或代征各界赞助捐款，合力捐献"记者号"飞机。⑤ 这一倡导很快得到回应，长沙、上饶、洛阳、福州、韶关、兰州、柳州、西昌、肇庆等地新闻界，纷纷表示愿意参与献机运动。⑥ 1941 年记者节期间，

---

① 范长江：《九一散记》，《华商报》，1941 年 9 月 1 日。
② 《保卫大武汉中记者节盛大纪念》，《新华日报》，1938 年 9 月 2 日。
③ 《九一记者节，渝市新闻界庆祝会》，《大公报》，1939 年 9 月 2 日。
④ 《各地新闻界热烈纪念记者节》，《申报》，1940 年 9 月 2 日。
⑤ 《桂报界发起献机运动》，《申报》，1940 年 9 月 3 日。
⑥ 《桂记者公会建议新闻界献机》，《新华日报》，1940 年 9 月 3 日。

贵阳、康定、泰和、吉安、沅陵、长沙等地新闻界，再次响应献机运动，以实际行动，展示抗战决心。① 这说明，抗战中的新闻界，不仅用手中的笔，"在精神上给抗战增加无限的战斗力"，还从物质上支持抗战，进而树立爱国敬业的伟大形象。

在记者节期间，缅怀报界先贤，成为纪念大会的另一项固定仪式。1940年，孤岛中的上海报人"因限于环境，仅肃穆纪念，并不举行任何仪式，各报馆、各通讯社亦均仍照常工作"，于中午十二时，"自动静默三分钟，为上海三年来为拥护抗建国策而殉难之记者志哀"②。1941年记者节期间，这一仪式再次举行，《申报》报道说："今日记者节，沪市报人，并不举行庆祝仪式，各报馆、通讯社亦照常工作，并不休假，但鉴于国难时期，报人职责重大，决本忠贞不移之精神，坚守立场，努力本位，以尽报人天职。今日中午，全市记者将各就原地起立，静默三分钟，为沪战后因拥护国策而殉难之同人，沉痛志哀，同时新闻界同人并联电委座暨前线将士，表示敬意。"③ 另外，贵阳、重庆、长沙各地新闻界，在记者节集会时，均"首对抗战殉职记者默念致敬"④。在重庆新闻界的纪念大会上，萧同兹等人"历述中国新闻界在国民革命前后及抗战后之奋斗情况，并为几十年来被捕坐监殉难遭炸之同业默哀"⑤。

借助记者节的宣传，中国记者的英勇事迹逐渐深入人心，社会各界都意识到："中国自奋起作战以来，文化人之不幸殉难者亦以报人为独多。"⑥ 由于"新闻事业工作者已随着抗战而有飞跃进步，表现了勇敢、尽责、忠实于抗战事业"的品质，⑦ 记者节的影响力在战争炮火中快速扩散。在香港及华人报刊发达的星洲、槟城等南洋地区，"九一"记者节也有较大影响力。郁达夫在记者节上演话剧，宣传抗日，义演布告说："溯自倭夷入寇，国社西迁，我中枢奋威以御强……谁无父母，念弟兄之飘泊东南，同是天涯。爰决于记者节九月一日，借座皇宫大戏院公演话剧以筹赈。恳乞侨贤共囊义举。推己饥己溺之心，尽为

① 《各地报界纪念记者节》，《新华日报》，1941 年 9 月 2 日。

② 《今日记者节，报人肃穆纪念》，《申报》，1940 年 9 月 1 日。

③ 《今日记者节》，《申报》，1941 年 9 月 1 日。

④ 《各地新闻记者庆祝"九一节"》，《申报》，1941 年 9 月 3 日。

⑤ 《昨日记者节》，《大公报》，1941 年 9 月 2 日。

⑥ 《欧战二周年与记者节》，《申报》，1941 年 9 月 1 日。

⑦ 《纪念记者节》，《新华日报》，1939 年 9 月 1 日。

国为民之责。"① 1941 年记者节期间，来自新加坡的电讯声称："'九一'记者节，此间各华人报纸均休刊，报界并举行聚餐。"② 孙科和国民政府留港各官员、多名绅商名流社团代表，以及国内新闻界名流、新闻从业员及会员亲朋等二百余人参加该年的纪念大会，"济济一堂，盛况空前"③。

在重庆和大后方，军政要员列席记者节集会，成为惯例和常态，这进一步扩大了节日的影响力，提升了规格与关注度。依据《大公报》报道，1940 年 9 月 1 日，重庆市新闻界举行纪念记者节大会，"各机关长官王世杰、董显光、吴国桢、陈访先、曾虚白等均于会前莅临"④。1941 年后，国民党各机关，尤其是中宣部，更是深度介入记者节，不仅中宣部文化运动委员会电慰全国新闻界，纪念记者节，还有国民党中央秘书长吴铁城，宣传部部长王世杰（董显光代），副部长潘公展、董显光，社会部次长洪兰友，政治部第三厅长黄少谷等，偕同出席重庆记者节庆祝大会。⑤ 为纪念 1942 年记者节，中国新闻学会召开第一届年会，国民党中央宣传部、青年团中央团部、社会部、政治部、中央文化运动委员会等机构联合负责招待，陈果夫、王世杰、董显光、谷正纲（施俊韶代）、刘峙（吴茂荪代）、重庆市党部主任委员杨公达、新闻检查局副局长李中襄等党政要员，先后莅会。⑥ 这说明，抗战期间的新闻界，受到国民政府的特别关照，"政府重视报人，爱护指导，也超越平时"⑦。

观念转变后，国民政府各机关，在记者节期间时常举办茶会、晚宴或放映电影等文娱活动，以招待新闻界，这也是庆祝和纪念记者节的重要一环。1942 年记者节期间，国民党中央文化运动委员会以茶点敬赠会众，中央电影摄影场为记者播放"新近自海外运抵之五彩新闻片"。⑧ 1943 年 9 月 2 日，中国新闻学会暨重庆各报联合委员会合办记者节纪念仪式，中宣部在会议结束后，以茶会

① 郁达夫：《九一记者节演剧筹赈宣言》，《郁达夫文集》（12 卷），广州：花城出版社，1984 年，第 270 页。

② 《各地新闻同业纪念"九一"记者节》，《解放日报》，1941 年 9 月 2 日。

③ 《香港青年记者学会昨隆重纪念记者节》，《华商报》，1941 年 9 月 2 日。

④ 《昨纪念记者节》，《新华日报》，1940 年 9 月 2 日。

⑤ 《各地报界纪念记者节》，《新华日报》，1941 年 9 月 2 日。

⑥ 《记者节陪都盛会，新闻学会举行首届年会》，《大公报》，1942 年 9 月 2 日。

⑦ 《记者节的惕勉》，《大公报》，1942 年 9 月 1 日。

⑧ 《今日记者节，新闻学会将举行年会》，《大公报》，1942 年 9 月 1 日。

招待新闻界代表。① 1944 年记者节，国民党中央宣传部为慰劳记者，举行了联谊晚会，到各报记者与该部同志四百余人，梁寒操致辞后，相继有郭泽清、杨竞明演奏国乐，卓少文表演独唱，最后放电影，"至九时半始兴尽而散"。②

政界深度介入，使记者节的官方色彩日益浓厚，最终获取合法地位。1943 年记者节期间，国民党中宣部部长张道藩代表国民政府作出承诺，将由社会部正式核定记者节，"以示爱护扶持"。随后，国民政府社会部主动"令饬中国新闻学会将记者节定于九月一日之意义与经过情形呈报候核"，新闻学会"旋即据实呈复，并建议明定每年九月一日为记者节"。很快，社会部会同内政部，联合呈请行政院，要求核定记者节。1944 年 3 月 11 日，行政院颁布"义一"字第五二九七号指令，正式确定九月一日为"国定记者节"。

至此，"九一"记者节第一次得到政府认可，完成了从民间仪式到国家仪式的转变，成为官方节日。"盖记者节于二十三年九月一日开始举行，至三十三年适届十周年，始经政府正式核定，认三十三年九月一日，为首届记者节。"③《申报》事后回忆说："三十三年国定首届记者节，在战时首都的重庆，由中国新闻学会和重庆市各报联合委员会协同主办纪念会。"④

第二节　加强战时新闻工作：记者节的职业诉求

记者节源于国民政府颁布保护新闻事业的法令，显示出国民政府对新闻记者的尊重，反映了新闻界发展新闻业的迫切愿望。全面抗战爆发后，在"抗日高于一切"的原则下，加强战时新闻工作，充任民众与政府间的桥梁，争取抗战胜利，是新闻界在记者节的言说主旨，以及最重要的职业诉求。

记者节期间，呼吁记者破除成见，加强团结，以保证新闻事业的成功，从而争取民族解放事业，是战时新闻界的第一要义。之所以如此，缘由在于，当

---

① 《陪都新闻界昨补行记者节纪念》，《中央日报》，1943 年 9 月 3 日。
② 《纪念记者节，渝新闻界举行盛会》，《中央日报》，1944 年 9 月 2 日。
③ 《记者节之由来》，《益世报》，1946 年 9 月 1 日。
④ 《记者节的诞生》，《申报》，1946 年 9 月 1 日。

时党派报纸位居主流，报界政见分歧凸显，在不同报馆服务的记者，又必然存在竞争，导致同行联络极为缺乏。"除了少数私人友谊的来往外，绝大部份的同业，简直缺少见面的机会。"这一状况对于新闻事业和抗战，都是一种很大的损失，"反映着中国整个团结方面的情形"①。

在各大报刊中，《新华日报》表现最为突出，其不遗余力地推动记者密切注意"本身的团结问题"。1938 年 9 月 1 日，《新华日报》发表社论《纪念九一记者节》，刻意强调团结的意义，"团结的精神，不仅是新闻事业取得成功的保证，同时也是争取民族解放胜利的保证！"② 一年后，《新华日报》又刊发社论《纪念记者节》，以及《怎样纪念记者节》《对目前记者工作几点意见》《抗战中底记者》《在苦斗坚持中的华北敌后新闻工作》等系列纪念性文章，再次阐释记者团结的重要性。1940 年记者节，《新华日报》社论《记者在战斗岗位上》及记者节专刊的《新中国的新闻记者》《记者今日的责任》《纪念记者节的三大任务》《华北敌后同业的工作和生活》等多篇文章，依然呼呼记者团结："即以重庆而论，同业间的接触机会很少，在全国范围内，联系更差的（得）很。我们要以自己的团结，来推动工作的开展，并促进全国的团结。必如此，才能使今年的记者节，在记者的整个工作中，发生重大作用，留下永远使人怀念的成绩。"③ 进而，该报主张，新闻界要以自己的团结，促进全国团结，"记者的加强团结，未始不能促进全国的团结。同时，现在大家每天叫团结，报纸上讲得更多，如果记者自身不加强其团结，则何以号召群伦，为天下倡？"④

不仅如此，《新华日报》还积极探索加强团结的方法，认为筹建新闻团体，健全同业组织是重要途径。"我们目前新闻工作者已有部份的组织，但坚强的整个的团结还没有到应有的程度。为了完成我们共同任务与相互帮助，当从个别发展到团结一致，才能充分发挥新闻的功能和力量。"⑤ 这种主张，得到《大众日报》的赞成："要健全我们的组织，密切报人的联系。这首先应把青记学会充实、健全起来，并推动其他各地青记学会分会的建立，使其真正包括了所有从事新闻工作的细胞，成为联结各地新闻工作者的纽带，不仅做到了本身的组

---

① 《记者今日的责任》，《新华日报》，1940 年 9 月 1 日。

② 《纪念九一记者节》，《新华日报》，1938 年 9 月 1 日。

③ 《记者在战斗岗位上》，《新华日报》，1940 年 9 月 1 日。

④ 《记者今日的责任》，《新华日报》，1940 年 9 月 1 日。

⑤ 《纪念记者节》，《新华日报》，1939 年 9 月 1 日。

织、教育和研究，还要能广泛的参加社会活动，与一般的实际工作打成一片。"①

加强团结的另一路径，就是揭露投降派记者。在抗战中，多数新闻记者表现积极，但也有一些新闻界的败类，为敌人作鹰狗，为汉奸作应声虫。"我们不但看见、林柏生、李圣五、梅思平等汪派汉奸，在香港以'南华'和'天演'两报散布投降谬论，在上海又恢复'中华日报'，收买文汇等报，发行'民力'周刊，疯狂地放出一切亡国灭种的毒素；而且可以看见有一些地方的一些记者，在发出不利于抗战、不利于团结的言论，在发出一些蔽蒙真相的消息。"② 这类情形引起报界强烈不满。《抗敌报》倡导说："我们更要高度地发挥新闻舆论的威力，严厉地反对与打击一切破坏抗战、团结、进步，与妥协投降的言论与行动……我们同样要进一步地与后方新闻工作者取得密切联系，使全国的新闻记者建立巩固的团结，以便集中全国舆论界的力量有效地进行抗日反汉奸的舆论斗争。"③ 范长江在香港青年记者学会的纪念会上，也勖励一切有正义感之新闻记者共同团结，无情打击"敌伪及与敌伪同一论调的麻醉宣传"，为抗战前途扫除障碍。④

在共同要求下，新闻界团结之风气，渐渐浓烈起来。1938 年，中国青年记者学会只有武汉、长沙、成都等分会较有力量，一年后在前线、大后方与敌后根据战地，该组织皆有极大发展。1938 年记者节由中国青年记者学会独立承办，1939 年则由各报联合委员会、重庆记者座谈会、青年记者学会共同举行，且各报联合委员会负责主要经费，"这是很大的进步"⑤。此后，从重庆新闻界的表现来看，新闻界的团结日益坚定，"过去我们的意见容或不免分歧，现在则绝对齐一"⑥。

记者节的第二个言说重点，是检讨与反省，净化职业道德，坚持节操。对此，新闻界认知清晰，不断鞭策自己，"在自己的节日中除了一分应有的欢欣，我们还应该有更多的反省与惕励"⑦。"年年今日，是我们新闻记者自己的日子，

①　《纪念今年的"九一"》，《大众日报》，1941 年 9 月 1 日。
②　《抗战中底记者》，《新华日报》，1939 年 9 月 1 日。
③　《纪念国际青年节与记者节》，《抗敌报》，1940 年 8 月 31 日。
④　《香港青年记者学会昨隆重纪念记者节》，《华商报》，1941 年 9 月 2 日。
⑤　范长江：《怎样纪念今年记者节》，《新华日报》，1939 年 9 月 1 日。
⑥　《记者节》，《大公报》，1940 年 9 月 2 日。
⑦　《重庆记者群严正的宣告》，《新华日报》，1946 年 9 月 1 日。

不但给我们一个庆祝的机会，并且给我们一个自省的机会，甚至于一个忏悔的机会。"①

在这一方面，《大公报》堪称典型，勇于揭露不足，洗刷污点。1939年9月1日，该报刊发社论说："今天是九一记者节，在民族大战中，我们报人逢着这个节日，实有异常的感奋与惭愧……第一应为尽力争民族国家的自由而感奋，第二应为自己尽力的不够而惭愧。"感奋的是，报人在抗战中，没有自暴自弃，确实担任了宣扬国策、揭发敌谋，振人心、鼓士气的任务；惭愧的是，工作成绩实在是太不够了，尤其是大后方的报人，是"始终受着政府的直接保护，享着一等便利……是人任其难，我行其易，人历危险，而我独安"②。1942年记者节，《大公报》再次发表评论，主张痛切反省："我们的任务何等庄严与沈（沉）重，我们的人格操守是否如此严肃？我们的工作能力是否与之相称？我们的热诚与毅力是否足够充满？……在我们中间是否还有立志不坚，努力不足的动摇而懒惰的现象？……是否有节操欠修行为不纯的情形？"③

检阅和反省新闻阵容，要求记者敦品励行，重视职业道德和行为规范。《大公报》在社论中多次指出，"我们庆祝自己的节日……全国同业共相勤勉，更要提高我们的新闻道德，并严肃我们的奋斗精神，为国家和人类忠勤服务"④。在1940年记者节社论里，《大公报》又一次特别强调职业操守："在平时记者应该注重节操，当国家遭逢敌国外患而全力奋战以争取国家民族万世生存之时，我们新闻记者尤其要注意节操……我们要报答政府对于我们的良法美意，更须坚持记者的节操，尽忠行义，为国家的胜利而奋斗。"⑤《中央日报》在《记者节我们的自勉》一文中，倡导新闻记者，继承言官明是非、辨真伪、别贤奸、分褒贬的传统，发扬史官"只知道正义，不知道权势"的一贯精神，对国家尽全忠，对民族尽大孝。"我们要替民族争取独立自由，我们要替国家伸张正义纪纲，我们要无愧于四千年来史官言官们以鲜血造成的珍贵传统，我们要无负于今百年来新闻界先进所创造的好榜样！"⑥

新闻界的自我反省，主要是督促记者承担责任，为抗战多作贡献，因为记

---

① 《九一志感》，《中央日报》，1946年9月1日。
② 《祝九一节》，《大公报》，1939年9月1日。
③ 《记者节的惕勉》，《大公报》，1942年9月1日。
④ 《我们的节日》，《大公报》，1941年9月1日。
⑤ 《记者节》，《大公报》，1940年9月2日。
⑥ 《记者节我们的自勉》，《中央日报》，1943年9月1日。

者前途与抗战密切相连，"只有保证大我的前途，才能获取小我的前途，这是新时代中不可移易的规律"，这需要新闻记者"用工作，用自己对人民对国家的贡献，用促成抗战胜利的举动"来努力争取。①1938 年记者节，《新华日报》刊文指出，为完成抗战国策的任务，新闻记者要说真话，做民众的朋友，真正建立起信用，提高宣传效率。②吴克坚发表《对目前记者工作几点意见》一文，基本赞成这一主张，认为新闻记者要用具体活的生动事实，向群众报道，揭破、孤立和粉碎汪精卫之流和投降派；要以具体活的生动事实，揭穿敌伪在侵占区各种具体阴谋；要深入社会，以具体事实反映大后方广大群众，尤其是广大青年群众对时局的情绪与要求，推动全国进步。③《大公报》则善意提醒大后方的记者，"尽战时报人的职责"，"我们在后方做容易而安全的工作，假使再有工作不勤、意识歪曲的事，那就太对不起国家，也太对不起自己了！我们后方同业，今天庆祝记者节时，要特别检点自己的业绩，坚志尽职，毋稍懈怠"。④

记者节的第三个言说重点，是提升新闻记者的理论修养和专业技能，以应付抗战需要。依据范长江的说法，抗战工作要有丰富的知识去担当，"今后新闻记者不只要有好的新闻记述能力，而且要有深远的观察分析能力。我们不只要能做新闻的尾巴，更要做问题的先导"⑤。遗憾的是，许多记者修养和学识不足，特别是战地记者，"常因对于军事、政治的修养不够，不能控制战争发展的情势"⑥。

1942 年，在香港青年记者学会纪念记者节的集会上，叶启芳也极力吁请新闻记者"加强学习，以完成吾人在职业上所负担的重大使命"⑦。《大公报》同样要求记者敬德修业，"勤学精思，忠于主张"⑧。该报指出，"一般人常恭维新闻记者是领导社会的。假使如此，则新闻记者的知识必须较常人丰富，见解必须较常人正确；当国家危疑震撼之秋，新闻记者的心脏必须较常人坚强，意识必须较常人坚定；当一般人动摇信念，陷溺于灰色观念之时，新闻记者尤须以

---

① 范长江：《纪念记者节的三大任务》，《新华日报》，1940 年 9 月 1 日。
② 《纪念九一记者节》，《新华日报》，1938 年 9 月 1 日。
③ 吴克坚：《对目前记者工作几点意见》，《新华日报》，1939 年 9 月 1 日。
④ 《祝九一节》，《大公报》，1939 年 9 月 1 日。
⑤ 范长江：《怎样纪念今年记者节》，《新华日报》，1939 年 9 月 1 日。
⑥ 《纪念九一记者节》，《新华日报》，1938 年 9 月 1 日。
⑦ 《香港青年记者学会昨隆重纪念记者节》，《华商报》，1941 年 9 月 2 日。
⑧ 《祝记者节》，《大公报》，1944 年 9 月 1 日。

开廓的胸襟，明朗的笔触，来扑灭败北观念，增强大家信念"①。在 1944 年重庆新闻界集会上，中宣部部长梁寒操演讲道："希望新闻学会诸君从学术上不断求进步，尤盼全国优秀分子大量涌入记者之群；希望记者们在各自岗位上，精益求精，提高报纸水准，创立休假制度，俾能旅行或进修，工作必更有效率；希望记者养成健全舆论之风气，健全之舆论促社会进步，吾人今日非革命前夕，而当革命成功前夕，需要进步健全之舆论。"② 另外，程沧波在访谈中，一样强调学习新知，"一个新闻记者，最要紧充实史地知识，本国文字也要有深切的基础，目前中国报纸增多了特写新闻，这是进步，如能于采取外国报纸好的风格以外，再加以精细的文字构造，必更生动"③。这类情况说明，在新闻界看来，只有不断学习研究，才能做到对时局有清醒的认识，"然后我们遇见一件事，才能知道这事整个局势中所占的地位，以及他和其他事情的相互关系"，对社会科学的基本理论，有透彻了解，然后遇到一个问题，才能应付自如。④

就新闻职业而言，记者加强团结、提升道德修养和专业水准，不仅有利于更好充任政府和民众的桥梁，进行战争动员，实现共同抗战，而且能改善报人的职业形象，树立全新的职业理想和信仰，并在无形中扩大记者节的影响力。"几年前，记者节对一般人颇有陌生之感，但随着中国新闻事业近年的发展，和抗战以来新闻记者们在中国历史上所写的许多光荣的历史，记者已经和陆海空军们一样，被人看作民族的战士。到了今天，记者节已成为一个相当响亮的名词。"⑤

第三节　争取民主自由：记者节的政治表达

在参与纪念活动，建构记者节的记忆时，部分新闻界同业，尤其是以《新

---

① 《记者节》，《大公报》，1940 年 9 月 2 日。
② 《纪念记者节，陪都新闻界集会》，《大公报》，1944 年 9 月 2 日。
③ 《展望未来新闻世界，访问几位老战士》，《中央日报》，1944 年 9 月 1 日。
④ 《记者今日的责任》，《新华日报》，1940 年 9 月 1 日。
⑤ 雨田：《记者节日的追忆》，《新闻战线》1941 年第 1 卷第 5、6 期合刊，第 11 页。

华日报》为代表的中共报刊，较为巧妙地将其运用于政治领域，把新闻与政治有机结合在一起，借机表达政治意愿，反对新闻控制，争取政治民主和言论自由。

全面抗战初期，新闻界与国民政府形成默契，共同御敌。"我们为中国的新闻记者的，自然也只有一条路，就是先要谋解放我们的民族，抢救我们的祖国。"①这意味着，新闻界完全站在国家民族的立场，宣扬国策，启导战志，与国民政府同呼吸、共患难，甚至在抗战的大旗下，妥协让步。"为了国家大局，为了抗战胜利，新闻记者不得已而受到了一些必要的限制。"②不过，新闻界从来没有完全放弃职业立场，而是希望国民政府体谅、爱护和尊重报人，给记者以适量的自由与相当的便利。

在1938年的记者节纪念大会上，新闻界代表就指出，"新闻记者在战时任务更大，目前的新闻政策似有再加考虑的必要，使新闻事业能更发挥它对抗战的力量，使最后胜利早一天来到。政府对新闻应积极领导，而不仅仅是消极的检查"。③1939年记者节期间，重庆新闻界一致要求政府实行战时新闻政策，扶持新闻事业。④ 同日，《大公报》刊发评论，也请求政府特别认识敌后新闻工作的重要性，"把收音机、誊写版及简单的印刷器材多多运到前方和游击区，所有阵前敌后的政工人员都应该从事报人工作"，并用飞机把后方的报纸运送到前方及游击区。⑤ 此外，《新华日报》也多次吁请国民政府，支持战时新闻工作。其态度相当中肯，能充分反映新闻界的共同愿望。在1938年记者节，该报提出系列建议，要求政府在工作条件和通信工具方面，提供一切可能的帮助及方便，实行更为合理的新闻及图书检查制度，让新闻记者"把前方的情形忠实的报导给后方，把后方的情形传达给前方"，促起各方的注意和改进。⑥ 次年，《新华日报》发表社论《纪念记者节》一文，再次指出，"新闻事业的发展，决非单靠新闻记者本身努力就够……政府的积极扶助和指导实有关系"。因此，政府应广开言路，对新闻记者"应予特别优待，通令政务机关军事当局，对新闻记者

---

① 郁达夫：《九一记者节》，《郁达夫文集》（8卷），广州：花城出版社，1984年，第386页。
② 《祝记者节》，《大公报》，1944年9月1日。
③ 《九一的盛会，新闻从业员纪念记者节》，《大公报》，1938年9月2日。
④ 《九一记者节，渝市新闻界庆祝会》，《大公报》，1939年9月2日。
⑤ 《祝九一节》，《大公报》，1939年9月1日。
⑥ 《纪念九一记者节》，《新华日报》，1938年9月1日。

之工作，尽量予以援助，准享受交通上最大之便利"，同时改善新闻检查制度，"推行积极的指导任务"，以"增进新闻记者之工作效能"，裨益抗战前途。①

大体来说，在抗战初期，新闻工作环境相对比较宽松，"新闻工作之活跃，恐为中国有近代新闻事业以来，最光辉的时期"。可惜，好景不常在。进入相持阶段以后，国共矛盾增多，摩擦不断，国民党政府开始压制中共及左翼报刊，"二十八年以后，'私利'的考虑提高，抗日阵营渐生波折，说真话的同业，又走上艰苦的道路了"②。最典型的案例是，1941 年 4 月 28 日，国民党封禁中国青年记者学会，迫使一些左倾的新闻记者流亡海外。

国民政府的压制，使夏衍在记者节日里，完全没有颂祝的心情，"压在心头的只是难看的悼念而已"③。中共领导的《华商报》发表《九一散记》，明言："作中国今天的新闻记者，要想在工作上有好的成就的，比较不大容易，而环境所给予我们的困难，却超乎一般工作之上。物质上的困难，倒可以忍受和克服，政治上的困难，往往使人啼笑皆非。"但为顾全抗日大局，《华商报》的批评相当缓和，"回首望望多难中的国家，和自己身受的现实环境，实又有无限愤慨与感伤！"④

到抗战后期，国共分歧严重，矛盾激化，且日益公开，在追求言论自由的相关话语中，掺入更多的政治考量。中共报刊借用言论自由，反对国民党的新闻统制政策和专制独裁，争取民主政治和抗战胜利，部分得到新闻界的认同。以《大公报》为代表的民营报刊、《中央日报》和马星野所代表的国民党报界，均主张言论自由，以此作为民主政治的基本前提。

在 1943 年记者节，《解放日报》发表两篇评论文章《国民党摧残新闻事业》《反对国民党的反动新闻政策：纪念第十届九一记者节》和一篇来稿《国民党反动派十年来摧残新闻事业的罪行》，猛烈抨击国民党垄断舆论，剥夺言论自由，查禁报章杂志，火药味相当浓厚。该报认为，国民党反动派摧残和垄断报业，实施"一个党、一个领袖、一个报纸"的法西斯新闻政策，目的在于：掩盖敌人诱降和自己妥协的阴谋；集中反动宣传，加紧反对中国共产党；粉饰太平，隐藏大后方民生涂炭的实况。"现在国民党反动派实行这样倒行逆施的新

---

① 《纪念记者节》，《新华日报》，1939 年 9 月 1 日。
② 《香港青年记者学会昨隆重纪念记者节》，《华商报》，1941 年 9 月 2 日。
③ 夏衍：《悼念》，《华商报》，1941 年 9 月 1 日。
④ 范长江：《九一散记》，《华商报》，1941 年 9 月 1 日。

• • • • • •

闻政策，它的'实行宪政'就不但毫无真心诚意，而且恰恰证明是一种烟幕，其目的是为了实现更大的专制独裁的罪恶。"而且，在该报看来，国民党的战时新闻统制政策，实际是战前"新闻摧残"政策的继续和发展，"其手段之毒，为害之烈，有过于袁世凯、张作霖等北洋军阀"；"没有一丝一毫符合革命的民族主义的原则，也没有一丝一毫符合抗战的利益……倒很像是为了投降日寇……倒很像希特勒、墨索里尼、东条的法西斯新闻政策"。① 基于这一考虑，《解放日报》公开号召全国新闻界团结一致，"要求开放言论出版自由，要求取缔中央社及一切国民党报纸的反共反人民的宣传！要求取消'新闻记者法'，取消'国家总动员法'中关于抗日人民的言论出版自由的非法限制！我们要求真正保障一切抗日报纸和抗日记者的言论出版自由权和人权！"②

从某种程度上讲，中共报刊的相关言论很有代表性，其顺应抗战后期新闻界的趋势和潮流，"因抗战接近胜利了，新闻界自身觉悟应该对国家社会多负些责，多尽些职；一般人士也在要求着言论自由"③。1943 年 11 月，重庆 20 家书店联名发表《争取出版自由的紧急呼吁》。到 1944 年，中国新闻界开始在舆论和行动上，积极响应从美国兴起的国际新闻自由运动。④ 该年 5 月，张申府、曹禺、张静庐等联名签署《重庆文化界对言论出版自由意见书》，倡议取消新闻图书杂志审查制度，喊出"拒绝检查、拒绝审查"的口号。此外，成都《新中国日报》《华西日报》，重庆《新蜀报》，西安《国民日报》，云南《云南日报》（昭通版）等各地报刊也纷纷著文，要求改进出版检查制度，切实保障言论出版自由。"九个月来，新闻界为了争取言论出版自由，为了团结民主，为了肃清贪污，曾经尽了很大的力量。"⑤

因为受到自由浪潮的冲击，1944 年记者节的言说和诉求方式，出现显著的转变。比如，《新华日报》打破束缚，在《祝记者节》一文中直截了当地指出，"没有言论自由，就没有健全的发展的新闻事业。没有言论自由，新闻事业本身是会枯萎的"。为此，该报大声疾呼，新闻界同人应该团结一致，为言论自由而奋斗，"中国的新闻界同人，是世界民主的新闻战线的一部分。地域尽管不同，

---

① 《反对国民党的反动新闻政策：纪念第十届九一记者节》，《解放日报》，1943 年 9 月 1 日。

② 延江：《国民党反动派十年来摧残新闻事业的罪行》，《解放日报》，1943 年 9 月 1 日。

③ 《祝记者节》，《大公报》，1944 年 9 月 1 日。

④ 邓绍根：《论民国新闻界对国际新闻自由运动的响应及影响和结局》，《新闻与传播研究》2013 年第 9 期，第 97 页。

⑤ 《从各个角度发出的争言论自由的浪潮》，《新华日报》，1944 年 9 月 1 日。

任务确是共同的。每个记者都应该是反法西斯的战士，都要争取和保卫言论自由。今天'记者节'日，我们竭诚向全国记者呼吁，亲密的团结起来，把笔锋瞄准日本帝国主义和汉奸，积极为争取民主进步，要求言论自由！"①

这一吁请，得到新闻界较为一致的赞同。1944 年 9 月 1 日，《大公报》评论说，政府应严格守法，必不可法外用权，"应该知道培植舆论力量的重要，尽量放宽尺度，以致给它充分自由，使之发展"②。在这一年的记者节集会上，重庆新闻界代表萧同兹公开提议，国民政府各机关应奉行"中央重视新闻事业之至意"，改进出版检查制度，使"吾国新闻事业前途必益见光明"，共渡艰难时局。舒宗侨则请求当局，"调查各地监所，有无新闻记者在内，如有新闻记者且经查明无罪者，应迅予释放"③。胡政之在集会上，同样直言不满，要求政府尊重言论自由，"抗战期中我国的言论纪事自由受限制，但希望执行机关，切实遵行法令，尊重新闻界应有的言论纪事的自由，那么真正舆论力量，得以发挥和运用，促进抗战救国任务的早日完成"④。在这样的背景下，《中央日报》也发表题为"祝记者节"的评论，强调说争取抗战胜利、建设民主政治与改革中国的首要条件，是保障言论自由，因为"民主政治是'依附讨论的政治'，报纸是讨论政治的出版物，记者是讨论政治的职业人"⑤。

值得一提的是，马星野在 1944 年记者节，对全国发表广播演讲《新时代与新报人》，极力强调"真实无伪"的言论自由，是中国报界承担维护世界和平、建设国内民主政治之责任的先决条件，"我们要为人类争和平，为人民争自由，为社会争正义，我们要求真真实实的言论自由"。马氏认为，新闻界所需要的，不仅仅是法律和政治的，还是经济和社会的言论自由，"我们要使今后报纸，脱离少数资本家大财阀之控制，而达到真正的言论自由之境域"。只有这样，报纸才能真正代表民意，"使每个中国人都有看报的能力与看报的机会"，从而"使人民对政治问题发生兴趣"。⑥

如果说，1943 年记者节期间，中共报刊公然反击国民党，要求开放言论自由，部分说明双方政治关系的恶化，那么，在 1944 年记者节前后，中国新闻界

---

① 《祝记者节》，《新华日报》，1944 年 9 月 1 日。
② 《祝记者节》，《大公报》，1944 年 9 月 1 日。
③ 《纪念记者节，陪都新闻界集会》，《大公报》，1944 年 9 月 2 日。
④ 《陪都记者昨日集会，纪念自己的节日》，《新华日报》，1944 年 9 月 2 日。
⑤ 《祝记者节》，《中央日报》，1944 年 9 月 1 日。
⑥ 《新时代与新报人：九一节对全国广播词》，《中央日报》，1944 年 9 月 2 日。

高调倡导言论自由，以此作为根本诉求，则意味着新闻从业人员完全觉醒，形成全新共识："通讯和言论自由，是民主自由的基本要素，如果没有这种自由，则失去说话自由权的个人，必同时失去其他自由……全世界全人类，既须悉数进入于民主的范围之内而享受民主的支配之权，那么，取径于通讯和言论自由，人人能够说真话，能够得真消息，能够随时得知世界的真相，绝对必要。"① 显然，这种自觉，加速了民国以来中国报刊的现代转型，也预示中国新闻界是抗战期间不容忽视的中坚力量，并且已经广泛介入社会和政治活动。

小　结

在刘煜生案中，新闻界将矛头指向政治国家，迫使国民党中央及其政府作出让步，适度调整新闻政策，通令"切实保障新闻事业人员"。为"拥护中央政令"，新闻界在 1934 年一致决定九月一日为记者节。在创设初期，"九一"记者节影响有限，纪念活动单一，大体局限在新闻行业的范畴之内。全面抗战爆发后，记者节的规模和辐射区域快速扩散，逐渐形成固定纪念仪式，最终在1944 年被国民政府确定为"国定记者节"。这一历程如《申报》所言："我们的记者节是浴沐烽火生成的。自二十六年全面抗战发生后，记者活跃在每一道前线，在每一处后方与敌后，工作的紧张，责任的繁重，使我们意味着'自己的节日'在团结、合作、进取等方面的重要性；因此这一伟大的节日就一年一年地庆祝得广泛起来，'闹猛'起来了。"②

抗战期间，在"自己的节日"里，新闻界表达了大致相似的职业诉求，以建构新闻职业共同体，改善战时新闻工作，争取抗战胜利。其具体路径是：借助记者节，新闻界呼吁加强同业团结，筹建新闻团体，形成新闻利益共同体；呼吁提升理论学习，增强专业知识修养，构建新闻知识共同体；不断检阅和反省，以规范职业道德，树立全新的职业形象，塑造新闻价值共同体。多年后，

---

① 《从各个角度发出的争言论自由的浪潮》，《新华日报》，1944 年 9 月 1 日。
② 《记者节的诞生》，《申报》，1946 年 9 月 1 日。

《大公报》在反思记者节的职业意义时，曾明确提示："丁此时代，每一个有抱负有信念的记者，都认识任务的庄严，并已深深感着时代的脉搏。大家深信：必须与社会大众歌哭相闻，呼吸相通，铲除优越感，提高责任心，基于服务人群的热诚，加紧学习，接受批评。一方面尽量保持中国报人的优良传统，一方面尤须着眼于历史的新页和时代的潮流，乘我们的节日，作自我的检讨，鞭策自己，日新又新：这当不失为极有意义的一件事。"[1]

由于新闻即"政治的幻象"，记者节的职业诉求颇具政治意味。呼吁记者不分党派团结起来的，主要是以《新华日报》为代表的中共报刊，旨在宣扬中共主张，维护抗日民族统一战线，"一切有害于团结抗战的，绝对不谈，一切有利于敌人汉奸的，应加以无情的打击"[2]。这无疑表明，"九一"记者节绝不只是单纯的职业纪念日，其价值并不拘泥在新闻行业，而蕴含特殊的社会政治意义。

从起源来看，记者节是抗争中的合作产物，一方面说明，在20世纪30年代党治和新闻统制下的新闻界，依然是一股不可忽视的社会政治力量，并与政治国家处于比较激烈的紧张冲突关系之中。另一方面，记者节也体现出对国民政府转变新闻政策的拥戴，意味着新闻界与政治国家之间的关系得以调适。全面抗战时期，随着国难加深，新闻界自觉遵循国民政府的战时新闻政策，形成了团结抗日的局面，可谓渊源有自。在记者节的国定化历程中，各类政治和社会力量几乎全面渗透，节日的纪念活动和提案通电，均与政治国家、民族解放、社会进步等关系密切。正因为如此，记者节方才深得各界青睐，最终超越新闻行业的藩篱，升格为新闻界、民众和政治国家共同参与的全国性节日。

不过，记者节的"政治"，主要体现在言论自由运动。正如左翼报人陆诒所说："我们来纪念记者节，首要任务，是争取民主政治之实现。只有在民主政治之下，新闻才有自由，记者才有保障。"[3] 中共报刊不仅以言论自由，反对国民党的新闻统制政策和专制独裁，而且希望凭借言论自由运动，争取民主政治和抗战胜利。后者获得普遍认同。以胡政之为代表的中间力量、《中央日报》和马星野所代表的国民党新闻界，均以言论自由作为民主政治和抗战胜利的基本前提、和平与正义的先决条件。或许，这才是纪念记者节的真确意义和最主

---

① 《今日记者的责任》，《大公报》，1948年9月1日。
② 《抗战中底记者》，《新华日报》，1939年9月1日。
③ 陆诒：《谈记者节》，《中国建设》1945年第2卷第6期，第50页。

要的政治意涵，"记者的生命就是言论，要保护记者的身体，就是要保护言论的自由，记者的身体之祸，是从言论之祸来的，倘使不言不论，也就无从起祸，更用不着什么保护了。可见纪念记者节，并无其他涵意，尽在'言论自由'四个大字中"①。

显而易见，记者节及其年度盛会，在新闻和政治两个方面，为新闻界的职业言说与政治诉求提供了一种特殊的时空背景，使新闻从业人员借助职业符号和职业话语，表达政治意愿，争取言论自由。其不仅在某种程度上迎合改善战时新闻工作的需要，同时又有利于维护民主、反对独裁和坚持抗战，实现新闻与政治的双赢。这恰好印证，抗战时期的新闻与政治总是积极共生，互为适应，作为战时国家仪式的一种，记者节成为"政治表达"可资利用的重要工具和形式。

（原文发表于《新闻与传播研究》2016 年第 1 期，有改动）

---

① 《纪念记者节的真意义》，《新华日报》，1944 年 9 月 2 日。

第十二章

中国记者招待会的起源与早期形态

伴随近代新式报业的发展，记者招待会作为一种全新的信息发布与新闻采访方式，在中国社会萌芽生根，逐渐推广流行，并在政治与社会生活中扮演要角。政府部门与社会名流时常借助记者招待会，宣传主义，塑造形象，引导舆论。不过，既往研究极少关注此点，仅有蓝鸿文教授作过可贵的探索。① 遗憾的是，他没有提供充足的史料依据，细节描述过于简略，某些结论也不乏可议之处。以各类报纸、杂志等尽可能翔实的史料为据，揭开层累曲折的历史，厘清中国记者招待会的起源与早期形态，不仅可以展示近代记者活动及社会地位变迁的真实面貌，亦可反映晚清至民国信息控制方式与传播观念的更新。

---

① 蓝鸿文：《我国记者招待会的由来》，《新闻战线》2005 年第 4 期，第 48 – 50 页。

第一节 记者招待会的由来

蓝鸿文教授认为，清政府滥施专制淫威，扼杀言论自由，不可能尊重舆论并创设记者招待会，并推定我国记者招待会始于民国元年（1912）的国务院"新闻记者招待所"。然而此说与历史真相出入较大。事实上，早在1911年3月，清政府外交部就准备添设"记者招待室"，定期发布相关信息，以免谣言纷起。据《盛京时报》记载，"外部邹子东尚书现以外交秘密反致外间物议，兹为宣布交涉起见，拟奏请在部内添设报馆记者招待室一处，凡平常交涉，皆准伊等抄录刊布，惟重大外交概不准轻于泄漏云"①。这是目前所见关于政府记者招待会的最早记录。此则独家报道，是否属实，还有待进一步考证。但其中所包含的信息，多少透露出晚清政府及各级官吏的取向——在一定范围之内开放言论，说明记者招待会已经进入国人视野。

如果变换观察角度，不仅局限于政府记者招待会，而将官方机构、社会团体代表或知名人士等为了塑造自我形象，便于媒体进行报道而专门为新闻记者举行的会议，均看作记者招待会，② 那么，我国记者招待会的起源可能更早。

资料显示，清末商界相当重视与报界的沟通，双方联系极为密切，招待会就是一种较好的方式，虽然在当时并不普遍。1909年3月26日，南洋劝业会在上海召开报界招待会，商会总理周金箴、虞洽卿，劝业会董事席子佩，坐办陈蘭薰，帮办向淑予等负责接待报界人士，《新闻报》庄彝仲，《中外日报》黎伯奋，《时报》狄楚青、刘孝石、狄南士，《神州日报》何雨尘、汪绥臣，《舆论日报》童彌臣、杨千里，《时事报》雷君曜，《申报》张蕴和等多名上海报人出席会议。商界代表均希望报界诸君赞助劝业会，传播劝业会的宗旨，使之广为人知。杨千里在发言中表示，"此会为中国万不可缓之举，公既极力提倡，报界自应视为应尽之义务，极力鼓吹"③。这是商界招待报界的较早记录。而且，会

---

① 《外部添设报馆记者招待室》，《盛京时报》，1911年3月30日。

② 靖鸣、刘锐：《记者招待会的功能和作用》，《改革与战略》2004年第2期，第54-58页。

③ 《南洋劝业会报界招待会记事》，《申报》，1909年3月28日。

议取得良好效果，劝业会得到报界的大力支持。时隔不久，4月7日，《申报》就曾刊发专文——《论南洋劝业会与实业界之前途》，极尽鼓吹之能事。次年9月，南洋劝业会如期举行，各地报人又汇集南京，以便宣传，并借机成立中国报界俱进会，把"维持劝业会"作为同业组织的工作重心之一。①

虽然名称不一，但是记者招待室或报界招待会的活动，实质上就是记者招待会。这一崭新举措能在晚清出现，实在事出有因，密切关系到记者社会地位及各级官府对报业态度的变化。

近代报刊兴起之初，新闻从业人员身处社会边缘。"一般报馆主笔、访员在当时均为不名誉之职业，不仅官场中人仇视之，即社会上一般人，也以其搬弄是非而轻薄之。"② 左宗棠甚至有"江浙文人无赖，以报馆主笔为其末路"的评语。③ 社会地位低下，直接限制了新闻采访和报道。《中国丛报》编辑抱怨说："在广州，当一名报刊编辑，绝不是人们所想象的一种愉快工作。他们与文明社会隔绝，不能访问当地居民的家庭，不能与社会人士交往，也不能出入法庭和社会机关，整日孤身独处。我们所能得到的，只是间隔很久、断断续续从国外寄来的邮件。我们被当成敌人或猛兽，一直处于警卫人员的监视之下。我们的活动，被限制在13行区域之内，只有在特殊情况下，例如生病，才能获准到外面走动，而碰到你的每个路人，都要叫你一声'番鬼'。"④ 此番诉说，难免有夸大其词之嫌，却能大致反映当时的实际情况。

然而，数十年间，形势渐变。1901年，清政府重行新政，中国报业进入蓬勃发展时期，官绅士民自办报刊纷纷创设，数量逐年递增。据有创办时间记载的297种报刊统计，这一时期新创办的中文报刊，1901年为33种，1902年为46种，1903年为54种，1904年为76种，1905年为88种。⑤ 报业迅速发展，致使报纸作为一种新的大众传播形式得到广泛认同，曾经不齿于士林的报人开始荣获社会的普遍尊重，渐由社会边缘走向中心，各级官吏对原本被视为"斯文败类"的报人极力笼络。广东巡警总局曾一度邀请报人共同研究警政，表示

① 《报界俱进会开会续纪》，《申报》，1910年9月10日。

② 姚公鹤：《上海报纸小史》，《东方杂志》第14卷第6号，1917年7月15日。

③ 姚公鹤：《上海闲话》（上），上海：上海商务书店，1925年，第35页。

④ 方汉奇主编：《中国新闻通史》（第一卷），北京：中国人民大学出版社，1996年，第401页。

⑤ 史和、姚福申、叶翠娣编：《中国近代报刊名录》，福州：福建人民出版社，1991年；方汉奇主编：《中国新闻事业史年编》，福州：福建人民出版社，1999年。

愿意接受报人的监督，共同维持地方治安。①《羊城日报》编辑莫伯伊以报人资格插足于豪绅、巨贾、善董之林，在咨议局大出风头，并得到总督岑春煊的另眼相看，成为水师提督李准的座上宾。张鸣岐接任两广总督后不久，即"大宴记者"。②

在上述背景下，清政府各级官厅尽可能给报界提供方便，新闻采访的条件便利起来。1907 年 11 月，天津议事会开始允许各报馆出席旁听。③ 翌年 1 月，上海高等审判厅、奉省高等审判厅等各地方审判厅相继开办，都准许报馆访事人入座听审，随笔记录，将案情登载报端，"以昭信狱"。④ 这是第一代中国报人所不能想见的。1909 年，各地咨议局相继开办，记者旁听成为常态。如江苏咨议局专门电告各报馆，分送长期旁听券，请报人惠顾。⑤ 浙江咨议局同样设立新闻记者席。有趣的是，由于席位不佳，《申报》记者表示不满，要求变更，"新闻记者席偏设楼东一隅，视听不明，易以误会，急宜改良，以所望于负责任之正副议长"⑥。后来，资政院开会时，新闻记者与王公世爵、各国外交官、京外地方大员一道，入场旁听，分享权利。⑦ 更有甚者，江西陆军秋操之际，新闻记者居然能随同参观，尽管名额与条件限制严格，但这毕竟表现出对报界的重视。⑧

简言之，记者招待会在晚清发轫，绝非偶然。尽管它尚处于起步阶段，远远不够成熟，且还未被广泛应用，但已经是对传统信息传播与控制方式的突破。这已部分说明清政府开始更新观念，主动适应急剧的社会变迁，试图利用新举措，加强军事政治信息的流通，同时又力求在自己可控的范围内，操纵引导舆论，以此作为政治控制的有益补充。如果摘下历史的有色眼镜，仔细考量报业发展速度、报律宽严尺度、封杀报馆与报人的数量等相关指标，不难看出，相对于民国及以后，清季言论界还算自由。黄远生就曾感慨："余于前清时为新闻

---

① 《警局第一次与报界研究警务》，《大公报》，1908 年 3 月 2 日。

② 沈琼楼：《清末民初广州报业杂忆》，杨光辉等编：《中国近代报刊发展概况》，北京：新华出版社，1983 年，第 226 页。

③ 《议事会与报馆公约照登》，《大公报》，1907 年 11 月 24 日。

④ 《审判厅开办后纪事》，《申报》，1908 年 1 月 17 日；《审判厅允以报馆旁听》，《盛京时报》，1908 年 1 月 9 日；《地方审判厅亦允旁听》，《盛京时报》，1908 年 1 月 12 日。

⑤ 《公电》，《申报》，1909 年 10 月 12 日。

⑥ 《浙江咨议局行开幕礼纪事》，《申报》，1909 年 10 月 17 日。

⑦ 《资政院近事二则》，《申报》，1910 年 9 月 26 日。

⑧ 《宣统二年江西陆军秋操随观规则》，《申报》，1910 年 11 月 4 日。

记者，指斥乘舆，指斥权贵，肆其不法律之自由，而乃无害。及于民国，极思尊重法律上之自由矣，顾其自由不及前清远甚。岂中国固只容无法律之自由，不容有法律之自由乎?"①

第二节　逐渐成形

武昌起义敲响清朝统治的丧钟，给报界带来新的生机，报纸风起云涌，蔚为大观，迎来黄金时代。报界势力和影响大增，俨然居于社会中心，上自中央政府，下至地方官厅，都积极采取措施，优待报人。于是，记者招待会成为一种时尚的选择。

1912 年 5 月 16 日，国务院发出公告，决议设立新闻记者招待所。② 两天后，按照原有计划，国务院召开第一次新闻记者谈话会，20 余名记者到会，总理唐绍仪及熊希龄、蔡元培、宋教仁、施肇基、王宠惠、刘冠雄、王正廷等各部大员出席。唐氏在讲话中表示，今后国务院将每日定时招待记者，如有应行宣布之事，即交由记者登报，但对国防、外交等秘密事件和参议院秘密会议等不便登报者，则要求记者慎重刊载。而且，他还表态，以后空闲时，必定当面答复记者的疑问，各总长则负责回答具体部门之事。③ 这是国务院官员与新闻记者第一次面对面，但双方均表现不俗。

开场白结束后，即有记者发言，提及"南京政府用过之款，至今尚无决算交出，殊失国民之信用。政府既失国民之信用，则外人亦必有信用"，要求财政部赶紧交出南京用款之决算。问题尖刻，并点名由熊希龄作答。可能考虑要妥善处理南北关系，言辞应当谨慎，唐绍仪决定出面代答，语多圆到："此项决算，鄙人在南京时亦曾注意，然当时拨款并无清册可查，故此时调查亦甚费手续。"随后，又有记者大胆追问关系政局与社会稳定的借款、军用票、屯垦等事

---

① 黄远生：《忏悔录》，《远生遗著》（第 1 册），上海：商务印书馆，1924 年，第 132 页。
② 《国务院设新闻记者招待所》，《盛京时报》，1912 年 5 月 21 日。
③ 《国务院新闻记者谈话会》，《大公报》，1912 年 5 月 20 日；《国务院之新闻记者谈话会》，《盛京时报》，1912 年 5 月 23 日。

宜。直到下午四点，持续两个小时的第一次招待会方才圆满结束。整体看来，提问犀利，作答详尽，少有敷衍，都能切中要害。只是熊氏发言冗长，略显沉闷，《申报》记者对此颇有微词。①

每日定时接待报馆代表，意味着记者招待会将定期化、制度化。总理与部长亲自出马，则说明对记者招待会极其慎重。这在中央机构中引起轰动，各部门纷纷仿效，以资联络报馆。1912 年 6 月 1 日，农林部率先效法，创立记者招待所，规则与时间安排几乎就是国务院的翻版。② 尔后，工商部亦仿效国务院之例，招待记者。在这股潮流的影响下，总统府不甘落后，不仅克隆国务院记者招待所的章程与机构，还决意由总统亲自出面，举办茶话会，笼络报界。③ 此外，参议院也打算设立记者招待所，派专门秘书接洽新闻记者。④

不仅如此，国务院还电告各省，要求都督府设立新闻记者招待所，除应守秘密事件外，一律对外宣布。接到指令后，天津都督府迅速设立，并实际运作起来，每逢星期三和星期六，让报界公举新闻记者数人，前赴秘书厅，询问一切，由专员作答。⑤ "奉天都督府也决意顺应潮流，传知各报馆，定期实行。"⑥

同时，越来越多的政客名流热衷于召开记者招待会，以扩大影响，宣传政治主张，主导社会舆论。1912 年 9 月 14 日，为发表铁路政策，孙中山在北京举办记者招待会，对报界寄予厚望。同日，黄兴也招待报界，争取支持。⑦ 据《盛京时报》记载，10 月 26 日，梁士诒在北京召开中日记者招待会，以联络报界，融合两国民间感情，这可能是最早的中外联合记者招待会，算是一种新类型。⑧

由此可见，民国元年（1912）记者招待会的迅速普及，已属时髦之举。之所以如此，自有其深刻的时代背景。首先，革命功成，给报界注入一股新的活力，报业面貌一新，完全改观，报人被誉为"不冠之皇帝，不开庭之最高法官"，社会地位步步高升，军政当局对报人一般采取宽容与支持的态度。其次，武昌起义后，前清所颁布的报律废弛于无形，南方独立各省忙于洗荡旧污，对

---

① 《国务员与新闻记者一席谈》，《申报》，1912 年 5 月 24 日。
② 《农林部设新闻记者招待所》，《大公报》，1912 年 6 月 2 日。
③ 《总统府亦招待新闻记者》，《大公报》，1912 年 6 月 3 日。
④ 《参议院之茶话会》，《申报》，1913 年 5 月 6 日。
⑤ 《电各省设记者招待所》，《盛京时报》，1912 年 7 月 17 日。
⑥ 《都督府将设新闻记者招待所》，《盛京时报》，1912 年 7 月 19 日。
⑦ 《孙黄同日招待报界纪事》，《申报》，1912 年 9 月 19 日。
⑧ 《总统府秘书长招待中日报界纪盛》，《盛京时报》，1912 年 11 月 1 日。

言论出版、信息控制无力禁忌，束缚手脚的禁令完全解除。最后，此时的报纸多为机关报，非偏即私，党同伐异，致使言论四分五裂。在政界中人看来，举办记者招待会，至少可以统一舆论，这才是真正的目的所在。例如，据报纸揭示，国务院举办记者招待所，不只为宣布政务，更看重"以期一致进行"，裨益民国前途。① 《盛京时报》则一语道破天机，"总理以共和时代，首重舆论，故于国务院设立新闻记者招待所，诚以当此言论夹难，是非混淆之际，非如此不能使舆论一致也"②。

记者们一时风光无限，招待会盛行南北。但是，部分官员名流仅为追赶潮流，附庸风雅，没有真心实意地去开放言论。奉令行事的地方官厅，更乐意官样文章，应付上司。所以，多数记者招待会都流于形式，且如昙花一现，好景不长。袁世凯当权后，残酷压制报业，国务院记者招待室旋即废止，"政务全凭采访，已无正式宣布方法"。《盛京时报》记载说，1913 年 9 月，内阁总理拟在国务院重设招待所，但未见下文。同年 12 月，北京报界同志会致函国务院，主动要求接洽，推选徐仁钰前往采访。国务院借口记者室已经"因公占居"，另选房间"遽难工竣"，拒绝恢复。③ 次年 5 月，媒体再度哄传，政府拟重新举办记者招待室，"徐东海与左右丞议在政事堂内，招待中外记者，办会如前，想不日即可实行"④。但是，这仅属猜想，最终没有付诸实施。检阅相关资料，可以初步断定，袁氏当国期间，国务院记者招待所完全停办，没有举行过任何稍具规模的招待会。尽管他深知报纸的重要性，也愿意"居服从舆论之名，举开明专制之实"。

不过，《申报》曾报道，1914 年 1 月 6 日，内阁总理曾经招宴 20 多名外国新闻记者。席间，熊希龄决意在国务院设立新闻通信处，从事紧要新闻翻译，以杜绝谣传，避免误会。⑤ 这是袁氏统治时期少有的一次记者招待会，却无心插柳，颇具开辟先河的作用，成为中国政府专门召开外国记者招待会的历史渊源。至此，记者招待会的三种类型基本齐备：国内记者招待会、中外记者招待会、外国记者招待会。

---

① 《农林部设新闻记者招待所》，《大公报》，1912 年 6 月 2 日。
② 《电各省设记者招待所》，《盛京时报》，1912 年 7 月 17 日。
③ 《国务院总理接待新闻记者》，《盛京时报》，1913 年 12 月 17 日。
④ 《政事堂有招待新闻记者消息》，《大公报》，1914 年 5 月 10 日。
⑤ 《国务院招宴新闻家详记》，《申报》，1914 年 1 月 12 日。

第三节　初兴中的困局

帝制破产后，共和再造，报界重获生机，为取得舆论支持，在政争中占据有利形势，政界名流竞相网罗报界，国务院与总统府的新闻招待所相继恢复，各种新闻记者招待会急速复兴。

政治形势的变动促使北京政府改变言论控制政策。1916 年 6 月 14 日，黎元洪抢先通知，决意接见内外记者，发表主张。此举得到舆论的高度赞扬，《盛京时报》记者在按语中力表欣赏之意："元首接见新闻记者，以注重舆论之倾向，而定施政之方针，欧美各共和国总统屡屡行之。黎公此举亦系此意，较之欧美各先进共和国总统，实未遑多让。"① 国务院紧随其后，积极倡导恢复新闻记者招待所，决定"特设地址以招待之，切实履行，不似民国二年时之支应故事"②。一时间，此类报道遍及各大媒体。《申报》记录道："国务院拟设新闻记者招待处，凡中外文电，有关国计者，许录登。"③

幸运的是，国务院这次没有让报界失望。1916 年 7 月 30 日，秘书长徐树铮出席新闻记者茶话会，对报界大力称颂，认为新闻记者对于国家及社会的职责重大，为国家与社会之枢纽，决意加强政府与报界的联系，以免不必要的误会与失实记载。徐当众承诺："国务院将可以宣布之件，随时封送报界登载。如有特别事件，必须当面访者，亦可到院访问。鄙人已派有专员接洽此事，有时亦可以电话探询。其无关秘密者，当据实奉告。其有不便宣布者，亦即告以不能宣布，决不以虚饰之消息以欺诸君。"④ 此后，前赴国务院探访政治消息的记者络绎不绝。8 月间，徐树铮恐"办事人员散值后，驻班录事未能明了答复"，特在国务院设立新闻记者招待室，并拟订时间，以方便各报馆派人到院探访。

---

① 《新大总统接见内外各新闻记者》，《盛京时报》，1916 年 6 月 14 日。
② 《国务院招待新闻记者》，《大公报》，1916 年 7 月 20 日。
③ 《专电》，《申报》，1916 年 7 月 18 日。
④ 《国务院招待报界之茶话》，《申报》，1916 年 8 月 3 日。

更有甚者，徐还打算每天亲自出席招待。① 另外，国务院还指令各部院接洽报馆，规定"日行公事，无关秘密者，不妨明告报馆，令其登载。惟军事外交正在进行，应守秘密之时，仍须禁登"②。

自国务院改订招待新闻记者办法后，总统府亦如法炮制，特意制定"招待新闻记者之则例三条"，以示重视。三条规定相对简略，仅指明大体方向，主要涉及：应守秘密各项不能答复之范围、元首接见中外记者之礼节、元首如有公务不能接见时之派遣礼官秘书代行招待章程。其中，只有第三项比较详尽，大致系："一与东洋记者谈话，须详问该国之图强之根本；一与美国记者谈话，须详问其社会改良之程序；一与欧洲记者谈话，须注意于欧战和议时确与东亚大局有无重要之关连（联）；一与华字记者谈话，须务期尽得人民对于政府真正之舆论。"③ 以后来的眼光看，这一规定使记者招待会演变为谈话会，偏离了新闻发布与信息传播的本意，很有些不伦不类。

恢复新闻记者招待所，便利了新闻采访，使信息来源更为广泛，报纸的可靠性与可信度大大增强，推动了报业复兴，"创办报馆之声，日日有所闻"④。但是，报纸数量陡增，群言庞杂，时而逸出轨道，甚至泄漏（应为"露"之误）秘密。这引起国务院警觉，徐树铮多次强调，严禁办事员暗通报馆。⑤ 并且，国务院日益防范报界，记者招待会再次流于形式，难以落到实处。《申报》一则报道即可印证：

> 自共和复活以来，"开诚布公"四字为当轴诚令天下之一利器。就其小者言之，国务院中设新闻记者招待所，派人专司其事，亦开诚布公之一道也。记者初到北京，往晤徐（树铮）秘书长，秘书长忙极，寒暄数语即出。其所谓招待新闻记者之执事述其办法，则每日以可以发表之文件、消息印刷分送，记者深以为然。但官场之事，有足令人失望者。自有印刷之件分送以来，每日仅有绝不相干之文件摘由数十字……对于极长之腐败文电，亦印刷以分送者，殆出于上司之特令矣。在彼言开诚布公者，欲以此广为流布，庶几奉扬仁风，或则

---

① 《徐树铮与言论界》，《盛京时报》，1916 年 8 月 6 日。
② 《分行各机关接洽报馆》，《大公报》，1916 年 8 月 1 日。
③ 《总统府亦有招待新闻记者之规定》，《盛京时报》，1916 年 12 月 9 日。
④ 《北京报馆之勃兴》，《盛京时报》，1916 年 7 月 20 日。
⑤ 《徐秘书长严防泄漏秘密》，《晨钟报》，1916 年 9 月 22 日。

利用新闻以反对其所欲反对者。然此等材料，岂值新闻记者之一顾，亦徒糟蹋若干纸墨、油印之费，多养几位中下等游民而已。呜呼，我国所谓开诚布公者，皆当作如是观也。①

值得一提的是，此前报纸登载记者招待会，往往称之为"招待报界""招待记者""招待中外记者"等。而在这一时期，中国报界开始有"记者招待会"的明确全称。1916年9月6日，《晨钟报》刊发消息《畅观楼新闻记者招待会开会之程序》，这是目前所见，最早使用"记者招待会"的案例。之后，类似字眼在各大媒体上多次出现。1919年2月25日，《盛京时报》记载南北议和代表的新闻发布会，标题即为"朱氏在记者招待会上之演说词"。时隔两日，该报又发表《记者招待会之唐氏演说》一文。该称谓的普遍运用，无疑是一大进步，说明记者招待会得到广泛认可，政界中人已能娴熟利用这一新型的新闻发布方式。不过，直到20世纪20年代中期，记者招待会都时断时续，大体上是不定期的。南京国民政府成立后，中央宣传部专门负责接待、联系新闻界，每月定期，少有中断，记者招待会才最终彻底地制度化。

小　结

信息的传播及使用，体现的是一种社会关系和权力。近代报业的兴起，催生了以信息采集与传播为职业的记者群体，他们以"第四种族"或"中等社会"自居，充分利用掌控的报刊资源，突破时空限制，快速传递信息，改变自身的政治影响和地位，由社会边缘不断向中心迈进。这一新的社会制约力量，使当局与社会各界不得不积极应对，改变信息控制模式，革新传播观念，利用新的媒介和手段，加速信息传递，沟通上下中外，记者招待会就是绝佳的例证。同时，记者招待会在一定程度上满足了记者们的知情权与表达权，是其社会地位上升的表征之一。

---

① 《北京特别通信（30）》，《申报》，1916年10月29日。

　　不过，近代中国由传统向现代转型，往往新瓶装旧酒，变革的多是外在形式。记者招待会自西东渐，逐步完善推广，举措和规章制度是外来的、现代的，而实际动作则陷入过去和本土的窠臼。政府和政客关注的是如何操纵记者招待会，再经由媒体，统一舆论，控制民众，维系统治，自由与权利仅是旗帜口号而已，不在考虑之列。这似乎证明，记者招待会的诞生，带来一种解放，又制造了一种控制，既预示着一种潜在的自由，又剥夺了某些权利，增添了几分大众媒体沦为政府传声筒与喉舌，甚至政治婢女的可能。

（原文发表于《暨南学报》2010 年第 9 期，有改动）

第十三章

报刊地理：广州租界与近代报刊
（1827—1912）

近代中国，租界所在地往往报业发达，是全国性或区域性新闻中心。这一现象引起新闻史学界的广泛关注，并取得丰硕的研究成果。① 不过，既往研究主要聚焦上海、天津与汉口，广州沙面租界与报刊一直未引起充分重视，在内容和深度上远不及沪津等地的成果。其实，作为近代报刊的起源地和发展中心之一，广州及其租界在近代报刊的地理格局中，是一个重要的结点，颇具代表性，但地理的变化被视为具有"不必要的复杂性"而遭到漠视。② 鉴于此，本章拟从文化地理学的视角，探寻沙面租界对报刊地理分布的作用和影响，③ 呈现清末民初广州媒介空间的特征及转换，进而把握近代报刊的地理学特征，为报刊史研究的"地理转向"或"空间转向"提供一个典型实例。

① 主要研究成果有薛飞：《旧中国的租界与报纸》，《新闻与传播研究》1994 年第 4 期，第 69－75 页；陈志强：《租界、"洋旗报"与近代报业》，《南昌大学学报》（社会科学版）2006 年第 4 期，第 137－142 页；陈冠兰：《近代中国的租界与新闻传播》，《新闻与传播研究》2008 年第 1 期，第 2－8 页；陈冠兰：《汉口租界与传播控制》，《湖南大学学报》（社会科学版）2006 年第 1 期，第 127－131 页；陈冠兰：《近代中国的租界与新闻传播》，北京：中国书籍出版社，2013 年；王薇：《租界报刊与近代天津的新闻事业》，《新闻爱好者》2011 年第 9 期，第 91－92 页；王薇：《租界社会与近代天津的新闻事业》，《天津师范大学学报》（社会科学版）2011 年第 5 期，第 27－30 页；王薇、向菊梅：《天津意租界报刊的产生及影响探究》，《历史教学》2013 年第 18 期，第 34－39 页。

② ［美］爱德华·苏贾著，王文斌译：《后现代地理学：重申批判社会理论中的空间》，北京：商务印书馆，2007 年，第 100 页。

③ 类似成果有宁树藩：《中国近代报业发展的地区轨迹》，《新闻传播论坛》，南京：南京大学出版社，1996 年，第 112－117 页；岳升阳、林玉军：《宣南文化与北京清末民初的报刊》，《北京社会科学》2004 年第 1 期，第 146－151 页；张颖倩：《近代北京报馆历史地理研究》，中央民族大学硕士学位论文，2010 年；胡建书：《租界里的报馆：望平街的形成》，复旦大学硕士学位论文，2012 年。

第一节 租界的前身：十三行商馆区

广州是中国境内最早接触近代报刊的地方。鸦片战争前夕，来华外国人在广州先后创办《广州纪录报》（1827 年）、《中国差报与广州钞报》（1831 年）、《中国丛报》（1832 年）、《东西洋考每月统记传》（1833 年）、《广州新闻》（1835 年）、《各国消息》（1838 年）等 6 种报刊。不过，这些报刊具体分布在广州哪个区域，研究者对此基本忽略不计。尽管直接资料有限，但依据时人回忆，并综合考察当时特殊的历史环境，可以大体断定，广州早期报刊都集中在十三行商馆区。作为沙面租界的前身与雏形，十三行商馆区不仅与租界制度有密切关系，是我国租界的萌芽，①而且是近代报刊的诞生地，最早的报刊聚集地和报业中心。

在早期报刊里，英文报刊占据多数，是名副其实的主角。这些英文报刊与英美商人和商业机构关系密切，商人不仅从经济上支持办报，而且是新闻的重要提供者和主要受众。1827 年出版的《广州纪录报》，是中国境内第一份英文报刊，即由英国怡和洋行经理、商会主席马地臣主办，美国商人伍德担任第一任编辑。②《中国差报与广州钞报》则由伍德创办，代表美商利益。《中国丛报》由马礼逊倡议，裨治文创办并主编，美国商人奥立芬负责提供开办经费及房舍，补贴亏损。《广州新闻》由英国鸦片商人颠地支持创办，代表英商自由贸易派利益。③在华英美商人出面办报，不仅反映中英、中美贸易增长和对商业信息的需求，也说明他们希望就对华政策发表意见，急迫打开中国市场。

当时清政府对外国商人防范有余，限制重重，要求他们遵守"八项规章"，其中包括："妇女、枪炮、戈矛和其他任何武器不得带入商馆；所有引水及船上

---

① 王云泉：《广州租界地区的来龙去脉》，《广州文史资料》（第 44 辑），广州：广东人民出版社，1992 年，第 1 - 29 页；曾昭璇等：《广州十三行商馆区的历史地理：我国租界的萌芽》，《岭南文史》1999 年第 1 期，第 28 - 37 页。

② 方汉奇主编：《中国新闻事业通史》（第 1 卷），北京：中国人民大学出版社，1996 年，第 276 页。

③ 方汉奇主编：《中国新闻事业简史》，北京：中国人民大学出版社，1995 年，第 47 页。

买办必须在澳门同知衙门登记……若无船上买办在场，其他船夫民人等不得与外国人接触；只有在每月初八、十八和二十八日三天方可外出'兜风'……夷人可到花园和河南游玩，但每次不得超过 10 人，'游毕'，必须返回商馆，不得在外过夜，或聚众滥饮。如有违犯，下次'假日'将不准外出。如出游 10 人擅自闯入村庄、公共场所或集市，陪同之通事将受惩罚。"① 这样的规定，让所有洋行和外国人都集中在十三行商馆区，不得随意外出，更不能随意与中国人接触。

由于外国商人是办报主体和服务对象，早期英文报刊全部局限在十三行商馆区。比如，《广州纪录报》坐落在马格尼亚克洋行，借用行内的一部小型手摇印刷机印刷，《中国差报与广州钞报》则位于法国商馆。② 《中国丛报》由奥立芬提供编辑与印刷场所，也在商馆区内，因为当时的外国人还不能在广州其他地方购买或修建房产。③ 1831 年，伍德在创刊《中国差报与广州钞报》时声称，"在像广州这么小的社会再另办一种报纸，可能是多余的"④，但是"我们深信，我们非常需要传播媒介，以传达别人无意讨论的意见和政策"。显然，"这么小的社会"，指代的就是商馆区。19 世纪 30 年代初，在商馆区定居的外国人仅有 300 人左右，只能构成一个"小的社会"。

因为"不得随意外出"，早期英文报刊编辑的活动范围受到很多限制。"在广州，当一名报刊编辑，绝不是人们所想象的一种愉快工作。他们与文明社会隔绝，不能访问当地居民的家庭，不能与社会人士交往，也不能出入法庭和社会机关，整日孤身独处。我们所能得到的，只是间隔很久、断断续续从国外寄来的邮件。我们被当成敌人或猛兽，一直处于警卫人员的监视之下。我们的活动，被限制在 13 行区域之内，只有在特殊情况下，例如生病，才能获准到外面走动，而碰到你的每个路人，都要叫你一声'番鬼'。"⑤ 此番诉说，未免夸张，

---

① ［美］亨特著，冯树铁、沈正邦译：《广州番鬼录》，广州：广东人民出版社，2009年，第 39 – 40 页。

② ［美］亨特著，冯树铁、沈正邦译：《广州番鬼录》，广州：广东人民出版社，2009年，第 109 – 100 页。

③ 广州市荔湾区地方志编纂委员会编：《广州市荔湾区志》，广州：广东人民出版社，1998 年，第 12 页。

④ 方汉奇主编：《中国新闻事业通史》（第 1 卷），北京：中国人民大学出版社，1996年，第 280 页。

⑤ 方汉奇主编：《中国新闻事业通史》（第 1 卷），北京：中国人民大学出版社，1996年，第 401 页。

但能说明部分实情，十三行成为早期英文报刊的"囚禁区"。

囚禁在商馆区，导致早期英文报刊的发行量相当有限。《广州纪录报》1836 年的统计数目显示，该报每期有 280 份运往海外各地，附出的《广州行情周报》每期只印 320 份。而《中国差报与广州钞报》和《广州新闻》的订户更少，实力不如《广州纪录报》，面临经营困难。《中国丛报》开始每期发行 200 份，到 1834 年第 3 期时增加到 800 份，第 5 卷超过 1 000 册，但大都销往海外，1836 年在中国的固定销数也只有区区 200 册。① 由于发行量少，加上用英文出版，读者只限于少数在华的外国人、行商和个别官员，与一般广州市民无涉。

传教士所办的中文报刊同样被束缚在十三行商馆区，无法在广州其他地方立足，更不能在城内编辑出版。缘由在于，所有来广州的外国人，从到达的第一天起，就被认为他们的任务只是做生意，② 传教是绝对禁止的，更不用说开设出版机构。"如有洋人秘密印刷书籍，或设立传教机关，希图惑众，及有满汉人等受洋人委派传扬其教，及改称名字，扰乱治安者，应严为防范，为首者立斩。"后世史学家白瑞华认为，《东西洋考每月统记传》之所以能够在广州发行，并不是因为中国已经修改或放弃其严教政策，而应归功于郭士立本人"与中国人之间有不寻常的良好关系"③。为方便活动，郭士立不惜拜认一个福建人为干爸爸，以掩护非法行为。

而且，鸦片战争前夕，外国人及其报刊在中国遭遇普遍的敌视或蔑视，使之很难在商馆区之外的地方生存。比如，《东西洋考每月统记传》在广州订阅很少，曾寄往北京、南京等城市，但少有反应。对于这种遭遇，郭士立感同身受："尽管我们与他们（指中国人）有过长期的往还，可是他们却仍然自称是世界上第一个民族，而把其他民族看作是'蛮夷'。这种盲目自负，严重地影响了住在广州的外国居民的利益以及他们和中国人的交往。……这个月刊是为维护广州和澳门的外国公众的利益而开办的。它的出版意图，就是要使中国人认识到我们的工艺、科学和道义，从而清除他们那种高傲和排外观念。"为此，

---

① 吴义雄：《在华英文报刊与近代早期的中西关系》，北京：社会科学文献出版社，2012年，第49页；方汉奇主编：《中国新闻事业通史》（第1卷），北京：中国人民大学出版社，1996年，第277－283页。

② ［美］亨特著，冯树铁、沈正邦译：《广州番鬼录》，广州：广东人民出版社，2009年，第38页。

③ 卓南生：《中国近代报业发展史（1815—1874）》，北京：中国社会科学出版社，2002年，第44页。

郭士立希望通过"摆事实"，"表明我们并非'蛮夷'……让中国人确信，他们需要向我们学习的东西还是很多的"。①

　　十三行商馆区成为报刊起源地，首要原因是，清廷对外国商人的防范限制，使其成为中国最发达的洋行商馆区和最集中的外国人居留区，也是唯一的国际化商贸区，这提升了信息交流和传播的必要与可能。同时，在中西交往中，十三行从英美引进比较完备的英文印刷机，为报刊发展准备了出版技术。此外，十三行独创的"广东英语"，起到"交际媒介"作用，既便利商业贸易，又拓展沟通和传播的空间，让商馆区成为中外信息交换中心。外国船员带来大量的国际新闻，中外商人和传教士是中国本地新闻的主要发布者。多种因素融合，为报刊产生提供了一个特殊的媒介生态环境。

　　浓郁的商业氛围和独特的传播生态，直接影响报刊定位。十三行的报刊，偏向于传播商贸信息、世俗生活和西方科技文化。《广州纪录报》在创刊时就宣称要努力"发表丰富而准确的物价行情"，所以其内容以报道经济、商业行情及中国官方公布的材料为主，对鸦片贸易的报道尤为详尽。1833 年，该报出版《广州市价表》，关注广州市场价格行情，为外贸活动提供大量资讯。《中国差报与广州钞报》代表主张自由贸易的美国商人利益，同样以商情为主。传教士创办的《东西洋考每月统记传》，在办报理念上实现了由"宗教"到"世俗"的重心转移，注重为在华外国人的利益服务，与早期宗教报刊明显有别。

　　一个有意思的问题需要提及，十三行商馆区毕竟还不是真正的租界，政治、司法主权完全由中国官府掌握，外国商人和传教士的活动受到极大限制，为何能公开办报呢？潘贤模给出了一个比较合理的解释：道光初年（1821），海禁稍有松弛，外国人在华活动趋于活跃，地方官默许办报，魏源为避免让清廷知道外国人曾在广州出版报刊，把《中国丛报》改为《澳门月报》，将《广州纪录报》译作《澳门杂录》。② 至于默许的动机，魏源是为方便就近"备采夷情"，贪官则有可能为收受利益而包庇。从当时的背景来看，鸦片走私严重的主因是贪官受贿，外国人同样可以用行贿的办法，来获得办报自由。③

---

　　① 方汉奇主编：《中国新闻事业通史》（第 1 卷），北京：中国人民大学出版社，1996年，第 267 – 268 页。

　　② 潘贤模：《中国现代化报业初创时期：鸦片战争前夕广洲、澳门的报刊》，《新闻研究资料》1980 年第 4 期，第 160 – 167 页。

　　③ 李国成：《鸦片战争前后的澳穗港报刊》，《中山大学学报》（社会科学版）1999 年第2 期，第 22 – 29 页。

　　由于潜规则盛行，外报编辑并非真的孤身独处，龟缩在商馆区的报馆里，而是一有机会，就走出"禁区"。《中国丛报》的编者，在收到一位通讯员有关广州乞丐情况的短稿后，就亲自前往稿中所提到的关武帝庙进行实地采访，详细记录所见所闻。后来，他将通讯员的来稿和他的采访记录合在一起，再加上大段按语，组成一篇颇为生动的通讯《广州乞丐的死亡》，发表在1834年4月的《中国丛报》上。①

　　作为近代报刊的起源地，十三行商馆区在报业发展史上占据首要位置，但好景不长，其中心地位很快终结。1839年，中英关系紧张，《广州纪录报》《广州新闻》和《中国丛报》迁到澳门，商馆区呈现报业空白，此后再未能恢复元气。鸦片战争后，外国人回到商馆区，重新办报，1843年出版《广州探报》，1844年回迁《中国丛报》，但成效有限。1851年，《中国丛报》停刊，商馆区报业再次消亡，直到1856年十三行被毁弃，也没有一份新报刊问世。商馆区的沉寂，使广州从1851年到1860年，几乎处于无报状态，这不仅意味着十三行商馆区和广州在报刊史上的沉沦，也预示报刊的地理分布将发生重大变化。

第二节　沙面租界：有限的生长点

　　1859年，英法侵略者强租沙面，建筑楼房商馆。1861年9月，英法两国与两广总督劳崇光签订租约，沙面正式沦为英法租界。此后，在较长一段时间内，沙面租界取代十三行商馆区，成为广州报刊分布的中心区域。

　　沙面租界开辟后，外国洋行、银行和各国领事馆陆续进驻，使沙面成为西方列强对中国华南地区进行政治、经济、文化侵略的重要据点。小小的沙面，麇集了10家银行和40多家洋行，构建了一个相当典型的商业社会。② 工商业发达，为报刊发展，尤其是商业报刊，提供了契合的生长点。1860年，《中国之

---

　　① 方汉奇主编：《中国新闻事业通史》（第1卷），北京：中国人民大学出版社，1996年，第401-402页。

　　② 孔柱新：《沙面租界洋行、银行与华南经济之关系》，《岭南文史》2003年第3期，第55-58页。

友》从香港迁来，打破空白局面，使广州报业呈现一线生机。之后，来华外国人创办了一批英文报纸（多数为日报），均为商业报纸，致力于刊登广告和航运消息，如《每日广告报》《广州每日航运消息》《广州每日广告报》等。但是，此类报刊出版时间较短，长的不过 3 年，《中华帝国时报》只出版了 3 个月，影响甚微。[①] 直到 1865 年，《中外新闻七日录》创刊，沙面租界才出现第一份有影响力的报刊，[②] 这是最早的中文周刊，在广州地方新闻报道方面成就卓著。[③]

此后 30 年中，外国人在广州的新创报刊，几乎都集中在沙面租界，如《广州新报》《西医新报》《纪南报》等。而且，现有资料显示，在 1898 年之前，稍有影响的华资报刊，除《广州报》具体地址不详外，多数集中在租界边缘：《述报》和《中西近事汇编》位于多宝大街，《岭南日报》位于沙基大街。[④] 只有《广报》在广州城内的华宁里，距离租界较远，但最后也被迫迁入租界。这类情形说明，沙面租界取代十三行商馆区，成为近代广州报刊新的增长点和汇集地区。

之所以如此，不仅在于沙面租界是外国人在广州的大本营，具备良好的发展契机，还因为它是西学东渐的窗口，西方先进的印刷技术和设备往往是先引入租界，再向其他地区扩散。广州近代邮政局、电报局最早也是从租界发展起来，将其运用于传递新闻、报刊发行。租界里先进的媒介技术、设备、交通条件，是报刊集中于此的重要因素。

此外，外国教会和传教士在租界及周边的沙基和长堤兴建学校，包括 1868 年的真光书院、1879 年的安和学堂、1885 年的基督教广州书院、1886 年的博济医学院、1888 年的培道女子中学和格致书院等。这些教会学校讲授的学科，除神学以外，更多的是传播西方科学文化知识，这有利于提高租界及租界周边地区居民的文化素养，为报业发展培育了潜在的读者群。

---

① 方汉奇主编：《中国新闻事业通史》（第 1 卷），北京：中国人民大学出版社，1996年，第 358 页。

② 《广州租界大事记》，《广州文史资料》（第 44 辑），广州：广东人民出版社，1992 年，第 201 页。

③ 蒋建国：《地方新闻与社会话语：1865—1867 年的广州》，《学术研究》2008 年第 11期，第 100 – 106 页。

④ 史和等编：《中国近代报刊名录》，福州：福建人民出版社，1991 年，第 81、210、213、444 页。

与其他租界一样，沙面租界当局按照本国习惯，在租界遵循一定程度的言论自由，拒绝中国政府的干涉，成为中国民营报刊的庇护地，为报刊发展准备了相对宽松的舆论环境。1886 年，邝其照在广州城内创办一份《广报》，内容有评论、本省新闻、中外新闻、京报转载及货价行情等。1891 年，《广报》因登载某大员被参一事，触怒粤督李小泉，遭遇封闭，不准复开。无奈之下，邝其照把报馆迁往沙面租界，以逃避清政府的迫害，并请英商必文出面，改为《中西日报》，继续出版。据《七十二行商报纪念刊》载："改报发行后，渐肆议论，指摘政治，官无如何，只罪卖报之贫民而捕之耳。"后来，南海县令裴景福投资该报，才又迁回城内的朝天街道。①

不过，作为一个新生长点，沙面租界的报业存在较大限制。沙面虽然是外国人在广州的大本营，但外侨数量有限，外文报刊难以生存，《中国之友》几乎是唯一有影响力的英文报刊，但很快就迁往上海。这使租界报刊绝大多数是中文报刊，且以周刊或月报为主，仅有 1 份日报——《中西日报》。在数量增长方面，沙面租界也远不如上海租界和香港。据《中国近代报刊名录》和《中国新闻事业编年史》统计，从 1860 年到 1912 年，沙面租界内确实可考且较有影响力的报刊仅有 8 种：《中国之友》《中外新闻七日录》《广州新报》《西医新报》《中西日报》《纪南报》《越峤新闻》《真光月报》等。历来研究者都把租界当作"报刊云集之地"。② 显然，这种结论来自对上海、汉口、天津三地租界史的观察，既不符合沙面租界的历史真相，也不符合厦门、杭州、苏州等地租界的报刊发展实情。③

更现实的问题是，沙面租界的报刊没有一份具有全国影响力，无法和上海租界的《申报》《新闻报》等相提并论。除《西医新报》停刊时间不明之外，据史和、方汉奇等先生考证：《中国之友》1863 年迁往上海，在沙面只经营了 2 年时间；《中外新闻七日录》先后出版 152 期，大约存在了 3 年；《广州新报》1871 年停刊，存在 6 年；《中西日报》1900 年停刊，存在 9 年；《纪南报》1901 年停刊，存在 6 年。通过这些案例，可以想见沙面租界报刊的生存难度。

---

① 梁群球：《广州报业（1827—1990）》，广州：中山大学出版社，1992 年，第 14 - 15 页；史和等编：《中国近代报刊名录》，福州：福建人民出版社，1991 年，第 53、80 页。

② 薛飞：《旧中国的租界与报纸》，《新闻与传播研究》1994 年第 4 期，第 69 - 75 页。

③ 具体数据可参见陈冠兰：《近代中国的租界与新闻传播》，北京：中国书籍出版社，2013 年，第 67 - 70 页。

整体而言，无论是数量还是影响，无论是中文还是外文报刊，广州不但无法与沪、港相抗衡，也不足与天津相比拟。造成这种状况的主要原因在于，外国人将办报重心南迁香港，由于穗港紧邻，传送方便，港报又多面向广州，在广州创办报纸的迫切性减弱。另一方面，外贸中心由广州转移到上海，上海成为外国侨民聚集中心，办报重心随之北移上海。南迁北移，预示新时代的到来，香港和上海取代广州，成为新的报业中心。

最直接的制约因素是，沙面租界面积过小，总面积不过 330 亩，远不如上海租界的 53 303 亩，天津租界的 24 000 余亩，汉口租界的 2 700 余亩。[①] 因为只有弹丸之地，沙面租界具有明显的封闭性，居民以外国侨民为主，中国人进出租界受到严格限制，工部局甚至规定，中国人必须在晚上九点钟之前离开租界，逾时不走就要入牢。[②] 于是，沙面租界在人口增长方面，不论外侨，还是华人，都相当有限，不能为报业发展提供必要的读者群，以至租界内的报刊，尤其是日报，很难长期存在，社会影响较弱。

第三节　租界的延伸：西关报馆街

1898 年后，广州呈现办报热潮，虽有 1899 年的低谷，但很快恢复并加强了发展势头，一直持续到 1912 年。在这一时期，报刊数量稳步增长：1898 年新创报刊 5 种、1900 年 5 种，1902 年 3 种、1903 年 4 种、1904 年 3 种、1905 年 9 种、1906 年 14 种、1907 年 12 种、1908 年 7 种、1909 年 8 种、1910 年 10 种、1911 年 12 种、1912 年 22 种。[③] 随之，报刊的地理分布格局明显转变，由租界及边缘，渐次北上，先向十八甫汇集，后延伸至第八甫、第七甫一带，形成西关报馆街，建构出全新的报业中心。

---

①　袁继成：《近代中国租界史稿·近代中国租界简表》，北京：中国财经出版社，1988 年，第 113 - 115 页。

②　梁炳枢：《沙面租界史料点滴》，《广州文史资料》（第 35 辑），广州：广东人民出版社，1986 年，第 77 页。

③　据史和等编《中国近代报刊名录》（福州：福建人民出版社，1991 年）第 444 - 446 页统计。

据不完全统计，在报业扩展的热潮中，广州新创报刊约 114 种，40 多种出版地址不详：《广州白话报》《嬉笑报》《商务日报》《寰球报》《文言报》《女学新报》《省港通报》《开智日报》《岭南学术界》《群报》《醒报》《谐铃报》《协群社报》《祖国文明报》《珠江镜》《粤东公报》《广东戒烟新小说》《铁路公言报》《教育界》《实业报》《广州青年报》《天铎》《孔圣会旬报》《四邑旬报》《广东教育官报》《广东警务官报》《广州化学会实业报》《公言报》《孔教会星期报》《佗城日日新闻》《经铎》《天民报》《仁声报》《自理月刊》《震旦日报》《平民日报》《广南报》《新醒报》《岭华日报》《南越报》《惟一报》《天职报》《广东教育公报》《民谊》。能明确出版地址的大概有 78 种，其中有 54 种可证实在西关地区出版：1898 年 3 种、1900 年 2 种、1902 年 1 种、1903 年 2 种、1905 年 6 种、1906 年 8 种、1907 年 6 种、1908 年 2 种、1909 年 3 种、1910 年 1 种、1911 年 8 种、1912 年 12 种。① 这说明，在广州报刊发展的黄金时代，西关是报业最为集中的区域。

依据《中国近代报刊名录》《中国新闻事业史编年》和《广州市荔湾区志》，能对清末民初西关报刊的地理分布详情，作出更为细致的统计，并且从中可以发现聚集地点前后不一的情况。1908 年之前，十八甫是西关报刊最显著的集中地，新创报刊 16 种：《岭学报》、《岭海报》（1898 年）、《羊城日报》、《时敏报》（1903 年）、《游艺报》、《时事画报》、《游艺报》、《觉报》、《警报》（1905 年）、《国民报》、《粤东小说林》、《国是日报》、《粤东小说林》（1906 年）、《二十世纪军国民报》、《滑稽魂》、《时谐画报》（1907 年）。第八甫、第七甫在 1908 年之前的新创报刊，只有 3 种：《广智报》（1898 年）、《安雅书局世说编》（1900 年）、《七十二行商报》（1906 年）。

不过，情形很快逆转。1908 年至 1912 年，十八甫的报刊数量明显下降，新创报刊仅 3 种：《时敏新报》（1909 年）、《中原报》（1911 年）、《广东日日新报》（1912 年）。在同一时期，第八甫、第七甫的报刊数量后来居上，超越十八甫，成为报刊主要分布地域，新创报刊至少有 17 种：《安雅报》（1908 年）、《南越报》、《砭群丛报》（1909 年）、《平民日报》（1910 年）、《人权报》、《天民报》、《可报》、《光华报》、《震旦日报》（1911 年）、《中国日报》、《大公报》、《党魂日报》、《华国报》、《华严报》、《广南报》、《广州共和报》、《珠江日刊》（1912 年）。

在办报高潮结束后，十八甫完全衰落，几乎没有新报刊问世，而第八甫、第七甫的新创报刊却源源不绝：1913 年 2 种、1914 年 1 种、1915 年 2 种、1916 年 1 种、1917 年 1 种、1918 年 1 种、1919 年 3 种、1920 年 3 种、1921 年 3 种、1922 年 3 种、1923 年 12 种、1924 年 1 种、1925 年 5 种、1926 年 1 种、1927 年 2 种。[1] 在 1931 年，第七甫和第八甫合并改造，更名为"光复中路"。这短短的街道中，就有《七十二行商报》《广州共和报》《公评报》《国华报》《新国华报》《观象报》《人权报》《南越报》《大同报》《粤商公报》《广东报》《天声报》《越华报》《环球报》等众多报纸的报馆，形成别具特色的"报馆街"，成为近代广州报业繁盛至极的缩影。[2]

先十八甫，后第八甫和第七甫，这是西关报馆街成形的大体脉络，也是西关报刊分布的路线图，其呈现以沙面为轴心，由南及北，由近及远的趋势。就当时的历史环境而言，西关报馆街的形成，首先受益于戊戌变法和"新政"，清政府在政治变革中放松对民族报业的控制，甚至给予较大的支持，这是报业发展的重要因素，不可视而不见。同时，优越的地理条件和商贸传统，使西关成为中西文化交流的要冲，是西学东渐的桥头堡，人文意识开放，社会氛围宽松，开明绅商和趋新人士逐渐汇聚于此，为报刊发展准备了充足的思想资料和人才条件。

从地理位置来看，十八甫、第八甫、第七甫都距离沙面较近，属于租界延伸地带，表明西关报业发展和报馆街的形成，离不开租界的示范推动。西关原是广州的边缘区域，"一口通商"政策的实施和十三行的兴盛，使之发展为外贸中心。沙面租界兴起后，由于地方狭窄，不能满足洋商的贸易需要，不少外资银行、洋行突破局限，先设在沙面边缘的沙基、长堤，再向西关其他地区蔓延。靠近十三行和租界的十八甫一带，成为最繁华的商业核心区域，至清末民初达到鼎盛。[3] 与之相随，西关人口日渐稠密，成为社会生活和文化消费重心。

---

① 广州市荔湾区地方志编纂委员会编：《广州市荔湾区志》，广州：广东人民出版社，1998 年，第 603 – 605 页。

② 李燕：《广州西关的历史发展及其文化特色》，《文史博览》2013 年第 10 期，第 4 – 8 页。

③ 广州市荔湾区地方志编纂委员会编：《广州市荔湾区志》，广州：广东人民出版社，1998 年，第 241 页。

据广东省咨议局《编查录》记载，1910 年广州城总计 517 596 人，西关就有 233 144 人，占 45.04%。① 经济发展和人口繁盛，直接推动商贸、戏曲、消费、娱乐等城市文化景观勃兴，不仅为报业提供了新闻素材，也准备了消费市场和广告收入。

报馆向第八甫、第七甫聚集，则与印刷出版业的布局有关。第八甫、第七甫原是"机房区"，纺织工场的集中地，并由此带动其他行业发展，印刷出版业也不断向这里集中。晚清时期，书坊、书局主要集中在第八甫、第七甫、十七甫一带。据舒平整理的《建国前夕广州市印刷机构一览表》，西关印刷机构有 91 家，约占广州的半数，先进的石印印刷机构占据 80% 以上，且集中在光复中路、光复南路、第十甫和杉木栏一带。② 为此，报业集中到西关，尤其是第八甫、第七甫，就不难理解了。

受商贸文化影响，西关报刊商业化倾向突出，对经营极为重视。为获利，各报大力刊登各类广告，例如《平民日报》每天 6 版，一半以上都是广告。很多报纸都注意收集各种商业信息，如货价行情、市场动态等，以吸引商家。《农工商报》称其宗旨是"志在讲明生财好法，俾大家捞翻起世界（让大家闯出好世界）"。而且，各报都注意促销，广设代理处。《羊城日报》不仅在京、津、沪、汉各地设有代理处，还积极开拓国外市场，在美国旧金山、檀香山，日本长崎、横滨、神户，安南的海防、河内、西贡，南洋的新加坡、庇能、菲律宾等地都设置代理处，以至"国内销数还不如海外之多"。《广报》的省内销路扩大到佛山、大良、陈村、江门、新会、香山等，外省有上海、梧州，海外有新加坡、安南、菲律宾等。此外，陈藻卿与李祝多所办的《人权报》、苏棱讽主持的《南越报》、叶茗孙主持的《商权报》、张镜藜主持的《总商会报》也专以赢利为目的。可以说，报刊的商业化是近代广州报刊发行的主要动力之一，它使报人有利可图，并使更多的广州人开始读报。③ 民国后，西关报刊的商业化倾向更为显著，赢利成为主要目的，部分报纸甚至放弃言论，只有记载，成为

---

① 李燕：《广州西关的历史发展及其文化特色》，《文史博览》2013 年第 10 期，第 4 - 8 页。

② 广州市荔湾区地方志编纂委员会编：《广州市荔湾区志》，广州：广东人民出版社，1998 年，第 608 - 611 页。

③ 沈琼楼：《清末民初广州报业杂忆》，杨光辉等编：《中国近代报刊发展概况》，北京：新华出版社，1983 年，第 226 - 257 页；乐正：《近代广州大众传播业的发展（1827—1911年)》，《开放时代》1995 年第 5 期，第 44 - 49 页。

••• •••

"名副其实的新闻纸"。①

　　报业集中在西关，方便新闻界同人联结团体，共同推进行业发展。1907 年
12 月 23 日，《总商会报》记者金灌青、《羊城报》欧伯明、《岭海报》袁荣初、
《时敏报》朱汇泉、《安雅报》朱云表、《国民报》邓德生、《七十二行商报》
罗少翱、《国事报》李翁思、《时事画报》潘达微、《时谐画报》梁慎馀、《妇孺
报》陈敬叔、《援溺杂志》何衡种、《法政丛记》张伯乔等公议联结团体，创设
广州报界公会。② 作为广东地区最早的新闻团体，广州报界公会最初会址就设
在十八甫《国民报》报馆，民国后又在长寿路兴建专门会所。由于报界同人的
共同努力，报界公会颇得社会尊重，成为当时最有影响力的社团之一，极大提
升了新闻界的社会地位。广东巡警总局曾一度邀请报人共同研究警政，表示愿
意接受新闻界的监督，共同维持地方治安。③《羊城日报》编辑莫伯伊以报界公
会代表资格插足于豪绅、巨贾、善董之林，在咨议局大出风头，并得到总督岑
春煊的另眼相看，成为水师提督李准的座上宾。张鸣岐接任两广总督后不久，
也即"大宴记者"。④

小　结

　　近代广州报刊中心的转移，脉络清晰，先由十三行商馆区到沙面租界，再
到西关报馆街，明显存在地理关系的持续性。十三行是租界的前身，报馆街属
于租界的延伸，沙面租界则承上启下，是影响报刊分布的关节点和核心地带，
成为近代广州报刊发展"历史的地理枢纽"。这一情形表明，沙面租界具备近
代租界的共同特征，拥有比较合适的媒介生态环境、强大的辐射能力和示范作
用，制约着近代广州报刊的历史进程。不过，西关报馆街的形成，也从另一侧

---

　　① 沈琼楼、陆逊翁：《从清末到抗战前的广州报业》，《广东文史资料精编》（上编第 4
卷），北京：中国文史出版社，2008 年，第 235 - 252 页。
　　②《报界团体会议案》，《中国日报》，1907 年 12 月 25 日。
　　③《警局第一次与报界研究警务》，《大公报》，1908 年 3 月 2 日。
　　④ 沈琼楼：《清末民初广州报业杂忆》，杨光辉等编：《中国近代报刊发展概况》，北京：
新华出版社，1983 年，第 226 - 257 页。

面说明沙面租界由于地方狭窄，局限性突出，远不如上海租界发达典型。

十三行、沙面租界和西关报馆街，并非报刊静止的"容器"或"平台"，而是彼此渗透，多有重叠。这种报刊地理的变迁，受到多种因素的制约，但关键还在于政治干预、经济发展和社会风气的更新。一口通商时期，在清政府的强力干涉下，十三行是最发达的国际化商贸区和外人聚集地，成为最早的报业中心。沙面租界开辟后，银行和洋行密集，构成一个典型的商业社会，加之租界当局推行言论自由政策，提供了相对宽松的舆论环境，使租界迅速发展为经济和报业的双重中心。西关报馆街的形成，不仅因为商业和印刷业的繁盛，也得益于清政府放松对民族报业的政治控制。另外，优越的天时地利，使西关成为中西文化交流中心，人文意识和社会氛围开放，广州富商、开明绅士和新知识群大多聚集在此，各类趋新思想广为传播，相互激荡，既减少了对新闻界的世俗偏见，又为报刊发展准备了充足资源。

上述情形表明，报刊的地理重组，不只是单纯的自然地理空间的移位，而是社会、文化与政治的综合反映，在不断生产和构建媒介空间，"空间在其本身也许是原始赐予的，但空间的组织和意义却是社会变化、社会转型和社会经验的产物"①。同时作为社会产物的媒介空间，又在相当程度上决定着报刊面貌，形成近代广州独特的报刊地理景观。

初创时期，广州报刊具有典型的外生型特征，是欧风美雨的附属品。在十三行，报刊都由外国人主办，多用英文写作，很难融入当地社会，主要反映来华西人的切身利益和生活态度，表达他们的政治观念和文化价值，在鸦片战争前后的中西文化与经济关系中扮演重要角色。沙面租界时期，虽然中文报刊成为主导，但报刊依然要么为教会服务，要么替洋行代言，或两者兼顾。同时，由于十三行和租界都是商贸重地，以世俗生活为主导，商业报刊都是无可非议的主流，即使宗教报刊也重点关注世俗目标。在西关报馆街这一特定地理空间中发行的，多是华资报刊，民间化和在地化趋势日益彰显。相当一部分报刊既注重市场运作，又不断接近市民，深入大众，体现出鲜明的地方烙印，尤其是谐部和副刊中的粤讴、南音、木鱼、龙舟、班本、板眼等栏目，运用广州民间喜闻乐见的说唱形式，并以方言写作为主，地方韵味强烈，是西关文化的鲜活代表。本地化的内容及表现手法，极大提升了报刊的亲和力、接近性，对构建

---

① ［美］爱德华·苏贾著，王文斌译：《后现代地理学：重申批判社会理论中的空间》，北京：商务印书馆，2007 年，第 121 页。

乡土想象和地域认同起到了重要作用，"即媒介对于我们想象时间和空间的方式具有影响"①。这说明，作为地域文化中的媒体，近代报刊是比较彻底的地方性产品，具有内在的地理学属性，它既是"历史的创造"，又是"地理的创造"。

地理景观是一个价值观念的象征系统，也是社会意识形态和政治权力的体现。② 因此，近代广州的报刊地理景观，以及媒介空间的生产和转换，不可避免地牵涉到媒介权力的转移，而这种"权力关系批评越来越成为文化地理学研究中最重要的东西"③。十三行和沙面租界的报刊，与国人关系不大，主要由外国商人和传教士掌控，他们是早期媒介空间的操纵者和主导者，几乎掌握了所有的话语权，是广州形象和地域文化景观最主要的建构者。而戊戌（1898 年）之后，形势巨变，华资报刊迅猛扩展，数量与影响均远超外报，广州报业成为中国人的天下，国人开始掌控舆论主导权。更有意义的是，在清末的西关报馆街，思想先驱和革新势力成为媒介空间的引领者，确立了社会引导地位，打破了封建王朝对知识文化的垄断，改变了传统的权力形式。于是，在近代报刊所提供的空间中，维新和革命观念广泛传播，逐渐构筑出全新的思想图景，促使新知识群摆脱对官府朝廷的依附，抗争性猛然增长，并引发整个社会结构的连锁反应，最终促进了政治结构的全面变革。

概言之，近代报刊都是在一定的地理空间中生存发展起来的，忽略地理的变化，必然会遮蔽对报刊地方性和空间性的理解。正如美国地理学家爱德华·苏贾所言，"在今天，遮挡我们视线以至辨识不清诸种结果的，是空间而不是时间"④。为全面理解报刊史，不仅需要时间或历史想象，还要具备空间或地理想象，从空间思考报刊，实现报刊史研究的"空间转向"或"地理转向"。当然，强调地理空间，并不意味着夸大空间的批判特权，彻底否定历史意识，而是在历史时间与地理空间之间，寻找恰当的平衡。

（原文发表于《新闻与传播研究》2017 年第 7 期，有改动）

---

① ［英］戴维·莫利、凯文·罗宾斯著，司艳译：《认同的空间：全球媒介、电子世界景观与文化边界》，南京：南京大学出版社，2001 年，第 173 页。

② ［英］迈克·克朗著，杨淑华、宋慧敏译：《文化地理学》，南京：南京大学出版社，2005 年，第 25 页。

③ ［英］凯·安德森等主编，李蕾蕾、张景秋译：《文化地理学手册》，北京：商务印书馆，2009 年，第 7 页。

④ ［美］爱德华·苏贾著，王文斌译：《后现代地理学：重申批判社会理论中的空间》，北京：商务印书馆，2007 年，第 1 页。

第十四章

媒介记忆：民国时期中共报刊对"九一"记者节的纪念报道

　　1934 年 8 月，镇江与杭州两地新闻记者公会联合倡议"九一"记者节，以纪念南京国民政府在 1933 年"刘煜生案"之后，初步改变新闻统制政策，通令"保护新闻事业人员"。初创时期的记者节，完全由民间发起，是新闻记者"自己的节日"，但规模与影响有限。① 全面抗战爆发后，《新华日报》、《解放日报》、《新华日报》（华北版）、《大众日报》、《华商报》、《抗敌报》等中共报刊，在"九一"记者节前后，或详细报道纪念仪式，或刊发新闻评论，或回顾集体过往，或登载"记者节特辑"，或总结周年概况，这些纪念报道构成较为全面而系统的媒介记忆实践。由于新闻媒体的重心始终在当下，纪念报道被嵌入到对"当下"的描绘和理解之中，媒体倾向于设置自己议程的同时，对过去展开集体性的回忆与重构，并再生产出当下所需要的身份认同，或构建新的道德共同体。② 为此，中共报刊的"九一"记者节纪念报道蕴含多重意义，具有丰富的社会政治内涵，是研究近代媒介记忆的经典案例。

　　近年来，作为媒介研究与记忆研究的交叉领域，媒介记忆理论研究受到国内外学界的重视，不过没有形成特定研究范式，主要是结合个体记忆、集体记忆、社会记忆、历史记忆、文化记忆等概念予以论述③。而且，媒介记忆的概念与边界都比较杂乱，往往言人人殊，外延的异常宽泛和无处不在，让媒介研

---

① 赵建国：《职业诉求与政治表达：抗战时期的"九一"记者节》，《新闻与传播研究》2017 年第 7 期，第 75 – 95 页。
② 李红涛：《昨天的历史，今天的新闻：媒体记忆、集体认同及文化权威》，《当代传播》2013 年第 5 期，第 18 – 21 页。
③ 周颖：《对抗遗忘：媒介记忆研究的现状、困境与未来趋势》，《浙江学刊》2017 年第 5 期，第 158 – 168 页。

究散落或者隐没在其他的研究传统之中。① 将记忆理论应用于近代中国媒介史研究的成果，只有周海燕《记忆的政治》《吴满有：从记忆到遗忘》，郭恩强《报人之死：张季鸾逝世的遗体政治与集体记忆》等少数作品，且存在路径依赖、脱离具体历史语境、过度阐释等问题与不足②。

　　虽然记忆研究是一个不具备特定范式、无中心的跨学科研究领域，但是大部分欧洲记忆研究学者均为记忆研究的合法类型是文学和历史学。③ 法国著名的历史学家、记忆学者皮埃尔·诺拉曾明确提出："实际上，记忆从来都只有两种合法形态：历史的和文学的，但这两种形态并行不悖，只是在我们这个时代，它们分离了……记忆被推到历史的中心，这是文学辉煌的葬礼。"④ 不仅如此，他还强化了历史合法性的优先性："我们今天所称的记忆，全不都是记忆，而已经成为历史，我们所称的记忆的火焰，全都已经消失在历史的炉灶中。记忆的需要就是历史的需要。"⑤ 在西方史学"记忆转向"的影响下，20 世纪 90年代之后，中国记忆史研究逐渐兴起发展，并形成一定规模。遗憾的是，中国记忆史研究沿着"社会史"和"思想史"的路径演进⑥，对大众传播媒介着墨甚少。

　　如果顺应规范的记忆理论研究潮流，借助记忆史的研究方法，构建"媒介记忆史"研究，不仅有利于新视角的运用，也有利于新史料的发掘，扩充原有的传播史研究，重新审视已有研究领域。就本章的论题而言，将"九一"记者节作为民国新闻界仪式性和周期性的"热点时刻"，阐释中共报刊如何纪念这一职业节日，在纪念过程中，又是如何进行新闻职业的自我想象，可借此了解近代媒介记忆的普遍情况，丰富中共记忆史研究，同时把握中共党报"记忆共同体"的身份建构，及其媒介记忆的特殊性。

---

　　① 李红涛、黄顺铭：《新闻生产即记忆实践：媒体记忆领域的边界与批判性议题》，《新闻记者》2015 年第 7 期，第 36 - 45 页。

　　② 陈全黎：《中国记忆史研究的路径问题：以〈记忆的政治〉为中心》，《史学月刊》2015 年第 10 期，第 24 - 32 页。

　　③ 杨庆峰：《当代记忆研究的哲学透视》，《华东师范大学学报》（哲学社会科学版）2017 年第 5 期，第 26 页。

　　④ ［法］皮埃尔·诺拉主编，黄艳红等译：《记忆之场》，南京：南京大学出版社，2017年，第 32 页。

　　⑤ ［法］皮埃尔·诺拉主编，黄艳红等译：《记忆之场》，南京：南京大学出版社，2017年，第 13 页。

　　⑥ 郭辉：《中国记忆史研究的兴起与路径分析》，《史学理论研究》2012 年第 3 期，第 141 -147 页。

第一节　重构职业形象

初创时期的记者节，完全由民间发起，只限于新闻行业。七七事变之后，新闻记者积极参加抗战，迅速改善报人形象。以《新华日报》为代表的中共报刊，在全民抗战的新形势下，着力建构全新的社会历史记忆，突出记者的重要地位和抗战贡献，以改变国人对新闻业的负面认知，形塑关于新闻界的集体记忆。

1938 年 9 月 1 日，《新华日报》刊发第一篇记者节专论《纪念九一记者节》，"特向全国各地的新闻记者，在前线的战地记者，以及远自海外归来的侨胞记者，致最热忱的敬礼"。因为全国新闻记者无论是在前线，还是在后方，都尽力参加抗战，"尤其是在最前线的战地记者，他们在最困苦的生活条件之下，在枪林弹雨和敌机威胁之下工作着"。所以，"我们今年纪念'记者节'，较之往年是更具非常重大的意义"①。次年 9 月 1 日，《新华日报》再次刊发纪念文章《纪念记者节》，高度赞扬新闻界的英勇表现，"记者们站在自己岗位上尽了最大的努力，造成了许多光辉成绩"。比如，在上海及其他沦陷区，"多数记者始终没有停止对敌人不屈不挠的斗争，维系了沦陷区同胞和我们坚持抗战胜利的信念"；在各战区，"新闻记者正配合了抗战的武力，于艰难困苦环境下作生死斗争，战地采访通讯员出入枪林弹雨中努力工作"；在大后方，记者们"于敌人兽性轰炸和物质技术困难的条件下，依然坚持奋斗"。这类情形表明，记者群体进步显著，忠实于抗战事业。②

范长江也在《新华日报》撰文，细数 1938 年内新闻界翻天覆地的变化，尤其侧重两个方面。其一，在各地记者的努力下，战地新闻工作有显著发展。"徐师梁所领导之豫东《大众报》，刘益所领导华北战地新闻服务队，冀鲁青年记者团，太行山区、五台山区之游击报，吕梁山区穆欣华之努力"等，"实开中

---

① 《纪念九一记者节》，《新华日报》，1938 年 9 月 1 日。
② 《纪念记者节》，《新华日报》，1939 年 9 月 1 日。

国新闻史上之新章"。其二，新闻从业人员的英勇记录。例如上海孤岛中"新闻记者之坚强战斗，直可惊天地而泣鬼神"；陈克寒、范式、刘尊棋、陆诒、文津、任重、王坪、高天等记者不仅"到战地去"，而且深入敌后，李尧卿、潘美年、陆从道、李密林、范觉淘、刘治平、张慕真等十余人为抗战牺牲，"皆为不可磨灭之英雄行为"①。新闻记者在抗战中艰苦努力，占据重要地位，以至于"伪组织所颁布通缉的名单中，新闻记者占三分之一以上"②。

抗战中的新闻记者，不仅用手中的笔，践行"文章报国"，"在精神上给抗战增加无限的战斗力"，还广泛参与义卖和募捐，从物质上支持抗战。对此，《新华日报》《申报》和《大公报》等报刊给予详细报道，进而树立新闻从业人员爱国敬业的正面形象。

此外，"记者们不但以他们的工作来推动抗战，来贡献国家，而且以他们自己的血，在中华民族斗争史上，写下了最光辉的一页"。《新华日报》多次公开报道"新闻战士"的名单，以供后人瞻仰，如张幼庭、李密林、潘美年、项泰、瞿绍伊、方大曾、王钱堂、萧韩榘、蒋化棠、张祖秋、张相时、高鸣九、张于汝、姜于正、朱惺公、张似旭、阎振章、邵虚白、张济平、金华亭、张慕贞、李尧卿、范觉萄、潘泳流、申同和等，都以身殉国。③ 记者们可歌可泣的壮举，是中华民族解放史的重要构成部分。《新华日报》就此评论说："应当承认，我们的新闻队伍，在这方面正像我们的英勇民族一样，树立了许多光辉的战绩，留下了许多英烈的模范，永垂青史，普照人间。在寇奸环伺下的上海，不少新闻战士，为抗战流尽了最后一滴血。张似旭，朱惺公，程振章，还有其他的人，他们的血和前方将士们的血是交流着而分不清楚的。"④《申报》感慨道："中国自奋起作战以来，文化人之不幸殉难者亦以报人为独多……中国若干特殊地区之新闻从业者，亦复排万难，冒重险，坚定立场，前仆后继，以从事于正义之宣扬与忠实之报道。虽环境艰困，迄未能符理想于十一，而勉竭所能，或可告无罪于读者。"⑤

为此，在记者节期间，缅怀报界先贤成为一项固定的纪念仪式。贵阳、重

---

① 范长江：《怎样纪念今年记者节》，《新华日报》，1939 年 9 月 1 日。
② 《检阅新闻阵容》，《中央日报》，1940 年 9 月 2 日。
③ 《抗战以来殉职报人》，《新华日报》，1941 年 9 月 1 日。
④ 《记者在战斗岗位上》，《新华日报》，1940 年 9 月 1 日。
⑤ 《欧战二周年与记者节》，《申报》，1941 年 9 月 1 日。

庆、长沙各地新闻界，在记者节均"对抗战殉职记者默念致敬"①。萧同兹在纪念会上，"历述中国新闻界在国民革命前后及抗战后之奋斗情况，并为几十年来被捕坐监殉难遭炸之同业默哀"②。这种纪念最大的作用便是促进认同，因为悼念死者是一种典型的"对集体起到促成作用"的记忆，一个集体在回忆中建立与亡者的联系，从而确认自己的认同，记住某些名字的背后，隐藏着对一种社会政治意义认同的承认。③

由于"新闻事业工作者已随着抗战而有飞跃进步，表现了勇敢、尽责、忠实于抗战事业"的品质④，记者节的影响力很快扩散。1940 年前后，在共产党领导下的陕甘宁边区和敌后根据地，记者节得到重视。是年 8 月 31 日，《抗敌报》刊发社论《纪念国际青年节与记者节》，呼吁边区新闻工作者，"进一步地与后方新闻工作者取得密切联系，使全国的新闻记者建立巩固的团结，以便集中全国舆论界的力量有效地进行抗日反汉奸的舆论斗争"。⑤ 在山东根据地，为纪念记者节，中国青记学会山东分会特意召开新闻工作座谈会，讨论书报编辑供应与流通、敌后新闻通讯工作等问题，激发山东记者的兴味与决心。⑥ 次年记者节期间，中国青年记者学会延安分会在延安大礼堂举行"九一"记者节第七周年纪念大会，百余人到会，"首对抗战后殉国新闻同业致哀，继以演讲"⑦。

借助大众媒介的宣传，中国记者的英勇事迹，特别是"新闻战士"的全新形象，日益深入人心。为表达敬意，各社会团体、文化机构和商家会踊跃参与，赞助记者节的庆典活动。1941 年记者节前夕，山东抗日根据地的八路军一一五师、省青救总会、青记学会山东分会、大众日报社、新山东报社、抗协宣大、姊妹剧团等各机关，联合筹备"记者节"和"国际青年节"的纪念会。⑧ 在晋西北，新闻界联合文化界，召开记者节纪念会，追悼抗战殉国的同业，《抗战日报》、《大众报》、国际新闻社晋西北办事处、新华社晋西北分社等单位的四十

① 《各地新闻记者庆祝"九一节"》，《申报》，1941 年 9 月 3 日。

② 《昨日记者节》，《大公报》，1941 年 9 月 2 日。

③ ［德］扬·阿斯曼著，金寿福、黄晓晨译：《文化记忆：早期高级文化中的文字、回忆和政治身份》，北京：北京大学出版社，2015 年，第 59 页。

④ 《纪念记者节》，《新华日报》，1939 年 9 月 1 日。

⑤ 《纪念国际青年节与记者节》，《抗敌报》，1940 年 8 月 31 日。

⑥ 《青记学会山东分会纪念"九一"记者节》，《大众日报》，1940 年 9 月 1 日。

⑦ 《各地新闻同业纪念"九一"记者节》，《解放日报》，1941 年 9 月 2 日。

⑧ 《各界联合筹备纪念记者青年节》，《大众日报》，1941 年 9 月 1 日。

• • • • • •

余位新闻工作者与会。① 香港《华商报》也曾详细报道香港青年记者节学会联合新闻界同行筹备和纪念记者节的情形。在筹备期间，各文化机关及厂家商店，"以该会举行记者节，意义重大，多馈送该会礼物，计有本报出版之《抗战以来》，中华百货公司之银器、中华书局之《辞海》、中国国货公司之玻璃杯、烟盒、文镇、时代书局之《时代批评》、《时代文学》、时代稿纸、青年知识社之《青年知识》等"②。从中可以看出，记者节已经不只是"我们自己的节日"，知识青年和一般民众也参与其中。

记者节的相关活动，形成具有一定程序的纪念仪式，这种仪式是"受规则支配的象征性活动，它使参加者注意他们认为有特殊意义的思想和感情对象"③，并且逐年更新社会民众对记者和记者节的形象感知。"几年前，记者节对一般人颇有陌生之感，但随着中国新闻事业近年的发展，和抗战以来新闻记者们在中国历史上所写的许多光荣的历史，记者已经和陆海空军们一样，被人看作民族的战士。到了今天，记者节已成为一个相当响亮的名词。"④

第二节　再造职业传统

中共报刊在记者节期间的回忆和纪念文章，虽然指向新闻业的"过去"，但这种回忆时常从对现实的不满出发，并转换成新的职业期待，成为特定处境中新闻界的前进动力。因为在回顾往常的过程中，中共报刊相当注重利用记者节的纪念契机，进行职业反省，再造职业传统。《新华日报》多次宣称："九月一日是记者节，这是全国新闻记者检讨自己，改进自己的日子"，"在自己的节日中除了一分应有的欢欣，我们还应该有更多的反省与惕励"。⑤

全面抗战期间，《新华日报》在多篇记者节回忆文章中，吁请新闻工作者

---

① 《纪念记者节太行晋西北新闻界痛悼殉国战友》，《抗敌报》，1942 年 9 月 8 日。
② 《港新闻界热烈筹备明日纪念记者节》，《华商报》，1941 年 8 月 31 日。
③ ［美］保罗·康纳顿著，纳日碧力戈译：《社会如何记忆》，上海：上海人民出版社，2000 年，第 49 页。
④ 雨田：《记者节日的追忆》，《新闻战线》1941 年第 1 卷第 5、6 期合刊，第 11 页。
⑤ 《记者在战斗岗位上》，《新华日报》，1940 年 9 月 1 日。

自我检讨。"我们的舆论是不是已尽了批判指导作用呢？我们报纸的内容和供给是不是能满足了全国同胞要求呢？"① 在该报看来，新闻事业虽然在抗战中进步较大，但"远未能尽到应有的职责，远未能成为一个大木架，远未能成为集体的组织者"，仍"有着老大的缺憾"，集中表现在"有许多应予报导的、反映的，未能报导，未能反映；有许多报导了的，反映出的，却并非实有，或并不尽实"②。《大众日报》同样要求"检阅一下我们过去的工作"，以发现不足。"虽然在各地区已有不少报纸的印刷发行，但是整个数量的发展，还远远赶不上今天客观环境的需要……而尤其重要的，乃是一般报纸的政治质量，都还未能提到应有的高度，因此尚不能尽善尽美的起其宣传与教育、组织、领导群众的作用，也就是过去的新闻工作还没有充分发挥它的战斗力量。"③

抗战胜利后，职业反思依然是中共报刊的重要内容。1945 年 9 月 1 日，《新华日报》发表评论文章《为笔的解放而斗争："九一"记者节所感》，在表彰新闻记者"文章报国"的同时，明确指出部分记者违背职业规范："圆谎八年，把中国新闻事业的荣誉和地位作践无余……甚至有人由新闻记者摇身一变而为检查官，用剪刀和红墨水来强奸人民的公意。在前方讳败为胜……在后方粉饰太平，歌功颂德。"④ 该报刊发的《重庆记者群严正的宣告》一文，进一步批评战后世道趋危，新闻界风气日益浇薄，"有许多败类，假新闻记者之名，行沿门托钵，软骗硬敲之实，黄色新闻泛滥，诱导社会走向堕落与罪恶"⑤。

职业反省与忏悔目的在于改造新闻界，这是构建全新职业传统的重要前提。中共报刊针对不同的时代要求，提出系列改进措施，以树立新的职业模范。全面抗战期间，《新华日报》反复申论，主张新闻记者"在学习中工作，在工作中学习"，提升新闻记者的理论修养和专业技能，以应付抗战需要。如范长江所言，"今后新闻记者不只要有好的新闻记述能力，而且要有深远的观察分析能力。我们不只要能做新闻的尾巴，更要作（做）问题的先导"⑥。但遗憾的是，"目前我们常能听到许多记者讲起他们修养和学习不足，特别是战地记者，常因

① 《纪念记者节》，《新华日报》，1939 年 9 月 1 日。
② 《新闻工作者的自我检讨》，《新华日报》，1941 年 9 月 1 日。
③ 《纪念今年的"九一"》，《大众日报》，1941 年 9 月 1 日。
④ 《为笔的解放而斗争："九一"记者节所感》，《新华日报》，1945 年 9 月 1 日。
⑤ 《重庆记者群严正的宣告》，《新华日报》，1946 年 9 月 1 日。
⑥ 范长江：《怎样纪念今年记者节》，《新华日报》，1939 年 9 月 1 日。

对于军事、政治的修养不够，不能控制战争发展的情势"①。

在一定程度上，范氏的说法代表中共报刊的普遍认知。比如，章汉夫就明确指出，战时新闻记者"要能反映事实，能够抓住抗战发展的不同阶段中的不同中心，能够正确的批判"，而"这完全在于记者的理论修养"，需要"将理论的修养，定为日课。"② 潘梓年在《新中国的新闻记者》一文中强调说，"新闻记者所需要的不只是一般新闻工作者所需要的各种常识和文字技巧，重要的还要靠科学理论的修养"③。

不过，《新华日报》强调的理论学习，具有比较明确的意识形态色彩，"新闻记者必须有健全的政治立场，深刻的理论和技术修养，才足以应付伟大解放战争需要"④。放在首位的政治立场，无疑是无产阶级的。正如章汉夫所说，理论修养"在于深刻的学习和把握科学的社会科学，马列主义"⑤。潘梓年的倾向性同样显著，他把新闻工作视为"脚手架"，用列宁新闻思想引导新闻记者，所谓科学方法就是马列主义。与之相对，《中央日报》的记者节纪念则另有一番说辞："我们的使命，在于宣扬三民主义，在于阐明国家政策，在于解释政府法令，在于驳斥奸计邪说……我们只知主义国策，不知其他。"⑥ 由此可见，在共同抗战旗帜下，国共报刊的职业诉求看似相近，实则暗涌潜流，党派分歧如故。

抗战结束后的最初两年中，《新华日报》依旧将客观公正视为新闻业的基本准则。"我们自觉新闻记者之秉笔记事，基于无私无我，即能针砭时弊，纠正颓风，共策国族的进步，因此健全的舆论须从每一新闻记者本身的健全做起……报纸为社会公器，新闻记者为沟通舆情的桥梁，我们愿忍受精神物质的任何痛苦为国家社会服务，但也需要国家社会的爱护与协助，我们的笔不受任何爱憎好恶的影响，一切基于公正纯洁的动机。"⑦ 此类表述证明，这一时期中共报刊的职业想象没有太大变化，大体能反映一般新闻界的自我意识和认知水准。

---

① 《纪念九一记者节》，《新华日报》，1938 年 9 月 1 日。
② 《记者要努力理论学习》，《新华日报》，1939 年 9 月 1 日。
③ 《新中国的新闻记者》，《新华日报》，1940 年 9 月 1 日。
④ 《纪念记者节》，《新华日报》，1939 年 9 月 1 日。
⑤ 《记者要努力理论学习》，《新华日报》，1939 年 9 月 1 日。
⑥ 《记者节我们的自勉》，《中央日报》，1943 年 9 月 1 日。
⑦ 《重庆记者群严正的宣告》，《新华日报》，1946 年 9 月 1 日。

　　但在革命胜利曙光来临之际，中共报刊对新闻职业和记者身份进行了全新设想，以契合时局变化。1947 年 9 月 3 日，《新华日报》（华北版）刊发社论《纪念九一贯彻为人民服务的精神》，公开宣称："在这九一节中，为增加我们新闻工作的力量，我们向解放区、蒋管区、海外侨胞的记者同仁，号召大家都来学习毛泽东思想，努力成为毛泽东旗帜下的优秀战士……都要在祖国土地改革中，在彻底结束蒋介石卖国统治的大事业中，深刻的检查自己的思想与立场，以便进一步贯彻为人民服务的精神。"① 这是较早以毛泽东思想引领新闻工作的文献，展示了新闻职业的党性和人民性，需要特别注意。

　　1949 年 9 月，"中国新闻事业的春天"即将到来，《华商报》则全力倡导新闻记者要分清敌我，"倒向人民的一边"。因为新闻记者的工作岗位是注定要"一边倒"的，用句老话就是"非杨即墨"，尤其是长期服务于反动派的新闻记者要革心洗面，倒过来成为人民的新闻记者。在 1949 年 9 月 1 日的评论文章《新闻记者一定要"一边倒"》中，《华商报》开始着手批评"无冕之王""舆论代表""公正""超然""中间""中立""客观"等原有职业理念和新闻观念，将其斥为"花花绿绿的面具"，要求记者们"摘下面具，自己看清楚嘴脸，甚至照一照 X 光镜，'如见肺腑'，于是羞愧之余，来一次洗心革面"。而且，该报强烈主张，人民即将获得最后的胜利，新闻记者要"识时务"，全心全意倒在人民的怀抱之中，在人民的哺育中成长为"俊杰"。

　　这几乎是向旧式新闻职业宣战的战斗檄文，话语转换极为显著，彰显新闻事业社会主义改造的必要性，预示记者身份将彻底改变，务必与人民结合，成为"人民的记者"。同时，新闻记者要"丢掉旧的新闻观念"，重新确立职业传统，改造原有思想观念和工作方式。"在存在阶级的社会里，报纸这东西是阶级斗争的利器，也是国家机器的一种构成，它和军队差不多，一样要负担'打仗'的任务的。中国的政权落在人民的手上了，作为国家机器的报纸也随之一定由人民掌握，记者就一定要改造自己，成为人民的记者。"② 在《关于记者节》和《谈谈记者的意识改造》两篇文章中，该报所提倡的"改造"意味更为凸显："我们必须加紧改造自己，锻炼自己和充实自己，为新民主主义的新闻事业，贡献更大的力量"，"必须赶紧向新的意识和新的观念推移、改造……第一

---

① 《纪念九一贯彻为人民服务的精神》，《新华日报》（华北版），1947 年 9 月 3 日。
② 《新闻记者一定要"一边倒"》，《华商报》，1949 年 9 月 1 日。

是向集体民主主义的新意识推移，其次是对于种种事物抱发展性与联系性的观念"①。相关情形佐证，媒体如何记忆，不仅仅是个技术性问题，而是直接影响到合法性，是控制和拥有信息的问题，是至关重要的政治问题。②

第三节　节日的政治想象

在年度纪念中，中共报刊关于记者节的集体回忆，往往具有选择性，"是对过去的重构，使过去的形象适合于现在的信仰和精神需求"③。因此，伴随时局变化，记者节的初衷与本意不断凸显或遮蔽，被赋予较为丰富的政治意义，以适应现实需求。

全面抗战初期，新闻界对国民政府采取妥协让步，"新闻记者不得已而受到了一些必要的限制"④。恰如《申报》的事后追忆，"在八一三沪战爆发之后，全国报纸无不挺身而出，将自己的一张报纸，完全贡献给国家，听其使用，于是由文人论政的机关，一变而为宣扬国策的利器。同时，全国报人也有了更近（应为"进"之误）一步的认识，咸以为报业与国家的命运不可分离，离开了国家就不能生存，就是过去力争言论自由的报纸，也变为相当接受政府指令的公共宣传机关，不仅衷心欢迎政府检查新闻，而且不论在言论或新闻方面，也无不恪守战时新闻政策，严格奉行抗战建国纲领"⑤。

在这样的背景下，纪念国民政府保护新闻记者，再现新闻界与国民政府之间的携手合作，以实现共同抗战，成为记者节的叙述重点。以《新华日报》为代表的中共报刊，要求新闻记者主动承担责任，多作贡献，因为记者的命运与抗战前途密切相连，"只有保证大我的前途，才能获取小我的前途，这是新时代

---

① 《关于记者节》，《华商报》，1949 年 9 月 1 日。

② ［美］保罗·康纳顿著，纳日碧力戈译：《社会如何记忆》，上海：上海人民出版社，2000 年，第 1 页。

③ 郑广怀：《社会记忆理论和研究述评——自哈布瓦奇以来》，《社会学视野》2007 年第 4 期，第 23 页。

④ 《祝记者节》，《大公报》，1944 年 9 月 1 日。

⑤ 《记者节略论报业》，《申报》，1948 年 9 月 1 日。

中不可移易的规律"。① 此外，《新华日报》不遗余力地推动记者，密切注意本身的团结问题，"这种团结的精神，不仅是新闻事业取得成功的保证，同时也是争取民族解放胜利的保证！"② 在 1939 年记者节，《新华日报》刊发社论《纪念记者节》，以及《怎样纪念记者节》《对目前记者工作几点意见》《抗战中底记者》《在苦斗坚持中的华北敌后新闻工作》等系列纪念性文章，再次呼吁新闻记者联合起来，"打倒日本帝国主义"。

构建共赴难关、协同抗战的回忆形象，能较好凝聚人心，贯彻抗日民族统一战线的大政方针，并取得良好效果。"过去我们的意见容或不免纷歧，现在则绝对齐一。"③ 抗战结束后，《申报》依然对此赞不绝口："我们的记者节是浴沐烽火生成的。自二十六年全面抗战发生后，记者活跃在每一道前线，在每一处后方与敌后，工作的紧张，责任的繁重，使我们意味着'自己的节日'在团结、合作、进取等方面的重要性。"④

但在抗战的相持阶段，国共矛盾和摩擦逐渐增多，国民党政府放手压制中共及左翼报刊。"二十八年以后，'私利'的考虑提高，抗日阵营渐生波折，说真话的同业，又走上艰苦的道路了。"⑤ "除了在陕甘宁边区以及敌后抗日根据地内，新闻记者呼吸着真正的民主空气，受到各界人士的尊敬与爱护外，在某些逆流横绝的黑暗区域里，新闻记者的命运是悲惨的。那里新闻记者的腿变得非常之短，笔也被弄得非常之软，'老爷们'用刀和'朱笔'代替了舆论界的正义呼声，用牛皮纸封住了新闻记者的嘴，后来甚至逼走他乡，恣意摧残。"⑥

受现实和政治的强大刺激，中共报刊开始侧重强调记者节的自由诉求，并借用记者节这一职业符号，激烈反对国民党的新闻统制政策和专制独裁，争取团结民主和抗战胜利。因为"在任何情况下，人们不会无缘无故地回忆过去"⑦。

1943 年记者节期间，《解放日报》对记者节的回忆就提供了"反抗压迫的

---

① 范长江：《纪念记者节的三大任务》，《新华日报》，1940 年 9 月 1 日。

② 《纪念九一记者节》，《新华日报》，1938 年 9 月 1 日。

③ 《记者节》，《大公报》，1940 年 9 月 2 日。

④ 《记者节的诞生》，《申报》，1946 年 9 月 1 日。

⑤ 《香港青年记者学会昨隆重纪念记者节》，《华商报》，1941 年 9 月 2 日。

⑥ 《纪念"九一"记者节》，《新华日报》（华北版），1941 年 9 月 1 日。

⑦ ［德］扬·阿斯曼著，金寿福、黄晓晨译：《文化记忆：早期高级文化中的文字、回忆和政治身份》，北京：北京大学出版社，2015 年，第 59 页。

武器"。该报发表的两篇评论文章《国民党摧残新闻事业》《反对国民党的反动新闻政策：纪念第十届九一记者节》和一篇来稿《国民党反动派十年来摧残新闻事业的罪行》，猛烈抨击国民党垄断舆论，剥夺言论自由，查禁报章杂志五百余种，火药味相当浓厚，甚至势同水火。① 与之相应，《新华日报》也公开呼吁新闻界同人为言论自由而奋斗，"今天'记者节'日，我们竭诚向全国记者呼吁，亲密的团结起来……积极争取民主进步，要求言论自由！"② 尤其可贵的是，《新华日报》指明言论自由是纪念记者节的真确意义和最主要的政治意涵："记者的生命就是言论，要保护记者的身体，就是要保护言论的自由，记者的身体之祸，是从言论之祸来的，倘使不言不论，也就无从起祸，更用不着什么保护了。可见纪念记者节，并无其他涵意，尽在'言论自由'四个大字中。"③ 在这里，对记者节的回忆转化为一种反抗行为，中共报刊试图通过回忆实现解放的作用。

从某种程度上讲，中共报刊反映了新闻界的普遍愿望和整体趋向，"因抗战接近胜利了，新闻界自身觉悟应该对国家社会多负些责，多尽些职，一般人士也在要求着言论自由"④。同时，记者节纪念话语的转向，更多代表着中共高层对时局的研判，对潮流的顺应，以及对未来的顶层设计。至此可见，国共两党对于战后中国前途的预测，存在比较严重的分歧，双方关系的恶化和破裂已初现端倪。

抗战胜利后，在国际和国内新闻自由运动的影响下，"九一"记者节被赋予更多的社会政治含义。《华商报》直接将记者节与言论自由密切勾连，把记者节视作言论自由的象征和标志。"我们相信今日中国的民众，当纪念这一个九一节日时，他们一定一方面是非常沉痛的想到民国廿二年建立这个节日时，当时的中国记者为了要求保障，逼得国民党政府不得不定出这一天，年年纪念，以促使大家注意言论自由的经过。"于是，该报进一步提出，"我们以为从今年的九一起，九一已不只是中国新闻记者们的纪念日，而应是全国中国人民督促自己争取真正的民主，在中国国土上实行的检讨节日了"⑤。

---

① 《国民党反动派十年来摧残新闻事业的罪行》，《解放日报》，1943 年 9 月 1 日。
② 《祝记者节》，《新华日报》，1944 年 9 月 1 日。
③ 《纪念记者节的真意义》，《新华日报》，1944 年 9 月 2 日。
④ 《祝记者节》，《大公报》，1944 年 9 月 1 日。
⑤ 《九一感言》，《华商报》，1947 年 9 月 1 日。

这种认知得到《申报》《大公报》等民间报纸的响应。比如，《大公报》就明确指出记者节源于言论自由运动，"溯记者节的由来，乃起于中国报人抗拒迫害，争取自由……报人不忘这一页争自由的历史，乃定九一为记者节，足征报人葆爱自由，逾越寻常"。以此为前提，该报主张"自由而负责的报纸，在现代进步的社会中，是支撑这个社会生活的一个不可或缺的支柱"，并"愿趁此令节，粗浅诠释言论自由的意蕴，以飨社会，并自惕勉"，同时提出"我们纪念记者节，主要基于葆爱自由之一念"①。不仅如此，《大公报》还刻意强调"民主政治与言论自由是不可分的……没有了言论自由，绝不会有民主"②。

在战后争取言论自由和政治民主的浪潮中，中共报刊贡献相当突出，起到引领作用。1945 年与 1946 年记者节期间，《新华日报》刊发《为笔的解放而斗争："九一"记者节所感》《保卫新闻自由，保卫独立、和平、民主事业》两篇文章，指出新闻自由实在是人民"不容侵害""不能割让"的权利，是保卫全世界和平民主事业不可分割的一部分，"中国的新闻记者要争取到新闻自由，就还有待于更坚强的团结，更持久的努力，必须团结其一切有正义感的新闻记者，形成争取和平、民主的巨大力量……要注意到新闻工作者不是为权贵们应景凑趣，而是为人民服务；不仅是希望新闻获得自由，而且要有保卫新闻自由的决心和勇气"③。

需要特别指出的是，《华商报》得益于香港的特殊媒介环境，成为这一时期中共报刊的杰出代表。1946 年《华商报》的《九一记者节特刊》，相继发表《胜利的流亡》《新闻检查员的悲哀》《没有新闻，检查机构的悲哀》《记者节纪念会发出通电，抗议当局摧残新闻自由》等文章，呼吁言论自由，停止内战，实现民主团结。次年记者节，《华商报》发表《九一感言》，再次抨击南京国民政府在国统区封禁所有反对党的报纸和部分民间报纸，"没有言论自由的国家，绝不可能实行民主。人民必须先有自己的报纸，然后才谈得到有民主的政府"④。1948 年 9 月 1 日，《华商报》又发表《记者节所感》，抗议蒋介石压制言论自由，"在今天的蒋管区，一句话说完，除了对独裁者歌功颂德，对老百姓昧良说谎之外，就不能有任何一点真实的新闻"，呼吁民众起而抗争，"暴政不

---

① 《祝第四届记者节》，《大公报》，1947 年 9 月 1 日。
② 《我们的节日》，《大公报》，1946 年 9 月 1 日。
③ 《保卫新闻自由，保卫独立、和平、民主事业》，《新华日报》，1946 年 9 月 1 日。
④ 《九一感言》，《华商报》，1947 年 9 月 1 日。

可能使人民永远无声，当人民从无声的愤怒转化成有声的行动的时候，中国新闻事业的春天就不远了"①。

　　在争取言论自由的同时，《华商报》通过对记者节的回忆和纪念，忠告记者把握新方向，获得新生命。为此，1949 年"九一"记者节被赋予新的政治内容，以至具备奠基意义，值得仔细品味。"对于所有从事报业的，今年的记者节应该是一个伟大的起点。昨日的新闻事业是以米苏里，以舰队街为典型的，今后，新闻事业势必要重新在人民中间扎根……今年这个记者节，纪念的应是报人与人民永久结合这一伟大意义！这是中国报业的新生！"② 在同一天，该报《九一记者节特刊》所发表的《对人民负责，向群众学习》《纪念一九四九年的记者节：新方向，新生命》《笔杆的战斗是无时或息的》《关于记者节》《谈谈记者的意识改造》等文章，极力主张新闻记者"到人民中去，做人民的学生"，同时"从人民中来，做人民的先生"，"从今日起，我们从新生逐渐过渡到强壮"③。这类宣言表明，大转折时代即将到来，而"九一"记者节似乎成为新闻政策转变的重要依据和出发点。通过节日仪式和不断回忆，记者节的功能被再次改写，实现了"过去的现时化"。④

小　结

　　民国新闻界提议设置"九一"记者节的本意，在于"拥护中央政令"，纪念南京国民政府通令"保护新闻事业人员"。在抗战旗帜下，中共报刊契合时代要求和历史语境，其记者节的报道、评论及回忆性文章主要致力改善职业形象，反思和检讨新闻队伍，并主张新闻界与国民政府携手御敌，代表着一般新闻界的职业诉求和集体认知。作为特殊的社会记忆机构，报刊媒介在行业记忆塑造及认同方面扮演着特殊角色，使得"九一"记者节成为民国报人群体重塑

---

① 《记者节所感》，《华商报》，1948 年 9 月 1 日。

② 《纪念一九四九年的记者节：新方向，新生命》，《华商报》，1949 年 9 月 1 日。

③ 《谈谈记者的意识改造》，《华商报》，1949 年 9 月 1 日。

④ ［德］扬·阿斯曼著，金寿福、黄晓晨译：《文化记忆：早期高级文化中的文字、回忆和政治身份》，北京：北京大学出版社，2015 年，第 75 页。

职业形象和报界传统的自我尝试，同时昭示中国职业化报人群体的崛起。①

不过，对国民党和国民政府心存芥蒂的中共报刊，机智地利用这一纪念日或象征符号，突破新闻职业界限，巧妙表达特有的职业想象，努力再造职业传统，建构全新的新闻职业规范。全面抗战期间，《新华日报》就曾呼吁记者们用无产阶级的政治和马列主义，"提高自己的政治认识、文化水平，因为只有这样，才能坚决地在千难万难之中，为国家民族而进行其工作"②。抗战胜利后，伴随胜利曙光的来临，中共报刊开始要求新闻记者进行自我改造，实现身份和观念转换，建构新的职业传统，迎接新时代，其媒介记忆不仅重构着过去，而且组织着当下和未来的经验。

在国共关系逐渐紧张之后，中共报刊关于记者节的纪念性报道，日益凸显"九一"记者节的政治内涵，选择性遗忘"拥护中央政令"，以回忆作为反抗，抗争国民党的新闻统制政策和专制独裁。通过发挥纪念活动的激励、教育和导向功能，中共报刊凝聚和整合抗战力量，并扩大政治影响，为抗战胜利和自身发展打下基础。于是，"九一"记者节成为中共进行抗战精神动员、宣传意识形态、表达政治诉求的重要历史资源，而不只是民国新闻界和国民政府的文化符号。记者节及其年度纪念，不仅给一般新闻从业人员的职业言说提供了一种特殊的时空背景，也给予中共报刊合法的职业符号和职业话语，用来表达政治意愿，争取言论自由。

中共报刊纪念报道和言论取向的变迁，基本反映了中共对时局的研判，折射出民国时期国共关系的聚散离合，表明媒介记忆往往是以政党为主体的政治记忆。而政治属性突出的媒介记忆，几乎成为社会记忆的常态。

概言之，媒介记忆并不是单纯地再现过去，它是政治权力利用话语刻意凸显、筛选、遗忘及剥夺的结果，它"不是事实，而是创造，是发明"，是带有明确政治目的的理性选择，并非重现往日事实。"记忆与其说是对过去的忠实重现，不如说是对自那同一个（过去）以来不断更新的重新建构。"③

（原文发表于《新闻大学》2018 年第 6 期，有改动）

---

① 齐辉：《"纪念我们自己的节日"："九一"记者节与民国报人群体职业形象的建构》，《国际新闻界》2015 年第 6 期，第 150 - 164 页。

② 《抗战中底记者》，《新华日报》，1939 年 9 月 1 日。

③ 周海燕：《吴满有：从记忆到遗忘》，《江苏社会科学》2012 年第 3 期，第 236 - 240 页。

第十五章

作为知识的期刊：《海军建设》与近代海防思想

　　戊戌维新以降，期刊日益成为西学东渐的重要载体及社会精英的思想阵地，近代中国海权意识的萌芽即与期刊密不可分。作为新知识的海权理论，经由期刊系统介绍，逐渐进入国人的思想世界。南京国民政府时期，《海军期刊》《海军杂志》《海事》《四海》《海军建设》《海风》《新海军》等一批专业刊物，广泛讨论海权，改变国人的海疆观念，直接影响海防策略与制度，成为收回并维护海权的精神动力和思想武器。其中，《海军建设》作用尤其显著，在相当程度上展现近代中国对于海权、海疆、海军的思考，是"一场灾难后自发的爱国保军的运动产物"①。该刊在军政界广泛传阅，"对于旧海军来说，军内产生一个非官方的机构，而又独立自主的发行具有自己主张的刊物，是前无古人、后无来者的大事"②。因此，系统梳理《海军建设》及其海权观念，能为理解抗战时期海疆意识和海军建设，提供宝贵的思想资源。

① 全国政协文史资料委员会编：《文史资料存稿选编（15）：军事机构（上）》，北京：中国文史出版社，2002 年，第 355 - 368 页。
② 中国国民党革命委员会福建省委员会编：《抗日战争回忆录选编：纪念抗日战争胜利四十周年》，福州：民革福建省委会，1985 年，第 46 - 47 页。

第一节 《海军建设》创刊

1940 年 4 月，《海军建设》创刊。作为民国海军对内对外的通用刊物，《海军建设》是海军建设促进会的喉舌，旨在以自身为传声筒，及时向民众报道海军战时动态，引导各界人士正确看待海军问题。

民国时期，海军发展总体处于停滞阶段。军阀混战年代，海军依附各军阀势力，发展无从谈起。国民政府定都南京后，在陈绍宽主持下，海军不遗余力谋求发展，但与日本海军相比，仍有天壤之别，绝大多数舰艇超龄老旧，能作战的舰艇总吨位尚不及日本一艘普通战列舰的吨位。1937 年 9 月，中日海军在江阴激战，日军调集大批飞机狂轰滥炸，致使中国海军遭受重创，主要作战舰只丧失殆尽。在失去作战武器的情况下，海军仍活跃在抗战第一线：舰炮被全部卸下，移至江岸要塞，炮兵则组成编队随同陆军作战；设置各要塞水道封锁线，为陆军前线作战争取时间；广泛展开敌后水雷游击战，炸毁敌人大量军需物资。

由于海军动态较少见诸报章，以致多数国人误认为，自江阴战役后再无海军。与此同时，日本空军趾高气扬，加之欧洲战场上德意空军势如破竹，致使"优空弃海"的论调在中国蔓延。主张航空救国的人士认为，"现代的武器，飞机要算最厉害的了。空军的威力，已达到后来居上的地步，陆海两军，虽仍有它们存在的价值，可是来和空军较量已逊一筹了"[1]。蒋介石也曾说："立国于今日之世界，无空防即无国防。证诸我国四年来抗战之经验，以及此次欧战之事实，无一不以空军强弱为战争利钝之因素。"[2]

面对普遍的误解，海军内部有识之士意识到，必须创办一本既可对内又可对外的通用刊物，以此为舆论阵地，推动"海军热"，以"海军热"培养"海军通"，启蒙海权意识。在这样的背景下，主持海军水雷制造所工作的海军中校

---

① 狄仇：《空军作战论》，《空军》1933 年第 15 期，第 12 页。
② 蒋中正：《无空防·无国防》，《中国滑翔》1941 年第 1 期，第 1 页。

• • • • • •

曾国晟出面牵头，筹办刊物，并得到陈绍宽、陈季良和曾以鼎等海军巨头的默许。但刊物筹备颇费周折：一是国难当头，不以枪炮与敌拼杀，反倒创办刊物，舞文弄墨，不少人对此深感不解；二是大战之际，开支庞大，经费奇缺，很难募集资金，后来曾国晟从水雷配件承办厂商的回扣中抽取费用，才勉强解决问题。①

1940 年 4 月 15 日，刊物在常德出版，最初刊名是《整建月刊》，第 1 卷第 3 期起在"整建"前冠以"海军"，第 1 卷第 5 期由《海军整建月刊》改为《海军整建》，自第 2 卷第 1 期起更名为《海军建设》。由于和海军关系密切，该刊以海军水雷制造所的香港、韶关、桂林、长沙、辰溪和贵阳等地办事处为发行点，其中桂林和香港是重点城市。因为抗战时期的桂林民主氛围浓厚，水雷制造所的桂林办事处主任梁序昭同上层人物及民主人士联系密切，有利于扩大刊物的影响力。而香港办事处主任周应骢，积极收集英美德日苏联等国的海军资料，能丰富拓宽相关信息。②

《海军建设》以"增进国人对海军与国防之认识，研讨建设中国新海军之理论，教育海军干部"为宗旨。③ 创刊号刊载有蒋介石、林森、何应钦、李宗仁和白崇禧等人的题词，但将教育学家张伯苓的题词放在首位，颇有启蒙和教育国民的使命感。如发刊词所言："我们要彻底改造社会的心理，使人人充分认识海军整建的必要和整建的可能……我们一面要矫正错误的观念，一面要建设正确的思想。"④

为完成既定宗旨，《海军建设》精心组建编辑部门，在栏目设置、稿件撰写、挑选内容、联系读者等方面相当努力。刊物编辑部由蔡鸿干担任主编，郭寿生和王师复为编辑委员。蔡鸿干曾任《湖南国民日报》社长⑤、长沙《阵中日报》主编⑥等职，还翻译过海权理论家马罕（今译作"马汉"）的《海军战

---

① 剑诚、郭天：《抗战时期闽系海军发动的振兴运动与〈海军整建〉、〈海军建设〉》，《党史资料与研究》1987 年第 3 期，第 57 – 67 页。

② 全国政协文史资料委员会编：《文史资料存稿选编（15）：军事机构（上）》，北京：中国文史出版社，2002 年，第 355 – 368 页。

③ 《征稿条例》，《海军整建》1940 年第 1 卷第 5 期，第 81 页。

④ 《发刊词》，《整建月刊》1940 年第 1 卷第 1 期，第 1 – 4 页。

⑤ 黄林：《近代湖南报刊史略》，长沙：湖南师范大学出版社，2013 年，第 61 – 65 页。

⑥ 长沙市志编纂委员会编，李斌恺总编：《长沙市志（第 13 卷）》，长沙：湖南人民出版社，1996 年，第 490 页。

略论》。王师复曾任国民政府海军部编辑，① 郭寿生是中国共产党党员，早年在烟台海军学校主办过《新海军月刊》，宣传海军革新运动，后秘密主持中共地下的海军刊物《灯塔》月刊。② 由此可见，编委会成员均具备海军专业知识与一般报刊工作经历，能够深刻认识到媒介在知识传播、思想革新方面的作用。

在栏目设置上，《海军建设》具有浓厚的海军色彩，设有"时事评述""军事论坛""整建呼声""游击散记""现代史料""士兵园地""海军文艺""世界海事日志"和"海军抗战忠烈录"等栏目。"军事论坛"与"整建呼声"是刊物的主体部分，涉及海军与中国国防的关系探讨、国外海军现状和欧洲战场海战分析等。"游击散记"刊发大量的海军游击通讯，"士兵园地"则记载海军士兵在抗战军中的体验感想，极富感染力。"海军文艺"负责增强刊物的生动性，以艺术手段呈现海军健儿浴血报国的精神，鼓舞抗战士气，让国人更加了解海军。

为丰富内容，《海军建设》非常注重吸纳优秀作者投稿，曾在《大公报》《军事杂志》等报刊发表征文启事。从撰稿阵容来看，除专门研究海军理论与实务的学者外，海军高级军官及下层士兵也都非常支持刊物。曾国晟、曾万里、李世甲、程法侃和梁序昭等海军军官，经常就海军抗战现实及战略战术反思向刊物投稿，海军布雷队员们也经常将布雷任务写成通讯稿件或随感寄给刊物。此外，一批文艺界人士，如知名剧作家田汉、《大公报》记者徐盈、《东方杂志》前主编胡愈之等，也在《海军建设》上发表过较高水平的文章。此外，《海军建设》还得到诸多海军爱好者的关注，时常刊载一般读者自创的诗歌、小说等内容。

《海军建设》以"充任启蒙运动的先锋"和"理论斗争的工具"为己任，主要围绕"海军在中国国防建设中的地位""抗战中我国海军到哪里去""欧战中海战现象如何解释，以及最后胜利是否仍属于海权国家"等问题展开。③ 关于海军在中国国防建设中的地位问题，《海军建设》从历史、社会、现实、军事等各角度发表专论以突显海军对于国防建设的重要性，对海军"现在的活动，

---

① 刘国铭主编：《中国国民党百年人物全书（上）》，北京：团结出版社，2005年，第156页。

② 中国人民解放军历史资料丛书审委员会编：《解放战争时期国民党军起义投诚 海军》，北京：解放军出版社，1995年，第449－455页。

③ 《一年来本刊的自我检讨》，《海军建设》1941年第2卷第1期，第12－13页。

尽量予以报道"①。比如，该刊每期都着重笔墨，报道布雷游击队战况，题材多为战地通讯形式，勾勒出别样的抗战图景：布雷游击队伍深入敌占区，散布到各乡镇、农村的小港和河汊，着便衣佯装成农民、商贾，昼伏夜出。这些报道在语言上简洁生动，符合大众阅读习惯，刻画出积极抗战、斗志昂扬、坚韧不拔的海军形象。该刊成为普通民众了解海军抗战动态的窗口。

对于西方海战的分析，《海军建设》重点关注英国、德国、美国、日本、意大利、法国、苏联等海军强国。一方面是以时事述评或论文的形式，研究新近发生的海战，另一方面则是阐述各国海军发展的史实、现有的军力、战前海军政策发展的趋势和战争开始以后各方面的变化。同时，刊物还尽可能介绍各国的地理形势、海军根据地的概况、各国国防线的部署，并对当时的海军武器，如水雷、潜艇、飞机、轻快舰队等的威力加以比较，综述其战果。此外，对海军战略理论的研究、介绍以及战术的应用分析，也是《海军建设》关注要点之一，该刊认为，"最后胜利还是属于海权的国家"②。

对于中国海军未来的去向问题，《海军建设》主张，中国要自存，应该一面抗战，一面建国，一面建军，理由是"以列强海军势力之雄厚，尚且惟日孜孜，力求进步，吾国国防形势之急逼如此，海军实力之薄弱又如斯，在此时而言建设，已失之晚，及此时而犹不谋建设，则一耽再误，噬脐何及。现今抗战渐达胜利阶段，从抗战建国国策着想，建国必须建军，建军必须建设海军，此不独海军人员之希望，凡属国人，定当痛定思痛，急起直追"③。因此，《海军建设》对于建设新海军的要素，如战略、战术、人才等作了周密介绍与规划，盼有朝一日中国海权得以振兴。

整体而言，《海军建设》不但反映现代战史的演进，而且记录了中国海防思想适应世界潮流的历史进程，获得广泛关注，"每期均供不应求"。④ 但遗憾的是，该刊在1942年3月宣布停刊，共出版2卷24期。其停办主要有以下两方面原因。一是面临物资困难。战争造成物价飞涨，《海军建设》的成本已经十倍于创刊之时，而月刊所能运用的财力则更为薄弱，到了非停不可的地步。太平洋战争爆发后不久，海军水雷制造所香港办事处被迫撤离，《海军建设》所

① 《一年来本刊的自我检讨》，《海军建设》1941年第2卷第1期，第12－13页。
② 《一年来本刊的自我检讨》，《海军建设》1941年第2卷第1期，第12－13页。
③ 陈绍宽：《海军之建设》，《海军建设》1941年第2卷第1期，第9－11页。
④ 《本刊征求荣誉订户一万户》，《海军建设》1941年第2卷第2期。

需的有关英美各国资料从此中断，也给继续办刊造成很大困难。① 二是政治困境的存在。海军在敌后从事的水雷游击战多是在新四军的掩护和帮助下进行，但到抗战相持阶段，蒋介石"消极抗日，积极反共"，不仅对海军多加防范，对《海军建设》更是严加审查，长沙三青团指控《海军建设》编辑马午为"共党分子"，这使刊物步履维艰，前途未卜，被迫停刊。②

第二节　系统译介海权论

《海军建设》高度重视马罕的海权理论，先后发表《海军理论家的泰斗——马罕》《海权因素之研究》《海权论》《马罕海权观在现在》《马罕海权论与第二次欧战》《马罕与今日之海军》等文章，系统引进源于西方经验的海权论，以期引导国人关注海洋。

在《海军理论家的泰斗——马罕》一文中，编辑王师复对马罕的生平进行了简要叙述，并作出高度评价。王氏指出，研究海军理论的人，如果不知道马罕，如同经济学者不知道亚当·斯密一样滑稽，因为这两位不同时代的学者，在资本主义文献中却有着同一的权威和伟大。"斯密告诉我们以资本主义的生产法则，而马罕则给予我们以帝国主义的军备特征。斯密之前，资本主义经济学没有过系统化的原理，马罕之前，帝国主义的海军也没有过完满的理论。斯密是伟大，马罕的伟大却在他的伯仲之间。"③

《海权因素之研究》及《海权论》两篇文章，集中转译马罕《海权对历史的影响（1660—1783）》的精华内容，再次为国人认识西方海权提供入门性知识。其主要内容如下：首先，海洋的商业属性远大于其自然属性，从政治和社会的观点来看，海洋是一条适于航行的大道，名曰商路。其次，航商、海军与

① 《停刊宣言》，《海军建设》1942年第2卷第12期，第1－2页。

② 中国人民政治协商会议福建省福州市委员会文史资料工作委员会：《福州文史资料选辑（第2辑）》，福州：文史资料工作委员会，1983年，第96－97页。

③ 王师复：《海军理论家的泰斗——马罕》，《海军整建》1940年第1卷第6期，第34－40页。

殖民地是有机统一的，航商催生了海军与殖民地，海军与殖民地推动航商发展，若无航商，则无海军与殖民地。

特别值得注意的是，《海军建设》发表的这两篇文章详细罗列影响海权的六大要素：地理形势、自然配置、领土范围、人口数量、人民性质及政府制度。从地理形势看，一个无须被迫从事陆上防御或受诱扩充陆境领土的国家，将会比一面接壤大陆的国家占据更多优势，优越的地理位置不仅有利于兵力集结，还能进一步提供与敌周旋的良好根据地，赋予一国轻松前往公海和控制世界交通要道的战略优势。从自然配置看，除海岸外形、港湾的数量及优良之外，土地贫瘠、资源匮乏的国家要比气候宜人、物产富饶的国家更可能从事海洋事业。从领土范围看，"海岸的延伸对于国力之有造与否，应视其人口之大小以为衡，一个国家在这意味上有如一个炮垒，其警卫力必须和正面成为正比例"。

而人口数量则是指以海为生、在海船上服务和从事海洋物质生产的人数。历史上的战例证明，大量人口从事与海洋相关的工作，在战争的"持久力"或者"后备力量"方面发挥了巨大作用。在人民性质上，喜欢从事商业贸易的天性，以及逐利过程中勇往直前和锲而不舍的精神，是海权国家最重要的一种民族特征。在政府制度上，不同政府的形式与之相应的政治制度以及统治者的品格，对于海权的发展有显著影响：政府的政策能够促成人民实业的自然发展，并催生人民海上冒险与谋利的倾向；假如人民天性并无此种倾向，凭借政府力量可加以启发。[①]

《马罕海权观在现在》《马罕海权论与第二次欧战》和《马罕与今日之海军》三篇译文，在 1941 年 4 月 15 日的"关于马罕"专栏刊载，旨在回应马罕海权论在当时是否仍具适用性等问题。《马罕海权观在今日》指出，潜艇与飞机的发展没有消减马罕海权史观的价值，理由在于：马罕在讨论海权时并没有局限于海军，还涉及其他条件；而且马罕倡导海军现代化建设，曾把陆上作战原理加以修正用于海军，主张将摩托车、鱼雷、毒气等战术运用于海军，并尽可能把海军航空与舰队结合起来。因此，该文认为飞机与潜艇等现代技术发展，是维护海权的重要助力，"争取制海权时，他们表现出了最大的效率"。[②]

---

① 马罕著，淳于质彬译：《海权论》，《海军整建》1940 年第 1 卷第 7、8 期合刊，第 41 – 53 页。

② 马罕著，王师复译：《马罕海权观在今日》，《海军建设》1941 年第 2 卷第 1 期，第 30 – 32 页。

《马罕海权论与第二次欧战》一文开篇即称："马罕是几部划时代的海军名著的作者，他的每一部著作里都横溢着绝人的机智和特异的论据"，并预言道：尽管德国空军和潜水艇的闪击策略予以英国不少打击，但从"特殊的民族性"及"政府的机能"这两个海权要素的基点来看，英国终将赢得时间，把握住最后胜利。① 《马罕与今日之海军》则将马罕定义为伟大的军事研究者，"自马罕出生以来的一百年间，世界上所发生的重大变迁之中，有两件很重要的是马罕的著作的结果：即承认海军力量在世界历史上的重要地位和英美二国彼此进一步的谅解"②。

《海军建设》对马罕海权理论的译介，为国人看待中国海权问题提供了新的视野，人们开始普遍地以此为依据，探讨中国发展海权的可能性与途径。例如，《海军在中国国防上的重要性》的作者指出，中国的国防第一线在沿海，国防的生命线也在沿海，从马罕提出的海权六要素出发，未来中国具备建设为海上强国的可能性与可行性。马罕所言的地理形势、自然配置、领土广袤、人口密度、人民性格和政府制度等影响海权的基本条件，不啻为中国国防开出了一剂良药，据此足够成长为一个海上强国。③ 另外，《关于今后我国海军游击战争问题之研究》一文，以马罕的观点为理论模型，提出中国在未来开展游击战的几点思考，对中国海上游击战术提供一定启示。④

不过，《海军建设》的系列文章表明，近代中国知识阶层不是完全套用马罕的海权理论，而是批判性吸收。《中国社会与海军》一文指出，海军与海上贸易确有联系，但并不能绝对化，马罕海权论实际上割裂了与历史的联系。因为从历史的本质来看，海军性质非常简单，是作为斗争工具而存在的，马氏过于强调海军与海上贸易，但不曾了解贸易的内在性质。"交换生产是带着私有制和阶级层而来的。贸易愈发达，阶级的冲突也愈尖锐，因此战争不可避免。至战争之目的，不外乎是要扩张各个差异的阶级利益……从这观点，海军只能认

---

① 马罕著，季震译：《马罕海权论与第二次欧战》，《海军建设》1941年第2卷第1期，第33 – 34页。

② 马罕著，罗洛士译：《马罕与今日之海军》，《海军建设》1941年第2卷第1期，第35 – 36页。

③ 易克秉：《海军在中国国防上的重要性》，《海军建设》1941年第2卷第2期，第31 – 41页。

④ 林遵：《关于今后我国海军游击战争问题之研究》，《海军建设》1941年第2卷第2期，第4 – 10页。

为是社会上各种阶级(或民族),为保持其生存,或扩张其利益计,适应自然环境趋势,而创立的战争工具……海上贸易之保护,只是海军整个生命历程中,一个必然的现象而已。"①

马罕海权理论以西方国家为研究对象,局限性在所难免,但其合理评估"海权在历史过程及各国繁荣上的效果"②,依然具有借鉴意义。《海军建设》对马罕海权论的再度引入,为抗日战争时期中国海军反驳"优空弃海"论,维护其自身的合法地位提供了思想武器和理论依据,激发了国人系统探索海权和海军建设方案的热情。

第三节　倡导"海军立国"

抗战时期,由于中日海军实力悬殊,相当一部分国人"重视空军,轻视海军",甚至武断提出"海军无用"。这类观念不仅低估日寇海军的作用,不利于抗战,而且消解了中华民族的"制海"雄心,长期"为海所制"。为纠正偏颇,《海军建设》以极大篇幅和精力,驳斥"优空弃海",呼吁"海陆空并重",倡导"海军立国"。相关文章统计如下表所示:

表 15 - 1　《海军建设》发表的"海军立国"相关文章

序号	篇名	页码	来源
1	《海军抗战工作之回顾与前瞻》	1 - 3	第 1 卷第 1 期
2	《关于中国海军的几个问题》	4 - 6	第 1 卷第 1 期
3	《抗战中对于敌国海军应有的认识》	7 - 20	第 1 卷第 1 期
4	《海军湘江封锁与湘北大捷》	47 - 51	第 1 卷第 1 期
5	《由海军抗战事迹说到现阶段海军军人的重大使命》	52 - 58	第 1 卷第 1 期

① 王师复:《中国社会与海军》,《整建月刊》1940 年第 1 卷第 1 期,第 30 - 41 页。

② 马罕著,王师复译:《马罕海权观在今日》,《海军建设》1941 年第 2 卷第 1 期,第 30 - 32 页。

（续上表）

序号	篇名	页码	来源
6	《不要埋没了抗战期中活跃的海军》	56－58	第1卷第1期
7	《海军决胜论》	83－85	第1卷第1期
8	《"统一性"的国防论》	3－4	第1卷第2期
9	《对周亚卫先生〈中国的国防〉之商榷》	8－10	第1卷第2期
10	《抗战中我们对于国防的海军应有的认识》	53－54	第1卷第2期
11	《海军立国论》	5－11	第1卷第3期
12	《海军与中国国防》	33－37	第1卷第3期
13	《空军是否可以代替海军》	49－50	第1卷第3期
14	《欧战与海军》	34－37	第1卷第5期
15	《空军能够代替海军吗》	19－23	第1卷第6期
16	《国人对于海军应有的认识》	61－63	第1卷第6期
17	《海军国防论》	18－22	第1卷第9期
18	《国际现势下的海军建军问题》	129－131	第2卷第1期
19	《海军在中国国防上的重要性》	31－41	第2卷第2期
20	《建军问题商榷》	3－13	第2卷第4期
21	《战略的贫困》	3－8	第2卷第6期
22	《湘北二次大捷与湘江封锁之关系》	1－2	第2卷第7期

　　大体而言，《海军建设》主要遵循以下思路展开论述：一是凸显海军抗战成绩；二是针对"制海在空"观，展开论辩；三是从日寇海军政策及欧战海军形势出发，强调建设海军的重要性；四是依据中国国防和经济实际，阐述建设海军的必要性。

　　为凸显海军抗战成绩，《海军建设》创刊号即发表6篇相关文章，并在每期刊载有关海军布雷游击的通讯稿，数量固定在4篇左右，不遗余力宣传海军。海军总司令陈绍宽在《海军抗战工作之回顾与前瞻》中，比较全面地总结了海军各阶段的抗战工作：在淞沪作战中，海军通过自沉船舰、敷设水雷、炸毁日寇码头、秘密袭击敌舰，"直接延长了沪战时日，打破了敌人速战速决之梦想，奠定了最后胜利的基础"；在江阴战役中，海军以毁除航标、封锁港道、舰队防卫、要塞作战的方式，使"敌舰始终不敢进窥江阴，其彻底破灭敌人直逼南京之谜梦"；在武汉保卫战中，海军在失去作战武器的情况下，以毫不气馁的精神，筑成马当封锁线，并精密配置马当、湖口、田家镇、葛店等处要塞舰队，作战成绩"博得各方的嘉评与赞佩"；在抗战军事进入敌我相持阶段后，海军在防御和保守的作战以外，相机进攻，已经把握抗战中"最主要、最有力的一环"。①

紧随其后的文章《关于中国海军的几个问题》，作者是对海军问题有相当研究的剧作家田汉。他指出，甲午战后海军一蹶不振，直到抗日战争，海军将士方才"表现其有海军以来最善之活跃"，这种战略上的进取及攻击精神的复活，实为"劣势海军革命战术之最高运用……当我们尚保有若干舰艇时，敌人嗤中国海军以鼻。及至今日可用舰艇殆已大部丧失，海军将士改换其全部工作方式时，敌人反不能不感中国海军之依然存在"。② 该文很好回答了"要不要海军"的问题，说明保持作战精神是中国海军建设的最好基础，也是其存在的最好理由。

在《海军湘江封锁与湘北大捷》一文中，作者着重陈述海军利用川河地势施行封锁敌军的作战功效："湘江下游水雷封锁所给予敌人之打击，使其不能便利地利用我湘江水道，阻碍了敌军之迅速推进及其子弹给养之供给，使我陆军得从事从容布置，相机进攻。"③ 而且，海军封锁也为湘北二次大捷奠定基础。《湘北二次大捷与湘江封锁之关系》一文，引用中央社、《大公报》、《扫荡报》等对湘北会战的报道，突出海军布雷工作实有"不可磨灭的功绩"。友国武官和记者同样称赞海军："中国此次湘北作战，在战略及战斗上最成功之点，即河防牢固，使日本军不能突破防线及布雷区，而与陆上军队取得联络，致陆上军队孤军深入弹尽粮绝。"④

通过直接论述或间接报道，《海军建设》为国人认知海军提供了绝好的平台。比如，《由海军抗战事迹说到现阶段海军军人的重大使命》对海军抗战作了历时性梳理，着重突出海军炮队及雷队的战绩，指出中国海军"永远地散布

---

① 陈绍宽：《海军抗战工作之回顾与前瞻》，《整建月刊》1940 年第 1 卷第 1 期，第 1-3 页。
② 田汉：《关于中国海军的几个问题》，《整建月刊》1940 年第 1 卷第 1 期，第 4-6 页。
③ 许文：《海军湘江封锁与湘北大捷》，《整建月刊》1940 年第 1 卷第 1 期，第 47-51 页。
④ 郭寿生：《湘北二次大捷与湘江封锁之关系》，《海军建设》1940 年第 2 卷第 7、8 期合刊，第 1-2 页。

于整个抗战阵地的前方，直至最后胜利的一天"。① 在《不要埋没了抗战期中活
跃的海军》一文中，作者以袭击敌舰"出云号"及老舰出击虎门卫渔民为例，
表彰海军在抗战中"尽了所有的任务"，"假使我们是看过《日本评论》这一本
杂志，就可以很清楚地知道敌人这次沿江作战所感到最大的困难，便是中国海
军给他的阻碍——水雷"。②

凸显海军不可替代的作用，为批驳"制海在空"作好铺垫。其中最具代表
性的文章，是第 2 卷第 4 期《建军问题商榷》，该文不仅一一驳斥"空军论"，
更系统阐述了"空不能制海"。此外，文章独辟蹊径，从"代价"与"迟速"
的角度指出，"论代价，海军既不独昂；讲办法，恐怕还得先有海军收复海口并
控制海上航线"。③ 除《建军问题商榷》以外，《海军建设》刊载的其他文章均
不同程度地涉及"优空弃海"问题。有文章告诫国人说，英国当局根据理论及
实际研讨后一致认为"战斗舰在舰队中仍是不可缺少"，并以"平海舰"仅中
一弹、英海军主力舰及巡洋舰未有被飞机炸沉者等案例，佐证飞机轰炸命中率
之低微。④ 有作者在分析英德战事之后，指明空军不但不能阻止敌国海军掩护
登陆，在洋面上对于敌之封锁舰队打击也微乎其微，如以欧洲海战中船舶统计
报告为依据，也能从侧面说明飞机对于巨型战舰之威胁尚不如潜艇及鱼雷。⑤

指出空军性能实际不一定优于海军之后，《海军建设》刻意突出建设海军
的重要性。该刊比较日本及欧战列强的战备情况，说明各国竞相扩充海军军备，
没有因发展空军而偏废海军：日本自 1930 年先后有四次海军补充计划；⑥ 美国
自 1933 年先后三次通过海军扩充法案，计划建造新舰 179 艘；⑦ 苏联在两次五
年计划间建成波罗的海、太平洋、黑海及北海四支舰队。⑧ 无疑，这些实例能
印证建设海军的重要性，有效回击"优空弃海"论，表明空军不能代替海军。

---

① 曾万里：《由海军抗战事迹说到现阶段海军军人的重大使命》，《整建月刊》1940 年第
1 卷第 1 期，第 52 - 58 页。

② 一删：《不要埋没了抗战期中活跃的海军》，《整建月刊》1940 年第 1 卷第 1 期，第
56 - 58 页。

③ 蔡临冰：《建军问题商榷》，《海军建设》1941 年第 2 卷第 4 期，第 3 - 13 页。

④ 欧阳炎：《海军与中国国防》，《海军整建月刊》1940 年第 1 卷第 3 期，第 33 - 37 页。

⑤ 梁序昭：《欧战与海军》，《海军整建》1940 年第 1 卷第 5 期，第 34 - 37 页。

⑥ 郭寿生：《抗战中对于敌国海军应有的认识》，《整建月刊》1940 年第 1 卷第 1 期，第
7 - 20 页。

⑦ 徐秾译：《美国海军的现状及其前瞻》，《整建月刊》1940 年第 1 卷第 1 期，第 59 - 61 页。

⑧ 潘天觉译：《今日之苏联海军》，《整建月刊》1940 年第 1 卷第 1 期，第 62 - 72 页。

《欧战与海军》一文，则以德国侵占挪威、荷兰、比利时及英军敦刻尔克大败这几次战役为研究对象，再次描述了海军的显赫作用。"欧战中海军虽无赫赫之功，但其得力处实不亚于空军。设使英德任何方面无海军为助，则战争将成一面倒之势，或许此二次欧战根本即无由发生。又今日之太平洋上正酝酿最有历史价值之海战，若谓空中陆战队可从日本飞至美国，从美飞日，或从我国飞至三岛，虽三尺童子，亦知其不能，故海军威望果已减低否，吾必曰否否！"①

随后，《海军建设》总结道：如果通盘考虑日寇海军政策的侵略性、国际海军扩张的大背景、欧战中海军的关键作用，中国必须有自己的新海军建设计划，建设海军亦是巩国防、求发展的必要条件。"战争为国力之竞赛，所以国防建设问题不在优空优陆或优海，而在如何去培养平时的国力，使卫和养的问题能以减少其矛盾至最低限度而造就成统一发展的倾向。"②

单从国防角度看，现代战争是"陆海空力量的统一运动"，海军也是"不可或缺的因素"。"抑此扬彼，或优此弃彼之说，都是不了解'统一'性的内容的，因为陆海空是国防的三种范畴，正如立体里面的三个向度一般，去'长'或'阔'或'高'，则不成其为立体，同样去'海'或'空'或'陆'，则不成其为国防。"③

如果从国家发展尤其是经济的角度看，海军同样扮演着举足轻重的角色。相比于陆空军，海军更有助于平时国力的培养，可保护航业及渔业、维持关税权、疏理水路交通、促进工业生产力及精进力、运输客货。④ 海军实力的强弱，直接关系海运前途及国际贸易，间接即影响国家经济，因为贸易兴衰是以海军力量为转移的。"我们有强大的海军，随时可以保护航商，增进国际贸易。若海军势力一旦消失，则航业本身就无法维持其生存，而影响于对外贸易及国际收支平衡甚大。"⑤

通过借鉴马罕海权论、批驳"制海在空"，《海军建设》推动社会各界正确看待海军问题，使"中国必须建设海军"和"海军立国"观念逐渐深入人心，为进一步探索"如何建设海军"奠定思想基础。

---

① 梁序昭：《欧战与海军》，《海军整建》1940年第1卷第5期，第34－37页。
② 蔡临冰：《建军问题商榷》，《海军建设》1941年第2卷第4期，第3－13页。
③ 曾国晟：《"统一性"的国防论》，《整建月刊》1940年第1卷第2期，第3－4页。
④ 史以民：《海军立国论》，《海军整建月刊》1940年第1卷第3期，第5－11页。
⑤ 李世甲：《对周亚卫先生〈中国的国防〉之商榷》，《整建月刊》1940年第1卷第2期，第8－10页。

第四节　探索海防策略

如马罕所言，海权的历史主要是一部军事史。[①]　中国要在太平洋西岸崛起，首要任务是建设足以自卫的海军。为此，《海军建设》致力于探索海防策略，尤其注重从具体战术、制度、人才、装备等方面讨论海军建设办法，贡献良多。

在海防战略方面，《海军建设》主张由守势防御转向攻势防御。抗战初期，中国海军出于保存舰队实力、使敌有所顾忌的考虑，采取守势防御。武汉保卫战之后，海军"一扫从前防御的、被动的战略"，以"机动性的运动战"，予敌人以绝大打击、消耗及阻碍。[②]　经过反思实战与回顾海战历史，《海军建设》指出，战略上专取守势，必致士气消极，易招不幸。[③]　中国海军以往的军事失败，源于高级指挥官不懂"军舰的灵魂在战斗"，以致"自缚手足，以待敌之狙击"。[④]　因此，建设海军的首要任务，是在战略上由守势防御转向攻势防御。

为促成攻势战略的形成，《海军建设》主要从制海权问题及假想敌思想两方面入手。制海权问题是海防战略的理论核心，《海军建设》发表多篇文章，将制海权具体化为对某些特定航路的控制。《海军与现代战争》一文指出，海军任务为获取"海上制权"，而海上控制权就是拥有"海上一切运用之权力"。换言之，即运用海洋作为自己商业、交通及军队调遣来往的通路，并阻止敌方对于该处之运用，这种运用并不是单就海军而言，其意义是包括一切有利于自己的条件在内。[⑤]《海军制度之理论与实际》一文申明，海军的基本原则是取得海权并行使之，其目的在"保护自方海洋之交通与阻碍敌方对海洋之自由运用，

---

①　[美] 阿尔弗雷德·塞耶·马汉著，冬初阳译：《海权对历史的影响》，长春：时代文艺出版社，2014 年，第 1 页。

②　曾万里：《由海军抗战事迹说到现阶段海军军人的重大使命》，《整建月刊》1940 年第 1 卷第 1 期，第 52 – 58 页。

③　王师复：《"九二三"战役的检讨》，《海军整建》1940 年第 1 卷第 7、8 期合刊，第 4 – 9 页。

④　田汉：《关于中国海军的几个问题》，《整建月刊》1940 年第 1 卷第 1 期，第 4 – 6 页。

⑤　俞滨起：《海军与现代战争》，《海军整建》1941 年第 1 卷第 12 期，第 17 – 23 页。

以达到输送自方远征队与贸易及破坏敌方远征队与贸易之目的"①。通过对制海权的解释与强调,《海军建设》刻意突出海军在战争中的主动性,进而改变国人观念中海军任务在于"防"的刻板印象。

在假想敌方面,《海军建设》认为"一切国家建军,必有其假想敌,因而孜孜屹屹以求从质与量上压倒此假想敌,如此则不战而威和平可保"②。中国海军建军失败的一个重要原因,在于"没有坚定不移而且成为共信目的的假想敌"③。为此,《中国要建设六十万吨海军之理论检讨》一文指出,中国海军建设必须把日本作为假想敌,"我们当前的敌人是日本,除非日本放弃对我侵略政策,将来的假想敌还是日本,所以欲巩固我们的海防,必须先估计假想敌国的海军力量,以作我建设新海军的标准"。④ 对制海权的深入理解及假想敌的确立,是中国新海军建设的第一步,唯有在战略上居于主动地位,才能进一步制定合理之战术,邀击敌人于海外,"将敌人踢出中国海"⑤。

关于海军作战战术,《海军建设》从欧洲战场和中国海军的长江作战实践出发,特意强调封锁与反封锁。针对这一话题,《论苏芬战争中的红军战略》《论长江水道交通破坏战的价值》《英法德之北欧海战》《论 1940 年的海战》《论长江水道交通破坏战的价值》《略谈海上封锁》《论水雷封锁战略上之价值》《潜艇政策与护航制度》《关于今后我国海军游击战争问题之研究》《大战中的海上封锁与海上自由问题》《关于今后我国海军游击战争问题之研究(续)》等多篇文章,均有论列。这些文章指出,海上封锁之所以成为海战中运用最普遍的战术,源于现代化战争是人与物的最迅速且巨大的消耗战,资源问题紧扼作战国的咽喉,对内对外有效的运输通道尤为重要。比如,英国实行封锁,不仅将德国商船驱赶至中立国港口幽闭,甚至干预中立国,企图断绝德国从瑞典、挪威等国获取战争资源,以至"挪威政府亦于四月八日发表宣言,要求英法撤除已布的水雷,结果当然无效"⑥。

---

① 王师复:《海军制度之理论与实际》,《海军整建》1940 年第 1 卷第 5 期,第 7 – 12 页。

② 田汉:《关于中国海军的几个问题》,《整建月刊》1940 年第 1 卷第 1 期,第 4 – 6、109 – 110 页。

③ 田汉:《中国海军的几个问题(续)》,《海军整建》1940 年第 1 卷第 9 期,第 6 – 12 页。

④ 郭寿生:《中国要建设六十万吨海军之理论检讨》,《海军整建月刊》1940 年第 1 卷第 4 期,第 17 – 20 页。

⑤ 田汉:《关于中国海军的几个问题》,《整建月刊》1940 年第 1 卷第 1 期,第 109 – 110 页。

⑥ 郭寿生:《英法德在北欧之海战》,《整建月刊》1940 年第 1 卷第 2 期,第 11 – 15 页。

而在中国战场上，日本海军打着"平时封锁"的幌子，以"遮断"的名义，在未取得交战国权利的情况下，非法封锁中国全境，对于第三国在中国领海的航行，也一律实行封锁，实是"披上了法律外衣的另一种侵略方式"①。面对敌寇封锁，中国海军势单力薄，不得不退而思其次，利用港湾河川形势，实施"自封锁"政策，②采用海军水雷战术，炸沉敌舰多艘。③此外，由于中国港湾分歧，沿海居民多从事渔业，可培养海军进击之精神，同时日本物资依赖国外甚巨，这决定"无论在现在或将来，游击战争必成为我海军应采取的一般政策"，目的在破坏敌人的制海权，消耗敌人的经济力量，吸引敌人的一部分海军力量。④

在制度革新方面，《海军建设》主张设立海军部，完善海军制度，以便"整理海军、充实海军和建设海军"⑤。因为"比海军的大小更为重要的乃是海军的制度问题，良好的制度常常可以培植健全的精神与动作"⑥。《伪组织设置海军部》《略论建设海军与设立海军部》《恢复整建海军的领导机关——海军部》《海军制度之理论与实际》《日海军省的内部及其设施》《美国海军部的改组方案》等多篇文章，对此展开讨论，强调"建设海军与设立海军部"的重要意义，"今日海军工作范围之开展，已非一海军总司令部所能负责完成"⑦。因为海军建设不单纯是作战方面的任务，涉及制造弹械、训练海员、设计海防以准备反攻阶段和抗战胜利以后大海军的建立，而海军总司令部是着重指挥作战的组织，"无论在人事、训练、经济方面都不能应付目前所负的任务"，因此必须恢复海军部。⑧

海军人才培养，《海军建设》自始至终都高度关注，主张先致力于军官教

---

① 廖刚：《略谈战时海上封锁》，《海军整建》1940年第1卷第5期，第49－57页。

② 郭寿生：《大战中的海上封锁与海上自由问题》，《海军建设》1941年第2卷第8期，第8－15页。

③ 李剑如：《论水雷封锁之战略上价值》，《海军整建》1940年第1卷第9期，第13－17页。

④ 林遵：《关于今后我国海军游击战争问题之研究（续）》，《海军建设》1942年第2卷第12期，第15－20页。

⑤ 蔡临冰：《伪组织设置海军部》，《整建月刊》1940年第1卷第1期，第77－78页。

⑥ 马罕著，淳于质彬译：《海权论》，《海军整建》1940年第1卷第7、8期合刊，第41－53页。

⑦ 许文：《略论建设海军与设立海军部》，《整建月刊》1940年第1卷第2期，第1－2页。

⑧ 君威：《恢复整建海军的领导机关——海军部》，《整建月刊》1940年第1卷第2期，第47－50页。

育，再以军官力量为师资，提升士兵智识与技能水准。比如，《育材第一》指出，军力为物质与精神的统一体，中国海军在物质上"既已无可奈何地失去均势"，如要克敌制胜，"惟有致力于精神上的特殊锻炼"，因而培植优秀人才，"当为第一要着"，而要推行新海军人才的教育，则必须以海军已成人才尤其是海军军官为主力。①《教育影响》一文认为，对军官的教育应"首求其专门知识之深造"，继而应"远出其职业教育之外"，与军事有关的科学领域如经济学、财政学、政治学、社会学等均应广泛涉猎，因为教育的意义在于培养军官的"判断能力"及"理智运动"，以达到"虑定后动""克复其近视之机会主义思想"之效。②

至于军备扩充，《海军建设》提议，在经济、工业条件有限的情况下，首先应建造相当数量的潜艇及轻快舰艇，继而着眼于主力舰建造以严密国防，这从该刊对军舰舰型的科普即可看出端倪。《小型舰队的活动》《鱼雷快艇发展的经过》《倘若我们有潜艇》《作为补助舰艇使用的商船》《军舰通俗讲座》《论对空防御舰》《我们所需要的大主力舰》《军舰通俗讲座》等文章，对主力舰如战斗舰、重巡洋舰虽有涉及，但重点是介绍潜艇、鱼雷快艇、驱逐舰等轻型舰艇。这符合刊物的一贯主张，"我们国家因为过去的历史关系，和现在及以后经济和国防军需工业的不能一步登天，这未来的新海军物质建设，不能立刻是堂堂的大舰队。它一定是仔细考虑着战略地位赋予的长处，采取侧面攻击的防御，从一面预备斗争，一面慢慢把握斗争中，逐渐成长起来"③。

需要特别提及的是，对于如何重组舰队，《海军建设》在充分了解国情的基础之上，尤其主张循序渐进扩充舰队规模，从轻快舰艇到重型战斗舰再至航空母舰，"以小海军为大海军之始基，以大海军为小海军的最终目标"④。这是日后中国海军建设和海防策略规划的宝贵思想资源。

---

① 兼言：《育材第一》，《海军建设》1941 年第 2 卷第 9 期，第 8 – 15 页。
② 金龙灵译：《教育影响》，《海军整建》1941 年第 1 卷第 12 期，第 83 – 84 页。
③ 兼言：《育才第一》，《海军建设》1941 年第 2 卷第 9 期，第 8 – 15 页。
④ 王师复：《海军制服之理论与实际》，《海军整建》1940 年第 1 卷第 5 期，第 7 – 12 页。

小　结

　　《海军建设》的刊行，为军政界和知识界公开讨论海军问题搭建了平台。刊物的作者群体，相当一部分来自军界，既有指挥作战的高级将领，也有冲锋陷阵的普通士兵，这在海军内部形成了作者和读者的良好互动关系，有利于重振海军士气，宣传先进思想理念。《海军建设》总编辑蔡鸿干事后回忆说："马尾海军学校航海第九、第十两期学员来到辰溪学习时，朝气蓬勃才华卓越，对于《海军建设》十分感兴趣，编辑部很快将刊物的文艺园地交由他们灌溉，由他们供稿并编辑。这些学员到了（二十世纪）四十年代后期，纷纷成为新编成的舰队各舰的基干军官。他们（包括航海七、八期的学员）中有不少成为解放战争中参加起义的积极分子，这些官兵或接受过《海军建设》的宣传，因而形成了一种为国防海军而献身的凝聚力，所以在解放战争后期，汇成一股投向人民的潮流。"①

　　马尾海军学校第九期航海班毕业生陈志远即是典型案例。抗日战争时期，他在湖南洞庭湖附近的布雷队工作，后来考入"赴英接舰参战总队"，并参加接收"重庆"号轻巡洋舰的队伍。解放战争期间，陈志远在中共党组织领导下，利用担任"重庆"号巡洋舰舰长秘书的便利条件，调动广泛的人际关系和影响力，策动国民党最大的军舰"重庆"号起义，不仅削弱了国民党统治的反动力量，并且为新中国海军建设带来了一批留洋人才。陈志远在晚年回忆中特别提到，在辰溪学习舰课时，《海军建设》杂志社是他经常去的地方。② 也就是说，在陈志远的早年生涯中，《海军建设》对其影响很大。在《海军建设》第2卷第11期的海军文艺栏目中，仍可见一篇由陈志远翻译的外国小品故事，题为"神秘的歌手"，并附有译后感言。

---

　　① 全国政协文史资料委员会编：《文史资料存稿选编（15）：军事机构（上）》，北京：中国文史出版社，2002年，第355-368页。
　　② 王俊彦：《国民党海军五次起义纪事：陈志远传奇》，北京：国际文化出版公司，2008年，第22-24页。

　　另外，新中国海军少将林遵和《海军建设》也有极深的渊源。林氏在抗战时期担任长江中游布雷游击第五大队队长，曾带领队员屡次奇袭日军，这促使他思考海军游击战争问题，在《海军建设》上发表《关于今后我国海军游击战争问题之研究》（第 2 卷第 7 期）及其续篇（第 2 卷第 12 期）。① 后来，林遵率领国民政府海军海防第二舰队起义，而策动者恰好是《海军建设》编辑郭寿生。② 这一个案意味着，《海军建设》潜移默化树立起了正确的国防观念：海军非内战工具，而是中华民族立足于太平洋的保障。

　　更有意义的是，《海军建设》的相关讨论，唤起各界对海军的关注及信心，尤其激发青年群体投身海军的热情，读者来信就是很好的例证。该刊第 1 卷第 4 期刊载第一封读者来信，读者在信中说，《海军整建月刊》对其产生"绝大的共鸣"，且敏锐指出，建军最坚实的基础是"广大的人民的理解和需求"，因此必须向全国人民郑重推广这本刊物。③ 在第 1 卷第 5 期，一位从小迷恋海洋的青年人表示，尽管从事其他职业，但他"每逢抓到一本刊物，遇着有关于海的文章，一定在百忙之中反复诵读"。这位读者非常细致地描述了读后感："花了半夜的时间，我把贵刊读过了一遍。每篇都令我满意，尤其是田汉先生的文章，更加生动，想不到这个戏剧名作家对于海军竟有这个深刻的研究。希望先生转请他此后多在贵刊发表些此类的文字。至于像'布雷历险记'与'血洒长江'这类的通讯稿，则更有价值，因为抗战中海军的战绩常为一般人所漠视，有了这记载，才能使那般轻视海军的人们自动地脱下了他们的有色眼镜。"④

　　读者来信表明《海军建设》具有较强的可读性，能顾及多层次的读者需求，可以产生较为普遍的社会影响力。在第 1 卷第 12 期，一位读者来信赞扬《海军整建》，让他看到中国海军崛起的希望："在今天中国海军又在加速度地恢复健康了！贵刊出版之后，更以崭新的异军突起的姿态。它当然是比以前的海军更光辉的——教导着启示着千万的海军志愿者！所以，不成问题：将来必有千万的后备军拥上祖国的海洋上，筑成祖国的新的长城。"⑤ 在《海军建设》刊发一周年的纪念号上，一位对海军满怀志趣的青年说，他经常与班上同学讨

---

　　① 林遵：《关于今后我国海军游击战争问题之研究》，《海军建设》1941 年第 2 卷第 7 期，第 4 - 10 页。

　　② 中国人民解放军历史资料丛书编审委员会编：《解放战争时期国民党军起义投诚　海军》，北京：解放军出版社，1995 年，第 471 - 487 页。

　　③ 《读者信箱》，《海军整建月刊》1940 年第 1 卷第 4 期，第 63 - 64 页。

　　④ 《读者信箱》，《海军整建》1940 年第 1 卷第 5 期，第 63 - 64 页。

　　⑤ 《读者信箱》，《海军整建》1940 年第 1 卷第 12 期，第 92 页。

论海军方面的问题，并决意转入海军学校读书，且在千里之外赞美刊物："贵刊的出版，真使我们高兴极了！你们是替被人遗忘了良久的中国海军发出呼声！你们是中国海军界的明星！是抗战期中的一支生力军！我在这千里外的江津小镇上，向你们致敬，祝你们努力，前途光明。"①

取材丰富，立论深刻，文字生动有力，使《海军建设》成为读者了解海军的重要窗口。不过，《海军建设》讨论的专业问题，对一部分读者而言，还是显得生涩而枯燥。在第 1 卷第 12 期的读者信箱中，有读者要求刊物进一步通俗化："贵刊宝贵的专论固然很多，但缺乏水准低些的以及通俗的海军作品。因为祖国千万的海军后备军以及无数万关心海军的同胞，还首先需要海军一般的普通知识。就是说，须要三元化。所以，极希贵刊今后加强这一点。"② 在第 2 卷第 4 期中，又有读者表示："海建之发刊原主促进国人之注意海军，而引起对海之兴趣与认识。而所谓国人，鄙意当系指一般民众，或大众；但我国之大众，事实上知识水准相当低下！如以某种标准言，则应以中学生同等程度者为对象，庶几方能求其起码大众化。今海建之文字，则似乎太近专门，而渐渐入于干涩状态，使人读之只觉钢铁之坚硬，而不知海水之温柔与美丽。"③

作为思想启蒙的前阵，《海军建设》虽然在"启蒙大众"与"教育官兵"的两重任务上产生了不可调和的矛盾，但其坚持办刊，让海权观念和"建设海军"的思想逐渐深入人心。"随着各类期刊把海军问题越来越多地推入公众视野，社会各界对海军的关注度逐渐升温，各种思想形成交流，以至于讨论海军问题和讨论其他社会问题一样，成为社会文化生活的一部分。"④

这很好地证明了，期刊即知识。作为知识纸和思想纸的《海军建设》，为抗日战争时期国人理解海洋与海权、思考海军问题提供了一幅较为全面的、具体而微的认知图景。如果遵循威廉·詹姆斯（William James）将知识划分为"感知知识"与"理解知识"两种类型的方法，⑤ 以《海军建设》为代表的专业期刊，其刊载的近代海防思想、海权观念即为"理解知识"。受众在媒体接触的过程中，无意识形成对于"海权"的印象，逐渐知晓海权理论，并由此建

---

① 《读者信箱》，《海军建设》1941 年第 2 卷第 1 期，第 131 页。

② 《读者信箱》，《海军整建》1940 年第 1 卷第 12 期，第 92 页。

③ 《读者信箱》，《海军建设》1941 年第 2 卷第 4 期，第 36 - 37 页。

④ 翁军、马骏杰：《民国时期中国海军论集》，济南：山东画报出版社，2014 年，第 14 - 15 页。

⑤ PARK R E. News as a form of knowledge: a chapter in the sociology of knowledge. The American journal of sociology, 1940（5）: 669 - 686.

构起关于海权正式的、理性的和系统的"理解知识"，从而使海权观念、海防思想得以广泛传播，并有效传承，影响至今。同时，《海军建设》建构近代海防思想的过程，对当下媒介的知识与思想传递依然富有启迪作用。

（原文与张雨合作，发表于《新闻春秋》2019 年第 3 期，有改动）

参考文献

一、报刊

1.《晨钟报》。

2.《晨报》。

3.《大公报》。

4.《东方杂志》。

5.《大众日报》。

6.《华商报》。

7.《汉口民国日报》。

8.《整建月刊》。

9.《海军整建月刊》。

10.《海军整建》。

11.《海军建设》。

12.《解放日报》。

13.《抗敌报》。

14.《民国日报》。

15.《清议报》。

16.《申报》。

17.《时报》。

18.《盛京时报》。

19.《神州日报》。

20.《新民丛报》。

21.《新华日报》。

22.《新华日报》（华北版）。

23.《新闻战线》。

24.《新闻研究资料》。

25.《益世报》。

26.《中央日报》。

二、档案

1. 中国第二历史档案馆：《中华民国史档案资料汇编》，南京：江苏古籍出版社，1991 年。

2. 中国第二历史档案馆：北洋政府内务部档案全宗。

三、论著

1. 包天笑：《钏影楼回忆录》，香港：大华出版社，1971 年。

2. 陈冠兰：《近代中国的租界与新闻传播》，北京：中国书籍出版社，2013 年。

3. 陈伯海主编：《上海文化通史》，上海：上海文艺出版社，2001 年。

4. 长江日报新闻研究室编：《武汉新闻史料》（第 5 辑）武汉：长江日报新闻研究室，1985 年。

5. 丁文江、赵丰田编：《梁启超年谱长编》，上海：上海人民出版社，1983 年。

6. 方汉奇：《中国近代报刊史》，太原：山西人民出版社，1987 年。

7. 方汉奇主编：《中国新闻事业编年史》，福州：福建人民出版社，1999 年。

8. 方汉奇主编：《中国新闻事业通史》，北京：中国人民大学出版社，1996 年。

9. 方汉奇、张之华主编：《中国新闻事业简史》，北京：中国人民大学出版社，1995 年。

10. 方汉奇主编：《中国新闻传播史》，北京：中国人民大学出版社，2002 年。

11. 复旦大学新闻系新闻史教研究室编：《中国新闻史文集》，上海：上海人民出版社，1987 年。

12. 戈公振：《中国报学史》，北京：三联书店，1955 年。

13. 广州市荔湾区地方志编纂委员会编：《广州市荔湾区志》，广州：广东人民出版社，1998 年。

14. 广州市政协文史资料研究委员会编：《广州文史资料》（第 44 辑）广州：广东人民出版社，1992 年。

15. 华中师范大学中国近代史研究所编：《辛亥革命与 20 世纪中国》，武汉：湖北人民出版社，2001 年。

16. 黄林：《近代湖南报刊史略》，长沙：湖南师范大学出版社，2013 年。

17. 劳祖德整理，中国历史博物馆编：《郑孝胥日记》，北京：中华书局，1993 年。

18. 李孝梯：《清末的下层社会启蒙运动：1901—1911》，石家庄：河北教育出版社，2001 年。

19. 李新、李宗一主编：《中华民国史》，北京：中华书局，1987 年。

20. 梁群球主编：《广州报业（1827—1990）》，广州：中山大学出版社，1992 年。

21. 林志钧编：《饮冰室合集》，北京：中华书局，1936 年。

22. 刘望龄：《黑血·金鼓——辛亥前后湖北报刊史事长编》，武汉：湖北教育出版社，1991 年。

23. 刘家林：《中国新闻通史》，武汉：武汉大学出版社，1995 年。

24. 刘国铭主编：《中国国民党百年人物全书》（上），北京：团结出版社，2005 年。

25. 马光仁主编：《上海新闻史（1850—1949）》，上海：复旦大学出版社，1996 年。

26. 《民国丛书》编辑委员会编：《民国丛书》（第二编），上海：上海书店，1990 年。

27. 《民国丛书》编辑委员会编：《民国丛书》（第三编），上海：上海书店，1991 年。

28. 《民国丛书》编辑委员会编：《民国丛书》（第四编），上海：上海书店，1992 年。

29. 罗志田：《乱世潜流：民族主义与民国政治》，上海：上海古籍出版社，2001 年。

30. 全国政协文史资料委员会编：《文史资料存稿选编（15）：军事机构

（上）》，北京：中国文史出版社，2002 年。

31. 全国政协文史资料委员会编：《辛亥革命回忆录》，北京：文史资料出版社，1981 年。

32. 全国政协文史资料委员会编：《文史资料选辑》，北京：中华书局，1960 年。

33. 桑兵：《清末新知识界的社团与活动》，北京：生活·读书·新知三联书店，1995 年。

34. 桑兵：《桑兵自选集》，广州：中山大学出版社，2017 年。

35. 桑兵：《治学的门径与取法》，北京：社会学科文献出版社，2014 年。

36. 史和、姚福申、叶翠娣编：《中国近代报刊名录》，福州：福建人民出版社，1991 年。

37. 四川省政协文史资料委员会编：《四川文史资料》，成都：四川人民出版社，1963 年。

38. 上海社会科学院历史研究所编：《辛亥革命在上海史料选辑》，上海：上海人民出版社，1981 年。

39. 上海图书馆编：《汪康年师友书札》，上海：上海古籍出版社，1986—1989 年。

40. 上海通社编：《旧上海史料汇编》，北京：北京图书馆出版社，1988 年。

41. 沈云龙主编：《近代中国史料丛刊》，台北：文海出版社，1966—1998 年。

42. 汤志钧编：《康有为政论集》，北京：中华书局，1983 年。

43. 汤志钧编：《章太炎政论选集》，上海：上海人民出版社，1986 年。

44. 王洪详主编：《中国新闻史》，北京：中央民族学院出版社，1988 年。

45. 王栻主编：《严复集》，北京：中华书局，1986 年。

46. 王俊彦：《国民党海军五次起义纪事：陈志远传奇》，北京：国际文化出版公司，2008 年。

47. 翁军、马骏杰：《民国时期中国海军论集》，济南：山东画报出版社，2014 年。

48. 吴义雄：《在华英文报刊与近代早期的中西关系》，北京：社会科学文献出版社，2012 年。

49. 项士元：《浙江新闻史》，杭州：之江日报社，1938 年。

50. 夏东元编：《郑观应集》，上海：上海人民出版社，1982 年。

51. 《新闻界人物》编辑委员会编：《新闻界人物》，北京：新华出版社，1983 年。

52. 徐凌霄、徐一士：《凌霄一士随笔》，太原：山西古籍出版社，1997 年。

53. 徐载平、徐瑞芳：《晚清四十年申报史料》，北京：新华出版社，1988 年。

54. 徐培汀、裘正义：《中国新闻传播学说史》，重庆：重庆出版社，1994 年。

55. 徐小群：《民国时期的国家与社会：自由职业团体在上海的兴起（1912—1937）》，北京：新星出版社，2007 年。

56. 杨光辉等编：《中国近代报刊发展概况》，北京：新华出版社，1986 年。

57. 郁达夫：《九一记者节演剧筹赈宣言》，《郁达夫文集》（12 卷），广州：花城出版社，1984 年。

58. 袁继成：《近代中国租界史稿·近代中国租界简表》，北京：中国财经出版社，1988 年。

59. 张静庐辑注：《中国现代出版史料》，北京：中华书局，1959 年。

60. 张静庐：《中国的新闻记者与新闻记者》，上海：现代书局，1932 年。

61. 章开沅、罗福惠主编：《比较中的审视：中国早期现代化研究》，杭州：浙江人民出版社，1993 年。

62. 《中国大百科全书（新闻出版）》，北京：中国大百科全书出版社，1990 年。

63. 中国社会科学院近代史研究所文化史研究室丁守和主编：《辛亥革命时期期刊介绍》，北京：人民出版社，1987 年。

64. 中国人民解放军历史资料丛书编审委员会编：《解放战争时期国民党军起义投诚　海军》，北京：解放军出版社，1995 年。

65. 中国国民党革命委员会福建省委员会编：《抗日战争回忆录选编：纪念抗日战争胜利四十周年》，福州：民革福建省委会，1985 年。

66. 中国人民政治协商会议全国委员会文史资料研究委员会编：《辛亥革命回忆录：第四集》，北京：中华书局，1962 年。

67. 朱传誉：《中国民意与新闻自由发展史》，台北：正中书局，1974 年。

68. 《最近之五十年》，上海：《申报》馆，1922 年。

69. 卓南生：《中国近代报业发展史（1815—1874）》（增订版），北京：中国社会科学出版社，2002 年。

70. 周婷婷：《中国新闻教育的初曙：以北京大学新闻学研究会中心的考察》，武汉：华中科技大学出版社，2013 年。

71. 周海燕：《记忆的政治》，北京：中国发展出版社，2013 年。

72. 曾虚白：《中国新闻史》，台北：三民书局，1966 年。

73. ［美］阿尔弗雷德·塞耶·马汉，冬初阳译：《海权对历史的影响》，长春：时代文艺出版社，2014 年。

74. ［美］保罗·康纳顿著，纳日碧力戈译：《社会如何记忆》，上海：上海人民出版社，2000 年。

75. ［美］爱德华·苏贾，王文斌译：《后现代地理学：重申批判社会理论中的空间》，北京：商务印书馆，2007 年。

76. ［美］亨特著，冯树铁、沈正邦译：《广州番鬼录》，广州：广东人民出版社，2009 年。

77. ［美］詹姆斯·凯里：《保卫公共新闻事业》，西奥多·格拉瑟主编，邬晶晶译，《公共新闻事业的理念》，北京：华夏出版社，2009 年。

78. ［英］戴维·莫利、凯文·罗宾斯著，司艳译：《认同的空间：全球媒介、电子世界景观与文化边界》，南京：南京大学出版社，2001 年。

79. ［英］迈克·克朗著，杨淑华、宋慧敏译：《文化地理学》，南京：南京大学出版社，2005 年。

80. ［英］凯·安德森等主编，李蕾蕾、张景秋译：《文化地理学手册》，北京：商务印书馆，2009 年。

81. ［法］皮埃尔·诺拉主编，黄艳红等译：《记忆之场》，南京：南京大学出版社，2017 年。

82. ［德］扬·阿斯曼著，金寿福、黄晓晨译：《文化记忆：早期高级文化中的文字、回忆和政治身份》，北京：北京大学出版社，2015 年。

83. 陈冠兰：《近代中国的租界与新闻传播》，《新闻与传播研究》2008 年第 1 期。

84. 陈志强：《租界、"洋旗报"与近代报业》，《南昌大学学报》（社会科学版）2006 年第 4 期。

85. 邓绍根：《论民国新闻界对国际新闻自由运动的响应及影响和结局》，《新闻与传播研究》2013 年第 9 期。

86. 郭辉：《中国记忆史研究的兴起与路径分析》，《史学理论研究》2012年第3期。

87. 陈全黎：《中国记忆史研究的路径问题：以〈记忆的政治〉为中心》，《史学月刊》2015年第10期。

88. 郭辉：《中国记忆史研究的兴起与路径分析》，《史学理论研究》2012年第3期。

89. 黄旦：《五四前后新闻思想的再认识》，《浙江大学学报》（人文社会科学版）2000年第4期。

90. 黄旦：《新报刊（媒介）史书写：范式的变革》，《新闻与传播研究》2015年第12期。

91. 胡建书：《租界里的报馆：望平街的形成》，复旦大学未刊硕士学位论文，2012年。

92. 剑诚、郭天：《抗战时期闽系海军发动的振兴运动与〈海军整建〉、〈海军建设〉》，《党史资料与研究》1987年第3期。

93. 蒋建国：《地方新闻与社会话语：1865—1867年的广州》，《学术研究》2008年第11期。

94. 李红涛：《昨天的历史，今天的新闻：媒体记忆、集体认同及文化权威》，《当代传播》2013年第5期。

95. 李红涛、黄顺铭：《新闻生产即记忆实践：媒体记忆领域的边界与批判性议题》，《新闻记者》2015年第7期。

96. 李国成：《鸦片战争前后的澳穗港报刊》，《中山大学学报》（社会科学版）1999年第2期。

97. 刘思达：《职业自主性与国家干预：西方职业社会学研究述评》，《社会学研究》2006年第1期。

98. 宁树藩：《中国近代报业发展的地区轨迹》，《新闻传播论坛》，南京：南京大学出版社，1996年。

99. 齐辉：《"纪念我们自己的节日"："九一"记者节与民国报人群体职业形象的建构》，《国际新闻界》2015年第6期。

100. 宋晖：《早期记者的职业意识和精神危机》，《国际新闻界》2004年第5期。

101. 王学珍：《清末报律的实施》，《近代史研究》1995年3期。

102. 王学珍：《清末报律的制定》，《中山大学学报论丛》1994年第1期。

103. 王敏：《"中间地带"：晚清上海报人与立宪运动——读季家珍〈印刷与政治〉》，《学术月刊》2003 第 11 期。

104. 王薇：《租界报刊与近代天津的新闻事业》，《新闻爱好者》2011 年第 9 期。

105. 王薇：《租界社会与近代天津的新闻事业》，《天津师范大学学报》（社会科学版）2011 年第 5 期。

106. 王薇、向菊梅：《天津意租界报刊的产生及影响探究》，《历史教学》2013 年第 18 期。

107. 薛飞：《旧中国的租界与报纸》，《新闻与传播研究》1994 年第 4 期。

108. 严昌洪：《"国民"之发现：1903 年上海国民公会再认识》，《近代史研究》2001 年第 5 期。

109. 岳升阳、林玉军：《宣南文化与北京清末民初的报刊》，《北京社会科学》2004 年第 1 期。

110. 杨庆峰：《当代记忆研究的哲学透视》，《华东师范大学学报》（哲学社会科学版）2017 年第 5 期。

111. 张太原：《学脉的延续与开新：读桑兵〈治学的门径与取法〉》，《近代史研究》2015 年第 5 期。

112. 郑广怀：《社会记忆理论和研究述评——自哈布瓦奇以来》，《社会学视野》2007 年第 4 期。

113. 周海燕：《吴满有：从记忆到遗忘》，《江苏社会科学》2012 年第 3 期。

114. 周颖：《对抗遗忘：媒介记忆研究的现状、困境与未来趋势》，《浙江学刊》2017 年第 5 期。

115. 张颖倩：《近代北京报馆历史地理研究》，中央民族大学硕士学位论文，2010 年。

116. 张继汝：《近代武汉新闻记者团体研究（1927—1949)》，华中师范大学硕士学位论文，2012 年。

117. ［澳］特里·纳里莫：《中国新闻业的职业化历程——观念转换与商业化历程》，中国社会科学院新闻研究所编：《新闻研究资料》（总第 58 辑），北京：中国社会科学出版社，1992 年。

118. PARK R E. News as a form of knowledge：a chapter in the sociology of knowledge．The American journal of sociology，1940（5）．

后 记

… …

　　本书主要源自我的博士后出站报告，经过十年断断续续的修改后，多数篇目几乎重写，思路也发生转移。尽管已有不少改善，但很多地方依然不尽如人意，期待在批评中继续补充修订。

　　在多年求学的荆途上幸有所得，受惠于朱英教授、桑兵教授和黄旦教授等几位学问风范堪称楷模的导师的教诲。1998 年 9 月，我如愿进入华中师范大学近代史研究所，跟从朱英教授攻读硕士学位。当时朱英教授以商会史研究扬名，在商人社团、市民社会、社会群体等领域均有专深研究，但他指导学生的视野相当开阔，并不局限于自己熟悉的社会经济史。在朱老师的指引下，我入学半年后就确定了毕业论文选题"清末民初《申报》政治倾向的演变"，开始接触中国新闻传播史，逐步走上探求学问的正轨。在接下来的两年中，我几乎用最愚笨的办法，逐页翻阅了十多年的《申报》和《大公报》，以便进行比较研究。这种笨拙让我大大增进对那段历史的感知，同时发现很多有意思的话题，尤其是对报人群体特别关注，博士论文选题直接来源于此。

　　2001 年，我南下广州，到中山大学追随桑兵教授攻读博士学位。最初设想对中国近代报人群体和报界团体作整体上的梳理，由于史料过于庞杂，虽竭尽全力，仍难以清理释读，无奈只有收缩战线，将目光集中在报界团体的起源、发展与早期变化（1905—1921 年），其余部分则留待时日。三年苦读，勉强按时完成博士学位论文《中国近代报界群体意识的自觉：1905—1921 年报界的团体与活动》，作为原初构想的阶段性成果。桑兵教授痴迷学术，个人指导风格也相对独特，基本不给博士生开课，但其片言只语的点拨常使我茅塞顿开。只因生性愚钝，思考不勤，读书偏蔽，文章水准未能达到理想高度。毕业多年后，桑师还时常提及，如果我延期几年毕业，扩大阅读范围，反复修改和体会，理论思维层次可能大不一样。不过，生活压力实在不允许我先放眼读书再来做论

后 记

• • •　• • •

文，这不能不说是一大遗憾。

2004 年 7 月，我入职广东外语外贸大学新闻与传播学院，从事新闻教育工作。教学之余，主要是修改博士论文，专攻中国新闻传播史研究，连续发表多篇论文讨论近代新闻团体。在此过程中，我深刻体会到理论积淀不足、分科治学带来的种种局限和狭隘。为此，我于 2006 年 8 月到复旦大学新闻学院，跟随黄旦教授从事博士后研究工作，以弥补理论缺失。旦师思维敏锐，治学严谨，要求我务必常驻复旦，搜寻史料，并旁听各类课程，尤其留意新闻传播理论和研究方法。在复旦新闻学院的两年里，最大的收获是在老师引导下阅读各类理论书籍，激发对新闻传播理论的热情，并融合史论，培养问题意识。

教育部人文社会科学研究项目"近代新闻团体研究（1905—1937）"为本研究提供了资金支持。感谢暨南大学新闻与传播学院慷慨地把本书纳入"暨南文库·新闻传播学"出版计划之中，同时感谢暨南大学出版社黄圣英女士、冯琳女士和姜琴月编辑的无私奉献，她们的辛勤付出让本书得以顺利出版。

特别感谢林如鹏教授、支庭荣教授、张晋升教授、刘涛教授、邓绍根教授、范以锦教授和杨兴锋教授，在我工作调动期间给予大力支持，帮我了却一桩心愿。林爱珺、陈伟军、罗昕、晏青、张潇潇、李洁、贺碧霄、王明亮、姚晓鸥、方惠等诸位同事益友，耐心解答我的困惑，并提供各种便利，感激之情自不待言。

我的几位学生——黄嘉悦、张雨、王隽玮、李兴博、苏倩怡、夏天、刘珊、谢海南等人，或协助查阅资料，或帮忙校对文字，惠我良多。广东外语外贸大学新闻与传播学院的杨魁教授、侯迎忠教授等同事，营造了宽松的学术氛围，令我受益匪浅。在此，谨一并致以诚挚的谢意。

最后要感谢妻子朱颖一直给我支持，感谢女儿赵一诺让生活更为充实和快乐，成为我专心向学的动力。她们的欢声笑语，是我前进的精神支柱。

赵建国

2019 年 12 月 23 日

暨南文库·新闻传播学
第一辑书目